365
SUPER-COMBINES
POUR VOUS ENRICHIR
TOUTE L'ANNÉE

Dans la même collection

Pascal Bataille / Laurent Fontaine
Le Guide des super-combines

Brigitte Hemmerlin
Maman Solo

Philippe Jost / Françoise Perriot
Le Guide des actions humanitaires

PASCAL BATAILLE
LAURENT FONTAINE

365 SUPER-COMBINES POUR VOUS ENRICHIR TOUTE L'ANNÉE

Illustrations d'Éric Héliot

ÉDITIONS
HORS COLLECTION

Avertissement : *les numéros de téléphone et les adresses données dans ce guide ont été dûment vérifiés. Il se peut néanmoins que certains d'entre eux aient changé au moment où vous lirez ces pages. Veuillez par avance nous en excuser.*

Remerciements

Nous voudrions remercier Patricia Fontaine pour sa collaboration précieuse dans l'élaboration de ce premier almanach de la combine.
Merci également à Séverine Sordes et Stéphane Schoukroun, qui ont participé activement au lourd travail de recherche et de vérification des informations qui figurent dans cet ouvrage.
Merci, enfin, à tous nos amis avocats, experts-comptables, huissiers, policiers, banquiers, assureurs, garagistes, médecins, qui non seulement supportent nos questions à longueur d'année, mais qui nous offrent gracieusement (un exploit pour certains !) leurs combines toutes fraîches !

P.B. et L.F.

ISBN 2-258-03841-3

GAGNEZ PLUS ET DÉPENSEZ MOINS TOUTE L'ANNÉE !

Une nouvelle fois, nous avons le plaisir de vous livrer, en exclusivité mondiale et planétaire, les meilleures astuces de Supercombinard, le super-héros de la défense du consommateur, celui dont le combat quotidien est irrémédiablement voué à un seul objectif : vous permettre de vivre mieux et moins cher !
Nous avons donc longuement sollicité Supercombinard afin qu'il accepte de vous livrer ses combines les plus récentes et les plus efficaces. Soyons francs : il s'est beaucoup fait tirer l'oreille (peu lui importe, cela ne lui fait pas mal...) avant de dire « Oui ». En effet, depuis le succès du *Guide des Supercombines* où il révélait pour la première fois plus de 200 de ses secrets, il est devenu une vraie star, et sa modestie légendaire souffre considérablement de cette soudaine notoriété : il est vrai qu'il a du mal, désormais, à entrer dans un café pour siroter un bourbon-fraise sans être assailli par ses fans qui lui réclament, qui une lettre-type pour contester les PV, qui une astuce pour éviter l'interdiction bancaire, qui un conseil pour payer moins cher sa chaîne stéréo !
Nous avons dû lui promettre que la photo qui se trouve au dos de ce nouveau guide serait la nôtre et non la sienne, afin qu'il ne soit pas reconnu et assailli ! N'y voyez donc aucune coquetterie de notre part : si nous vous sourions béatement quand vous retournez cet ouvrage, c'est uniquement pour rendre service à Supercombinard.

La deuxième promesse qu'il a exigée de nous, c'est que cet ouvrage ne soit pas, comme le premier, un livre de défense superactive du consommateur, mais avant tout un guide pour gagner plus d'argent et moins en dépenser.
Car, voyez-vous, Pascal et Laurent, nous a-t-il expliqué, pour aider les Français en cette période de crise il faut avant tout leur donner les moyens d'avoir les moyens ! Autrement dit, de remplir comptes

en banque, portefeuille, livrets d'épargne, bas de laine, coffre-forts et autres tirelires.

Enfin, sa troisième idée fut, vous en conviendrez, lumineuse.
Il faut absolument que je puisse livrer à tous mes amis lecteurs-consommateurs une combine par jour, soit 365 supercombines pour gagner plus et dépenser moins. Ainsi pourront-ils, en fonction de la période, de la saison, des dépenses et des recettes prévues, accumuler gains et économies tout au long de l'année, simplement en mettant en pratique un conseil chaque matin. Avec Supercombinard, à effort minimum, résultat maximum !
Bien sûr, notre équipe et nous-mêmes avons apporté un soutien logistique à notre super-héros. Comme dans chacun de nos guides, toutes les informations, les chiffres, les adresses auxquelles nous nous référons ont été rigoureusement contrôlées... et même souvent testées !
Nous avons donc respecté les exigences de ce grand homme de la combine et voici le résultat de notre intercession : les confidences inédites et incroyablement instructives de Supercombinard, un personnage attachant que vous allez beaucoup gagner à mieux connaître...

Pascal Bataille et Laurent Fontaine

Il en est ainsi, Supercombinard vous le dit :

« Vous pouvez dépenser beaucoup moins sans vous priver, vous pouvez gagner beaucoup plus sans travailler davantage ! »

Bonjour, ô ami qui vient de céder au libraire une somme conséquente (et pourtant justifiée) dont je percevrai dans un an ou deux à peine 10 % (qui m'iront néanmoins droit au cœur) !

Supercombinard est mon nom ! Super-héros de la défense du consommateur est ma mission.

Laissez-moi tout d'abord m'introduire, comme disent les Britanniques : d'après mon éditeur Jean-Louis F. (qui s'y connaît question physique de rêve puisqu'il s'entraîne chaque jour au Gym Club du quartier grâce aux 25 % de réduction que j'ai réussi à lui obtenir), j'ai un « physique formidable ». D'après ma chère tante Adélaïde (qui m'a recueilli sur Terre, à Guéré dans la Creuse, alors que je débarquais tout jeune encore de Quechoisiraton, la planète de la consommation heureuse), je suis « redoutablement intelligent ». D'après votre « tonton » national (qui devrait prochainement épingler une rosette sur ma super-combinaison bleue), je rends « de grands services à la France en permettant aux consommateurs de gagner plus et de dépenser moins, donc de pouvoir consommer davantage ». D'après mon inspecteur des impôts (qui soigne actuellement son troisième ulcère), je devrais déjà être en prison pour ma trop bonne connaissance des ficelles du fisc. D'après Antoine de Caunes (qui veut absolument une combinaison comme la mienne), je devrais faire de la télé. D'après Brigitte Lahaie (que j'ai croisée récemment dans un cocktail), ma faculté à en donner toujours plus sans trop me dépenser pourrait être beaucoup mieux utilisée (je n'ai pas vraiment compris comment)... mais d'après moi, mon unique trait de caractère original tient dans ma passion prononcée pour le bourbon-fraise (éventuellement relevé d'une pointe de verveine-menthe).

Certains d'entre vous connaissent déjà ma chère tante Adélaïde, synthèse dialectique de Calamity Jane, d'Anne Gaillard et de Denise Grey : c'est elle qui me confectionne mes magnifiques tenues de Supercombinard que j'enfile dans une cabine téléphonique pour les interventions délicates.
Car, le reste du temps, je suis comme vous, ou presque. D'ailleurs, peut-être me rencontrez-vous tous les jours, dans votre immeuble ou au bureau, qui sait ? Si c'est le cas, sachez bien que je ne souhaite aucun pourcentage sur toutes les économies que vous allez réaliser grâce à cet ouvrage super-efficace. Ayez seulement l'air heureux, ça suffira à mon bonheur. Car je suis comme ça, altruiste et dévoué. Ma seule récompense, c'est le sourire qui s'affichera sur votre visage du 2 janvier au 31 décembre (le 1er janvier, vous aurez du mal, à cause de la crise de foie).

Alors, en attendant de vous voir prospérer jour après jour, je vous souhaite une super-bonne année et je lance mon cri de guerre pour vous mettre dans l'ambiance :

SUPEEEEER-COMBIIIIIINE !!!!!

JANVIER

Bonne année, avec tous mes vœux de réussite, de succès, de bonheur et surtout, évidemment, d'enrichissement, jour après jour !

Vous connaissez mon goût immodéré pour l'originalité, l'extraordinaire, l'inattendu... Aussi, afin d'apporter ce grain de folie et de nouveauté sans lequel Supercombinard vous semblerait plus triste qu'un banal verre de bourbon sans sirop de fraise, commencerai-je cet almanach de la combine par le mois de janvier.

Je vois que vous n'en revenez pas de tant d'audace ! Mais remettez-vous, car si j'ai choisi janvier, ce n'est pas par hasard, mais parce que je sais à quel point ce mois est une période délicate pour vous, votre compte en banque, votre portefeuille, votre porte-monnaie, votre tirelire... Même le bas de laine souffre.

Il y a eu décembre et tous les cadeaux, les vacances de Noël, le froid polaire qui vous a obligé à chauffer la chambre du bébé (à –10°, il commençait à bleuir)... Et voilà le premier tiers provisionnel qui pointe déjà à l'horizon (eh oui, c'est pour le 15 !), alors que vous envisagez de changer d'appartement, que vous avez des soucis avec votre facture de téléphone et que vous ne savez pas comment obtenir les allocations familiales auxquelles vous pensez avoir droit.

Alors, pas la peine d'essayer de louer une machine à remonter le temps pour fuir tous ces problèmes d'argent. Je suis là pour vous aider à dépenser moins et à gagner plus tout au long de l'année : je vais donc vous parler notamment ce mois-ci de bonnes astuces concernant le logement et l'administration (PTT, EDF, Sécurité sociale, Allocations familiales, etc.). Vous verrez qu'il n'est pas aussi difficile que vous le pensez de se refaire une excellente santé financière, dès le début de l'année.

Et, si vous n'êtes pas plus riche le 31 janvier qu'aujourd'hui, je vous le jure sur la tête de tante Adélaïde, je ne bois plus une goutte de bourbon-fraise... au moins jusqu'au
1er février.
Mais, sincèrement, ça m'étonnerait !

Supercombinard

JOUR DE L'AN

1er JANVIER

COMBINE STORY

1863 : Naissance de Pierre de Coubertin, le « papa des J.O. modernes », anticombinard de renom, pour qui « l'important, c'est de participer ».

IMPÔTS LOCAUX : N'HABITEZ NULLE PART LE 1ER JANVIER !

Depuis une ordonnance qui date de 1563, le 1er janvier est un jour pas comme les autres puisqu'il marque le début de l'année. C'est la date fatidique qui sonne le glas des mauvaises habitudes et qui ouvre une ère nouvelle : celle des bonnes résolutions. Vous avez acheté ce livre, il est donc clair que vous avez décidé de partir d'un bon pied...
Le 1er janvier, c'est également la date à laquelle se réfère le fisc pour vous réclamer les impôts locaux. C'est à votre adresse du Nouvel An que vous devrez payer votre dû pour l'année qui vient. Autant dire que nous ne saurions trop vous conseiller, surtout si vous déménagez autour des fêtes de fin d'année, de n'habiter nulle part (ou chez des amis...) le premier jour de l'année. Ainsi, vous économiserez une année entière de taxes !

L'ADRESSE DU JOUR

Appelez le (1) 48 87 08 15 pour connaître la liste des consultations gratuites sur les impôts locaux à Paris. Pour la province, appelez votre mairie.

Ils sont fous, ces combinards !

Le 1er janvier de chaque année, le réseau téléphonique est saturé entre minuit et 2 heures du matin. Sur près de 4 millions d'appels, pas plus de 1,3 million aboutissent. Bonne année les PTT !

2
JANVIER

SAINT BASILE

COMBINE STORY

1959 : l'URSS lance Lunik *et l'homme commence à rêver de marcher un jour sur la Lune… pour l'exploiter bien sûr !*

VIE QUOTIDIENNE : SOYEZ TOUJOURS À L'HEURE… GRATUITEMENT !

Si l'exactitude est la politesse des rois, elle est l'un des atouts majeurs d'un combinard qui se respecte. Or, être à l'heure n'est pas toujours chose aisée, et l'horloge parlante, ça coûte ! D'accord, l'appel ne vaut que 73 centimes, mais quand même, ça n'est pas gratuit. Or, pour le principe, c'est agaçant de devoir payer pour avoir l'heure juste. Alors, une fois n'est pas coutume, utilisez la générosité de France Télécom pour avoir l'heure gratuitement. Au lieu de composer le numéro de l'horloge parlante, tapez sur votre minitel le 36 05 12 12 (c'est un numéro vert, donc entièrement gratuit), et vous voici renseigné. En effet, en bas à gauche se trouve une petite fenêtre dans laquelle France Télécom vous donne l'heure le plus exactement, le plus généreusement et le plus gratuitement du monde !

L'ADRESSE DU JOUR

Il n'y a que 6 millions de foyers français à posséder le minitel… Pour les autres, le numéro de l'horloge parlante est le 36 99.

La combine de l'escroc

En Italie, où la combinazione *est un art national, certains filous se sont lancés dans un commerce un peu spécial : ils vendent aux touristes des montres vides, dont les aiguilles fonctionnent à l'aide d'un élastique tendu à mort dans le boîtier… Résultat : l'élastique se déroule et la montre s'arrête définitivement au bout d'une heure !*

ÉPIPHANIE

COMBINE STORY

1908 : Les « engins à moteur » doivent obligatoirement être dotés d'une plaque d'immatriculation : le début des ennuis pour les automobilistes-combinards !

3 JANVIER

PV : ACHETEZ VOTRE VOITURE EN MULTIPROPRIÉTÉ POUR PARTAGER LES AMENDES !

Le 14 décembre 1988, un arrêté du Conseil d'État donnait raison à un couple non marié qui souhaitait acheter une voiture à leurs deux noms. Cet arrêt affirmait qu'aucune « disposition législative n'interdit la propriété commune d'un véhicule à deux ou à plusieurs personnes ». En clair, vous pouvez acheter votre prochain carrosse à deux, à cinq ou à dix si vous le souhaitez. Or, comme les dispositions de l'article L 21-1 du Code de la route obligent l'Administration à faire payer les amendes au titulaire de la carte grise, vous imaginez aisément la tête de M. le Trésorier-Payeur général lorsqu'il devra faire tenir les deux, cinq ou dix noms des contrevenants sur son petit imprimé rose ! Il devra abandonner les formulaires informatisés pour faire rédiger les avertissements destinés à tous les propriétaires ; quant à l'huissier, il devra lui aussi délivrer deux, cinq ou dix commandements, et faire ouvrir, en cas de saisie, deux, cinq ou dix portes ! Un vrai casse-tête qui peut décourager le plus zélé des fonctionnaires...

LE CHIFFRE DU JOUR

Plus de 8 millions de PV sont généreusement distribués sur les pare-brise des automobilistes parisiens chaque année ! Qui a parlé de persécution ?

La combine de l'escroc

Un combinard anti-PV qui avait trouvé un papillon vert sur son pare-brise a eu l'idée de récupérer l'ensemble des PV distribués le même jour dans sa rue. Cette pêche aux amendes lui a rapporté une dizaine de belles pièces qu'il a glissées dans une enveloppe adressée à la Préfecture. Résultat : celle-ci a estimé qu'il était trop compliqué de renvoyer chaque amende à son destinataire et a purement et simplement annulé les contraventions !

4
JANVIER

SAINT ODILON

COMBINE STORY

1886 : la ville de Reims est reliée à Paris par le téléphone. Aujourd'hui, nos amis rémois n'ont qu'à appeler le 26 49 23 14 (c'est le numéro de leur centre France Télécom) pour sabler le champagne ou pour contester leur facture !

PTT : CONTESTEZ LA FACTURE !

Les obsédés du téléphone n'ont besoin que d'un seul conseil pour faire des économies : qu'ils raccrochent ! Mais les autres, plus nombreux, connaissent parfois une facturation disproportionnée par rapport à leur consommation habituelle. Jusque ici, la règle établie par France Télécom était simple : vous payez d'abord et si vous voulez contester, il sera toujours temps d'en discuter. Mais les temps changent et France Télécom est obligée, depuis 1991, d'insérer dans ses contrats une clause qui stipule qu'en cas de réclamation, « l'obligation de paiement de la somme en litige est suspendue, sous réserve du paiement des abonnements et de la moyenne des consommations antérieures, calculée sur les six mois précédents ou de la partie non contestée de la facture ».
Si vous n'êtes pas d'accord sur une facture, contestez-la et payez seulement le prix de l'abonnement et de la moyenne de vos trois factures précédentes.
Cela dit, certaines agences font du zèle et coupent sans hésiter la ligne de ceux qui ne s'aquittent pas de la totalité de leur facture. C'est illégal et abusif ! Si vous en êtes victime, vous pouvez saisir la Direction opérationnelle territoriale dont les coordonnées figurent sur le courrier envoyé par votre agence commerciale.

L'ADRESSE DU JOUR

En cas de litige, vous pouvez faire intervenir le service national consommateurs de France Télécom en écrivant BP 100, 65652 Paris Cedex 14.

SAINT ÉDOUARD

5 JANVIER

COMBINE STORY

1767 : naissance de l'économiste Jean-Baptiste Say. Rien à voir avec le sucre, c'est l'un des maîtres de la théorie du libre-échange (un peu de culture « libérale » ne fait pas de mal par les temps qui courent...)

IMPÔTS : ÉTALEZ VOS REVENUS EXCEPTIONNELS !

Vous avez un revenu stable depuis plusieurs années, mais vous réalisez soudain que la prime d'ancienneté de 5 % qui aurait dû vous être versée régulièrement ne l'a jamais été. Votre réclamation auprès du service du personnel dûment enregistrée, vous allez percevoir d'un seul coup le rappel des augmentation dues. C'est génial, mais si vous déclarez cette somme en même temps que vos revenus de l'année, ceux-ci s'en trouveront majorés, et vous risquez d'être imposé sur une tranche supérieure. Heureusement, si vous en faites la demande, sachez que le comptable du trésor est dans l'obligation de vous accorder l'étalement des sommes en question sur une période pouvant aller jusqu'à cinq ans. Cette disposition méconnue s'applique également à toute autre forme de rappel sur les salaires, traitements et pensions, sur la participation aux bénéfices de l'entreprise, et sur les indemnités de départ en retraite. Alors, profitez-en...

LE CHIFFRE DU JOUR

80 % des Français ont le sentiment que leurs impôts ne servent « qu'à boucher les trous » !

La combine du radin

A La Coupole, le célèbre restaurant du boulevard Montparnasse à Paris, comme dans beaucoup d'autres « grandes maisons », quelques habitués passent tous les jours vers 16 heures pour lire Le Monde *le plus gratuitement du monde puisqu'il est mis à la disposition des consommateurs. Inutile de souligner que ces radins bien informés ne prennent pas la peine de boire quelque chose...*

6 JANVIER

SAINT MÉLAINE

COMBINE STORY

1959 : En France, les parents doivent attendre deux ans de plus pour envoyer leur cancre à l'usine ! La scolarité obligatoire passe, en effet, de 14 à 16 ans.

CONSOMMATION : ACHETEZ MOINS CHER LE LINGE DE MAISON !

Janvier, c'est le mois du blanc. Tous les magasins spécialisés organisent de grandes opérations commerciales et cassent leurs prix sur les collections de linge de maison. Vous pouvez trouver un grand nombre de bonnes affaires dans les « Usines Center ». Derrière ce drôle de vocable, on trouve des centre commerciaux regroupant des magasins de marques, qui pratiquent la vente des dégriffés à prix très réduits, et ce toute l'année. Vous y trouverez également les grands noms du prêt-à-porter, de la vaisselle, des articles de sport. A visiter d'urgence s'il en existe un dans votre ville !

L'ADRESSE DU JOUR

Les « Usines Center » sont présents dans la majorité des grandes villes françaises. En région parisienne, vous en trouverez à Vélizy (78), à Paris-Nord II (95) et à Saint-Denis (93).

SAINT RAYMOND

7 JANVIER

COMBINE STORY

1918 : une loi adoptée à Paris institue les chèques postaux... Quand La Poste se prend pour une banque, les habitués du découvert n'ont qu'à bien se tenir !

AUTO : ACHETEZ-LA ENTRE 10 ET 15 % MOINS CHER !

Aujourd'hui, c'est l'anniversaire de la Belgique, née le 7 janvier 1790. Alors autant qu'elle serve à quelque chose aux combinards économes ! D'autant que l'ouverture des frontières n'a pas changé grand-chose au marché automobile européen : il vous faudra attendre le 1er janvier 1996 pour que la procédure dite de « réception communautaire » vous permette d'acheter votre voiture où vous voulez et sans complications. Jusqu'à cette date, il faudra continuer de la passer aux Mines et l'immatriculer en France si vous l'achetez à l'étranger, mais en profitant en revanche des incroyables disparités de prix qui peuvent, selon un rapport récent du Bureau européen des consommateurs, dépasser 50 % pour un même modèle ! Il est donc très intéressant d'acquérir votre nouveau bolide en Belgique, mais aussi au Danemark où de nombreux modèles français restent de 10 % à 15 % moins cher que chez nous !

L'ADRESSE DU JOUR

Il existe des importateurs qui achètent des véhicules à l'étranger, les font dédouaner, les passent au service des Mines et les revendent entre 7 et 10 % moins cher.
– ECO-SYSTEM : Centre commercial Beaugrenelle, 16, rue Linois, 75015 Paris, tél. : (1) 45 77 04 77. Remise de 7 à 13 %.
– SCARCITY : 124, avenue de Malakoff, 75016 Paris, tél. : (1) 40 67 10 10. Remise de 8 à 16 %.
– IES : 7, rue Maillard, 75011 Paris, tél. : (1) 43 56 23 28. Remise de 7 à 16 %.

8
JANVIER

SAINT LUCIEN

COMBINE STORY

1934 : le financier Alexandre Stavisky se « suicide » à Grenoble après un scandale sans précédent. L'histoire des « affaires » semble parfois tristement bégayer...

CONSOMMATION : SOYEZ SATISFAIT... ET REMBOURSÉ AVEC LA VPC !

Les sociétés de vente par correspondance ont inventé un principe fabuleux, le « satisfait ou remboursé » : vous commandez, vous payez et, si ce qui est livré ne vous plaît pas, vous disposez de quelques jours pour le renvoyer et pour récupérer vos sous. Principe utile s'il en est, puisqu'il va vous permettre de commander tout ce que vous désirez utiliser ou ne porter qu'une seule fois (un manteau pour une fête, par exemple). Il suffit de passer votre commande à l'avance à une société de VPC de votre choix, de payer d'un chèque d'autant plus désinvolte qu'il vous mettrait sur la paille s'il était débité, et d'aller à votre cérémonie avec le manteau sur le dos ! Faites seulement attention à ne pas le tacher car, le lendemain, vous devrez le remballer et le retourner en racontant votre déception à la vue de ce terne tissu, et en demandant à être remboursé dans les plus brefs délais. A noter : on ne peut plus commander de cette manière une robe de mariage car il y avait tellement d'abus de ce type que les entreprises de VPC ont dû les retirer de leur catalogue...

L'ADRESSE DU JOUR

En cas de litige avec une entreprise de vente par correspondance, contactez le syndicat des entreprises de VPC : 60, rue de la Boétie, 75008 Paris, tél. : (1) 42 56 38 86.

La combine de l'escroc

Le harcèlement publicitaire auquel nous sommes soumis peut avoir de bons côtés. Beaucoup de livres ou de CD sont proposés en VPC. Certains consommateurs peu scrupuleux commandent avec une petite erreur dans l'écriture de leur nom, pour éviter les éventuelles relances (exemple : ils disent s'appeler Malon ou Marin au lieu de Malin). Le facteur sait à qui il a affaire et ils recoivent leurs colis sans problème. En revanche, le règlement ne les concerne en rien, puisque ils ne sont pas ce Marin-là !

SAINTE ALIX

9 JANVIER

COMBINE STORY

1913 : le petit Richard Nixon naît aux USA ! De ce combinard « hors-pair », ses concurrents afficheront la photo avec cette légende : « Achèteriez-vous une voiture d'occasion à cet homme-là ? ».

CONSOMMATION : ACHETEZ DES JOUETS MOINS CHERS POUR TOUTE L'ANNÉE !

Ouf, c'est fini ! La période des chaussons devant la cheminée, des pères Noël enrhumés et des joujoux qui vous ont ruiné n'est plus qu'un sale souvenir, comme la bûche et la décoration du sapin... Ce n'est donc pas de gaieté de cœur que nous allons vous inviter à retourner faire du lèche-vitrines. La plupart des magasins de jouets soldent, en effet, leurs « invendus » au mois de janvier. C'est donc plus que jamais le moment d'acheter sa *Game Gear* à Jérémie, son nounours qui parle à Théo, son train qui se tranforme en chenille à Tristan et sa poupée qui pleure à Marine ! Vous pourrez toujours offrir ces jouets moins chers à l'occasion d'une fête ou d'un anniversaire... ou, pourquoi pas ? au prochain Noël !

LE CHIFFRE DU JOUR

1 600 F, c'est ce que dépensent en moyenne chaque année les familles françaises pour offrir des joujoux à leurs très cher... ubins !

La combine de l'escroc

Certains petits malins, habitués des « voyages d'affaires », arrondissent confortablement leurs fins de mois en ramenant, lors de chaque déplacement, des petites merveilles high-tech (appareils photo, baladeurs, téléphones, etc) qu'ils ont achetées à bas prix aux États-Unis, au Japon, en Corée ou à Hong-Kong, et qu'ils revendent en France à des « relations » en faisant un joli bénéfice au passage. Évidemment, ces gens-là n'ont jamais « rien à déclarer »....

10
JANVIER

SAINT GUILLAUME

COMBINE STORY

1436 : le mois de janvier de cette année marque le début d'une période prolongée de stabilité monétaire. C'était il y a bien longtemps...

IMPÔTS : À CINQ JOURS DU PREMIER TIERS PROVISIONNEL, UTILISEZ LE CACHET DE LA POSTE POUR PAYER PLUS TARD !

Avant le 15 janvier, il faudra payer votre premier tiers provisionnel. Si vous êtes un peu juste question finances, vous pouvez utiliser un « truc » que nous a expliqué un ami qui détestait payer l'amende de 10 % lorsqu'il était en retard dans le règlement de ses impôts, c'est-à-dire toujours ! C'est incroyablement simple : il suffit de vous adresser, à vous-même, une enveloppe, sur laquelle vous écrivez votre nom et votre adresse, au crayon à papier (c'est un détail très important). Lorsque vous recevez la lettre, deux ou trois jours après, il vous suffit alors de gommer tranquillement vos coordonnées pour obtenir une enveloppe vierge avec un timbre oblitéré d'un cachet de la poste « faisant foi » ! Il ne vous reste plus alors qu'à ouvrir l'enveloppe (que vous aurez pris soin de ne pas cacheter de manière trop définitive...) et d'y inscrire l'adresse de votre centre des impôts. Ensuite, vous gardez « sous le coude » cette missive jusqu'à ce que votre compte en banque soit renfloué et vous allez la déposer, emplie du chèque nécessaire, dans la boîte aux lettres de la perception au bout de quelques semaines ! Le retard ne pourra être attribué qu'à la poste !

L'ADRESSE DU JOUR

La vôtre !

SAINT PAULIN

11 JANVIER

COMBINE STORY

1587 : L'inviolabilité du domicile est annulée par ordonnance. Sale jour pour les mauvais payeurs...

HUISSIERS : DEVENEZ INSAISISSABLE EN N'HABITANT PAS CHEZ VOUS !

Certains petits futés vivent chez eux... sans habiter chez eux ! En évitant tout simplement d'être titulaires du bail de leur appartement. C'est le cas de ces nombreux étudiants qui demandent à papa et maman de signer le contrat de location. Il suffit alors d'un certificat d'hébergement pour bénéficier de tous les avantages, sociaux, administratifs, fiscaux ou bancaires, sans être gêné par les commandements de payer et les menaces de saisie.

LE CHIFFRE DU JOUR

Les huissiers sont des « machos » : on compte plus de 3 000 huissiers en France, dont seulement 10 % environ de femmes.

Ils sont fous, ces combinards !

En plus d'être un fidèle compagnon, un animal peut être une arme indispensable dans la guerre qui oppose certains rusés aux huissiers. L'astuce est simple : il faut savoir que ces messieurs ne sont pas forcément des émules de Brigitte Bardot et que, derrière leur apparence inhumaine, se cache un être d'os, de sang... et surtout de chair ! C'est dire que lorsqu'ils doivent saisir dans un appartement ou une maison gardée par l'un de ces molosses aux canines longues et pointues, ils y regardent à deux fois.

12 JANVIER

SAINTE TATIANA

COMBINE STORY

1910 : Aux USA, la traite des Blanches est interdite... aux grands désespoir des combinards machos !

REVENUS (SPÉCIAL MUFFLE !) : LOUEZ LE CORPS TOUT ENTIER DE L'ÉLUE DE VOTRE CŒUR !

Si vous êtes tombé éperdument amoureux d'une femme très belle, mais qui ne mesure que 92 cm de haut, ou bien si, à l'inverse, elle mesure 1,95 m et vous regarde un peu trop souvent de haut, n'hésitez pas à faire appel à certaines agences de mannequins, spécialisées dans les extrêmes ou les « tronches ». Géant ou modèle réduit, les cachets de ces mannequins hors normes (selon les critères sociaux-publicitaires) peuvent aller de 3 000 à 6 000 F par journée de tournage, plus les royalties versées selon le nombre de passages du spot. Vous pouvez également monnayer les charmes de votre dulcinée en faisant dans le détail : des agences se sont fait une spécialité de fournir aux réalisateurs la paire de seins, de jambes ou de mains convenant exactement à ce qu'ils recherchent. Ainsi, c'est une comédienne française qui a « prêté » ses jambes à Julia Roberts sur le tournage de *Pretty Woman*. Quant à la pub pour les collants Diam, mettant en scène un superbe toréro féminin aux fesses merveilleusement galbées, et aux jambes ciselées à la perfection, il a fallu trois mannequins différents pour la réaliser !

L'ADRESSE DU JOUR

Voici les coordonnées de deux agences spécialisées dans le mannequin au détail, ou dans les « tronches » :
– People, 39 rue Sainte-Croix-la-Bretonnerie, 75004 Paris, tél. : (1) 40 29 99 00.
– Cyrano, 19 avenue Messine, 75008 Paris, tél. : (1) 44 19 82 23.

SAINTE YVETTE

COMBINE STORY

1893 : le Labour Party est créé en Angleterre. C'est le premier parti politique qui propose la journée de travail à huit heures.

13 JANVIER

TAXES : RÉCUPÉREZ LA TVA SUR LE PÉAGE !

Le marché unique européen, né en janvier 1993 (et dont nous ne vanterons jamais assez les avantages qu'il offre pour les combinards astucieux) a des conséquences sur le montant, souvent exorbitant, des péages que vous acquittez dès que vous parcourez ne serait-ce que quelques centimètres sur ces autoroutes gérées par des sociétés privées. Ces sociétés devraient désormais faire ressortir la TVA sur les tickets de péage puisque la circulation est, elle aussi, assujettie à la taxe sur la valeur ajoutée. Vous pouvez donc déduire le montant de cette TVA de vos dépenses ! Le problème, c'est que la plupart des sociétés gestionnaires d'autoroutes ne se sont pas encore mises à l'heure européenne et ne font pas d'elles-mêmes ressortir cette TVA. Qu'importe : faites-le donc à leur place, en prenant éventuellement conseil auprès de votre comptable. Mais il n'y a aucune raison pour que vous continuiez à ne pas récupérer le montant de cette taxe qui peut finir par représenter une assez jolie somme.

LE CHIFFRE DU JOUR

19,5 % des Français, pour remplacer les péages, préféreraient payer une vignette annuelle donnant accès à toutes les autoroutes d'Europe, et 72,3 % des automobilistes souhaitent la disparition progressive des péages...

La combine de l'escroc

Il existe un moyen pour ne payer qu'une moitié d'aller/retour lorsque vous prenez l'autoroute. Exemple : un petit malin doit faire Paris-Nantes. Il entre sur l'autoroute à Ablis, qui est situé à 50 kilomètres de Paris (Ablis qu'il rejoint par la N10). Au péage de Nantes, il explique qu'il a perdu son ticket. La règle veut que, dans ce cas, il faut règler la totalité du parcours, c'est-à-dire Paris-Nantes, ce qui est exactement la distance qu'il vient de faire. Au retour, notre combinard entre à Nantes et sort à Paris. Mais, au péage de Paris, il donne son ticket d'entrée à Ablis qu'il a pris à l'allée. Résultat : il ne paye que 8 F au lieu des 100 F qu'il devrait acquitter normalement.

14 JANVIER

SAINTE NINA

COMBINE STORY

1744 : Un arrêté du Conseil décide que le roi de France est seul propriétaire du sous-sol français. Après le Roi-Soleil, le Roi-Pétrole !

AUTO : UTILISEZ DU FUEL DOMESTIQUE PLUTÔT QUE DU GASOIL !

Quelle différence existe-t-il entre le fuel domestique et le gasoil que vous utilisez dans votre moteur de voiture diesel ? Aucune ou presque. Le produit est le même, simplement l'État fait ajouter un petit colorant dans le fuel domestique et ce dernier coûte beaucoup moins cher que le diesel, qui, lui, est assujetti à une lourde taxe, comme d'ailleurs tous les carburants automobiles. Alors mettez du fuel domestique dans votre moteur ! La différence de prix va du simple au double : le fuel domestique coûte environ 2 F le litre et le diesel près de 4 F. L'État interdit cette utilisation du fuel à la place du gasoil mais les contrôles sont inexistants (vous avez déjà vu lors d'un contrôle de police, sur le bord de la route, nos représentants des forces de l'ordre tacher leur si jolis gants blancs en mettant les doigts dans votre réservoir ?).

LE CHIFFRE DU JOUR

11 % du parc automobile français est équipé en diesel. Les « diésélistes » sont nombreux ! Vous comprenez pourquoi nous avons tenu à les soigner ?

Ils sont fous, ces combinards !

Certains Français ont choisi de faire des économies en produisant leur électricité eux-mêmes ! C'est le cas, par exemple, des moines de l'abbaye de Port-Salut qui profitent qu'un cours d'eau traverse leurs terres pour remettre au goût du jour le principe de la roue qui génère de l'énergie… Plus combinards que ces bons pères, tu meurs : ils vendent même leur électricité à EDF !

SAINT RÉMI

15 JANVIER

COMBINE STORY

1906 : naissance d'Aristote Onassis,
un combinard qui ne s'est jamais laissé mener en bateau !

IMPÔTS : NÉGOCIEZ VOTRE TIERS PROVISIONNEL !

Voici un jour de deuil pour votre porte-monnaie ! Ce soir, à minuit, il faudra payer votre premier tiers provisionnel. Mais que les moins fortunés d'entre vous se rassurent... Il leur reste quelques heures pour demander un délai, un « sursis de paiement » selon le jargon du fisc. C'est le directeur des services fiscaux du centre dont on dépend qui est seul habilité à accepter un retard dans le paiement de votre contribution. Il faut donc écrire à ce monsieur, ou éventuellement lui demander un entretien. Dans tous les cas, il faudra l'attendrir. Si le motif lui paraît valable, l'agent du fisc établira avec vous un « plan de rééchelonnement » de l'impôt. Sachez également que l'octroi de ces délais de paiement n'empêche pas l'application de la majoration de 10 % sur les sommes non acquittées à la date initialement prévue. Mais ça aussi, vous pouvez le négocier, et ça marche souvent. A noter : les comptables du Trésor ont reçu pour instruction d'accorder à tous les chômeurs des délais de paiement les plus longs possibles ainsi que l'abandon automatique de la majoration de 10%.

LE CHIFFRE DU JOUR

C'est incroyable, mais vrai : un Français sur deux ne paye pas d'impôts sur le revenu !

La combine de l'escroc

Il y a quelques années, un escroc particulièrement inventif avait dévalisé les boîtes aux lettres des perceptions le soir du 15 janvier. Il avait récupéré les chèques, tous à l'ordre de « Trésor public » et les avait déposés sur un compte créé spécialement pour l'occasion au nom d'une société, dont il était le gérant, et dont le nom était « Trésor Publicité » ! En fait, armé d'une kyrielle de stylos de couleurs différentes, il lui avait suffit de rajouter « ité » après le nom du destinataire réel de ces quelques centaines de millions...

16 JANVIER

SAINT MARCEL

COMBINE STORY

1791 : la gendarmerie est officiellement constituée... Heureusement, le radar n'est toujours pas inventé !

PV : CONTESTEZ LES RADARS POUR CAUSE D'INTEMPÉRIES !

C'est l'hiver, il fait froid, vous vous ruinez en chauffage... alors voici de quoi vous réconcilier avec la pluie, la neige et le brouillard ! Contrairement aux apparences, ces terribles éléments peuvent être vos alliés sur la route. En effet, sachez que les radars sont gênés dans leur fonctionnement par les intempéries, qui empêchent le retour normal des ondes qu'ils envoient. Un tribunal a récemment rendu un verdict qui devrait faire jurisprudence et qui met en cause l'efficacité de la mesure radar quand il pleut. Moralité : si vous êtes « flashé » par un radar sous la pluie ou sous la neige, vous pouvez continuer en fredonnant *Singing in the Rain (or snow)*... Vous serez tout à fait en droit de contester le PV. Il vous suffit de courir vite à la météo nationale pour vous faire délivrer un papier certifiant qu'il pleuvait bien à 11 h 25 le 16 janvier entre Lyon et Tournus. Armé de cette pièce incontestable, vous pourrez faire valoir votre bon droit... et garder votre permis de conduire !

LE CHIFFRE DU JOUR

Un Français sur deux reconnaît avoir déjà commis une faute grave au volant de sa voiture !

La combine de l'escroc

Pour éviter d'être flashé par les radars, certains automobilistes n'hésitent pas à trafiquer leur plaque d'immatriculation. Comment ? En changeant tout simplement un chiffre. Exemple : 712 GIL 31 devient 721 GIL 31. Cette erreur est tout à fait explicable en cas de contrôle « poussé » (la plupart des policiers ne font pas attention à l'inversion de chiffres lorsqu'ils ont la carte grise entre les mains) et n'est passible que d'un PV sans grande sévérité : « non conformité de la plaque d'immatriculation avec le certificat du véhicule ». En attendant, adieu les radars et autres parcmètres !

SAINTE ROSELINE

17 JANVIER

COMBINE STORY

1706 : aux USA, naissance de Benjamin Franklin, qui mit en évidence l'électricité en 1752. Encore merci à cet homme éclairé, même s'il nous arrive de nous arracher les cheveux devant la consommation du sèche-linge !

EDF : RELEVEZ VOUS-MÊME LES COMPTEURS POUR ÉVITER LA RUINE !

Il arrive parfois que la fée Électricité de France disjoncte et que sa baguette magique pète les plombs ! Exemple : le service facturation connaît parfois des disfonctionnements qui se répercutent sur les usagers. Faute de pouvoir faire passer assez souvent ses agents pour relever les compteurs, EDF vous envoie des factures fondées sur une estimation de la consommation, qui ne correspondent donc pas à la réalité. Si, à plusieurs reprises, vos dépenses ont été sous-estimées, vos factures ont été inférieures à votre consommation réelle. Au bout d'un an, EDF va alors vous réclamer d'un seul coup la somme que vous lui devez. Dans le cas où, au contraire, votre consommation est surestimée, vous allez pendant des mois payer beaucoup plus que vous ne devriez et, le jour où votre compteur sera enfin relevé, vous ne serez pas remboursé, mais vous bénéficierez seulement d'un avoir sur les prochaines factures. Bref, vous êtes toujours perdant. Pour éviter ces ennuis, sachez que vous pouvez communiquer vous-même les chiffres de votre compteur à l'EDF ou exiger le passage d'un agent, afin de ne pas laisser s'accumuler les factures sur estimation. En cas de refus, invoquez l'article 1315 du Code civil qui impose au créancier de faire valoir la réalité de sa créance.

LE CHIFFRE DU JOUR

La plus vaste coupure d'électricité du siècle a eu lieu le 9 novembre 1965 aux États-Unis. Elle a plongé dans le noir durant plusieurs heures plus de 25 millions d'Américains et de Canadiens qui en ont profité pour piller ou pour faire des bébés !

La combine de l'escroc

Benjamin Franklin aurait certainement été surpris de voir nos compteurs électriques, et encore plus de connaître les « trucs » de certains petits futés qui placent un aimant le long de leur compteur afin de freiner la course de la roue... autre astuce souvent découverte par les contrôleurs de l'EDF : un trou minuscule, percé dans le compteur, laisse passer une tige métallique qui stoppe la roue !

18 JANVIER

SAINTE PRISCA

COMBINE STORY

1695 : création d'un nouvel impôt, la capitation, qui frappe les contribuables en fonction de leur rang social. Michel Rocard n'a rien inventé avec l'impôt sur les grands fortunes !

CONSOMMATION : MARCHANDEZ LES SOLDES... ÇA MARCHE !

Le mois de janvier, c'est le mois des soldes. Le « blanc » est soldé, les collections de vêtements d'hiver le sont également... mais ne vous laissez pas impressionner par des étiquettes particulièrement attrayantes. Vous pouvez encore marchander les soldes ! Nous l'avons prouvé dans l'une des émissions « Combien ça coûte ? » sur TF1 : en caméra cachée, nous avons réussi à obtenir entre 10 et 30 % de ristourne supplémentaire sur les articles dont les prix étaient officiellement « cassés ».

L'ADRESSE DU JOUR

Pour connaître les dates des soldes des grands magasins à Paris et en province, appelez ces numéros :
– Le BHV : (1) 42 74 90 00.
– Le Bon Marché : (1) 44 39 80 00.
– Les Galeries Lafayette : (1) 42 82 34 56.
– Le Printemps : (1) 42 82 50 00.
– La Samaritaine : (1) 40 41 20 20.
– Les Nouvelles Galeries : (1) 42 74 82 12.

La combine du radin

Certains consommateurs particulièrement économes effectuent tous leurs cadeaux de l'année au moment des soldes. Ils achètent, par exemple, les cravates par quatre (facile, puisqu'elles coûtent un quart de leur prix !), les conservent prêtes à offrir dans un placard et les distribuent à chaque occasion où ils leur faut se fendre d'un petit présent !

SAINT MARIUS

COMBINE STORY

1972 : mauvais jour pour Jacques Chaban-Delmas puisque le Canard Enchaîné *publie sa feuille d'impôts !*

19 JANVIER

VOYAGES : PARTEZ AU SOLEIL MOINS CHER EN VOUS MOQUANT DES CONTRAINTES DE DATE !

Ah... partir ! Partir au soleil en plein hiver et revenir tout bronzé... voilà de quoi rendre verts de jalousie vos collègues de bureaux. Le problème, c'est que la plupart des billets qui sont proposés à des prix inférieurs de 30 à 50 % aux tarifs normaux ne vous laissent pas une grande liberté sur les dates de départ ou d'arrivée. C'est le cas, notamment, du billet « week-end » avec l'obligation de passer la nuit du samedi au dimanche, du tarif « vacances » avec un séjour qui ne doit pas excéder 21 jours, ou encore le billet que vous réservez, avec date fixe, très à l'avance...
Pour oublier ces contraintes, il suffit que vous produisiez un certificat médical indiquant que vous ne pouviez donc pas prendre l'avion à telle ou telle date pour que les compagnies soient dans l'obligation de vous laisser choisir le jour de votre départ. En clair, il suffit de demander gentiment à votre médecin de vous faire un petit mot d'excuse et le tour est joué !

L'ADRESSE DU JOUR

Grâce au 3615 code SOS HÔTEL, vous découvrirez une liste très fournie d'hôtels de 2 à 4 étoiles sur plus de 200 destinations (en France métropolitaine, Afrique, Asie, Antilles, pays méditerranéens, etc.) avec 30 à 50 % de réduction et des promotions ponctuelles, avec ou sans billet d'avion.

Ils sont fous, ces combinards !

C'est presque un gag mais si toute votre vie vous avez rêvé... d'épouser un steward, vous avez eu bien raison car c'est le meilleur moyen de faire des économies sur vos voyages. Les conjoints et les concubins (un certificat suffit) des « personnels d'une compagnie aérienne » bénéficient, en effet, des mêmes avantages : généralement 90 % de réduction sur la valeur des billets ! Récemment, la police a arrêté une hôtesse qui monnayait 50 000 F ses signatures au bas de certificats de concubinage bidons.

20
JANVIER

SAINT SÉBASTIEN

COMBINE STORY

1791 : création d'un tribunal criminel dans chaque département français. Le début du grand embouteillage judiciaire et des problèmes financiers pour les justiciables !

JUSTICE : OFFREZ-VOUS UN AVOCAT GRATUIT !

Avocat : rien que de prononcer ce mot, on a déjà perdu de l'argent! L'avocat a plutôt mauvaise réputation. Lorsqu'on doit faire appel à ses services, on est toujours très méfiant : s'il est cher, on se demande s'il est vraiment sincère, et si ses tarifs sont bas, on se demande s'il va défendre nos intérêts avec une grande conviction ! Et pourtant, on peut être bien défendu gratuitement ! Renseignez-vous d'abord auprès de votre mairie. Sachez en effet que la plupart d'entre elles offrent la possibilité de consulter un avocat gratuitement, sur rendez-vous. Les Barreaux de Paris et de toutes les grandes villes de province mettent également à votre disposition un certain nombre de formules pour vous aider dans vos démarches. Mais les avocats ainsi consultés n'offrent qu'un service de conseil et d'orientation.

L'ADRESSE DU JOUR

Pour de plus amples informations, vous pouvez vous informer, de 19 heures à 23 h 30, sauf le samedi, dimanche et les jours fériés, auprès de SOS Avocats, tél. : (1) 43 29 33 00.

Ils sont fous, ces combinards !

Parfois, certains avocats utilisent de véritables combines pour tenter de sauver la tête de leur client. Exemple : maître Mauro Giafferi, le défenseur de Landru en 1921, qui annonça, lors de sa plaidoirie, qu'il avait retrouvé l'une des prétendues victimes de son client. Celui-ci était accusé du meurtre de 10 femmes dont les corps avaient vraisemblablement disparu dans une cuisinière de sa maison de Gambay, dans les Yvelines. Les 12 membres du jury tournèrent la tête vers le fond de la salle d'où ce témoin-surprise devait surgir. Évidemment, il n'y avait personne... mais l'avocat put ainsi démontrer au jury qu'il n'avait pas l'intime conviction de la culpabilité de Landru !

SAINTE AGNÈS

COMBINE STORY

1932 : une nouvelle loi instaure les allocations familiales.

21 JANVIER

SOCIAL : PROFITEZ AU MAXIMUM DES ALLOCATIONS !

Si vous saviez le nombre d'allocations auxquelles vous avez droit ! Elles sont si nombreuses, diverses et variées, qu'un autre guide de près de 400 pages ne suffirait pas à en dresser la liste exhaustive. Nous reparlerons tout au long de l'année (et de ces pages) de quelques-unes d'entre elles, mais sachez que vous pouvez demander une aide spécifique si vous êtes, par exemple, en congé de maternité, d'adoption, parental d'éducation, si vous avez un jeune enfant, si vous êtes parent isolé, si vous employez une assistante maternelle, si votre conjoint vous doit sa pension alimentaire, si vous utilisez une aide-ménagère, si votre logement coûte trop cher, si vous êtes au chômage partiel, si vous créez une entreprise... on en passe et des plus juteuses ! Alors, renseignez-vous correctement en fonction de votre situation familiale et financière auprès de vos mairies, de la Sécu et des caisses d'Allocations familiales.

L'ADRESSE DU JOUR

Le minitel indispensable pour connaître toutes les allocations possibles et imaginables, c'est le 3615 code CAF, le serveur de la caisse d'Allocations familiales.

22 JANVIER

SAINT VINCENT

COMBINE STORY

1954 : le tiercé est inventé par André Carus. « Au PMU, Charles, on perd comme on aime ! »

JEUX : GAGNEZ PLUS SOUVENT !

Les jeux sont parfois de vraies sources de revenus ! Le Loto, le Tiercé et autres Millionnaire qui rendent fous les Français (et dont nous reparlerons un autre jour...), mais également tous les jeux organisés par les marques pour promouvoir leurs produits. Olivier, l'un de nos amis qui passé quelques semaines au chômage récemment, a profité de ce repos forcé pour tenter sa chance et pour remplir toutes les « bons de participation » qui lui tombaient sous la main (et qui, rappelons-le, sont nécessairement « sans obligation d'achat »). Résultat : il a gagné une télévision, un magnétoscope, des tonnes de livres et de cassettes vidéo ! Vous aussi, vous pouvez tenter votre chance pour gagner une semaine aux Baléares avec les pâtes Macaroni, une moto avec les huiles Elfesso, une maison avec Les Trois Redoutes, etc. Il existe aujourd'hui un service minitel qui donne, en temps réel, les résultats de chaque jeu publié en France. Ces jeux sont disséqués par une équipe de spécialistes qui vous donnent toutes les bonnes réponses afin de faire partie des finalistes.

L'ADRESSE DU JOUR

Le 3615 code CPUB, qui liste tous les jeux-concours, TV, presse ou pub.

La combine du radin

Le comble du radinisme ? Se faire interdire de Loto !

SAINT BARNARD

23 JANVIER

COMBINE STORY

1852 : grande douleur pour la famille d'Orléans puisque tous ses biens sont confisqués et distribués à des sociétés de secours mutuel, à des logements ouvriers. Pourtant, le 23 janvier ce n'est pas le 4 août !

MAISON : PAYEZ VOS MEUBLES MOINS CHER CHEZ EMMAÜS !

Quel bonheur de pouvoir faire rimer consommation et œuvre sociale. Faire des économies et participer à l'effort de solidarité dont une trop grande partie d'entre nous a franchement besoin, c'est génial ! C'est pourquoi nous ne saurions trop vous conseiller d'acheter vos meubles dans les dépôts des Compagnons d'Emmaüs. Il y a du mobilier, mais aussi des objets de décoration qui proviennent des ramassages effectué par les émules de l'Abbé Pierre chez les particuliers. Un chiffre encourageant pour terminer : pour plus de 60 % des Français, l'Abbé Pierre est l'une des personnalités qui défendent le mieux les droits de l'Homme. Comme quoi, l'honnêteté... ça paye parfois !

L'ADRESSE DU JOUR

Les Compagnons d'Emmaüs : téléphonez au (1) 42 36 06 99 pour connaître les coordonnées du dépôt le plus proche de chez vous.

24 JANVIER

SAINT FRANÇOIS DE SALES

COMBINE STORY

1848 : en Californie, sur les terres d'un émigrant suisse (cela ne s'invente pas !), on découvre des pépites... c'est le début de la ruée vers l'or !

CONSOMMATION : RÉGLEZ EN TRÈS PETITE MONNAIE !

Payer c'est payer. Vous pouvez le plus légalement du monde acheter un timbre, un kilo de cerise, un complet-veston ou une voiture... en pièces de monnaies de 5, 10 ou 20 centimes ! L'article R 30-11 du Code pénal stipule même que tous ceux qui « auraient refusé de recevoir les espèces et monnaies nationales non fausses ni altérées, selon la valeur pour laquelle elles ont cours... » seront « ... punis d'une amende. » Alors évidemment, c'est beaucoup plus drôle et jouissif de faire enrager un TPG, le Trésorier-Payeur général, ou le service de recouvrement des PV en lui remettant quelques milliers de petites pièces jaunes pour vous acquitter de votre dû. Mais reconnaissez qu'il y a aussi beaucoup de plaisir à pratiquer ce genre d'exercice avec votre assureur ou votre garagiste, par exemple... D'autant que cela vous permet d'écouler toutes ces affreuses petites piécettes jaunes dont vous ne sauriez que faire sans cela !

LE CHIFFRE DU JOUR

1% des Français gardent tout leur argent en liquide et chez eux !

La combine du radin

Quand il va à la messe, il profite de la quête pour récupérer quelques pièces en faisant semblant de se faire de la monnaie.

CONVERSION SAINT PAUL

25 JANVIER

COMBINE STORY

1961 : c'est nouveau, les agriculteurs profitent désormais de la Sécu ! Indispensable en cas d'accident de la route au volant de la Mercedes !

SANTÉ : CONTESTEZ UN REFUS DE PRISE EN CHARGE PAR LA SÉCU !

Il peut arriver que votre caisse d'assurance maladie refuse de prendre en charge un traitement ou une cure dont vous estimez, en accord avec votre médecin traitant, avoir besoin. Dans ce cas, vous devez vous défendre bec et ongles, et demander la nomination d'un expert qui, après examen, décidera si votre état de santé justifie le traitement prescrit par votre médecin. Si cela ne suffit pas, vous pouvez aussi envoyer à la Commission de recours amiable de votre caisse une lettre recommandée avec AR en y joignant votre dossier médical complet. Si tout cela ne fait pas plier l'Administration, vous pouvez en dernier recours, porter l'affaire devant le tribunal des Affaires sociales. Bien évidemment, l'accord n'est pas gagné d'avance, mais le jeu en vaut la chandelle. De nombreux dossiers sont ainsi acceptés après contestation du refus par l'intéressé.

LE CHIFFRE DU JOUR

800 millions, c'est le nombre de feuilles de maladie traitées en moyenne chaque année par la Sécu, ce qui fait environ treize par Français ! Pas mal pour un pays riche et en bonne santé...

Ils sont fous, ces combinards !

Une agence de voyages avait lancé une campagne publicitaire sur le thème « Arrêtez-vous une semaine, votre médecin sera d'accord : 1 890 F, huit jours à Istambul » ». Cette belle idée n'a séduit ni la caisse d'assurance-maladie ni l'ordre des médecins, qui ont jugé que ce type de publicité était une incitation à la fraude, et ont obtenu de l'agence de voyages 10 000 F de dommages et intérêts. L'arrêt de maladie pour cause de tourisme, ce n'est pas pour demain !

26 JANVIER

SAINTE PAULE

COMBINE STORY

1985 : Coluche présente ses « Restos du Cœur », une « super-combine » indispensable à tous ceux qui ne mangent pas à leur faim !

IMPÔTS : SOYEZ GÉNÉREUX, LE FISC VOUS LE RENDRA !

A un mois de la remise de votre déclaration d'impôts, il serait temps de commencer à prévoir les éventuelles déductions. Par exemple, savez-vous que les sommes versées aux œuvres reconnues d'utilité publique ou d'intérêt général, ainsi qu'aux partis politiques, vous ouvrent droit à une réduction d'impôt de 50 ou 40 % du montant de votre don ? Il y a tout d'abord les dons affectés à la nourriture gratuite de repas et au logement des personnes en difficultés en France : par exemple, les dons aux Restaurants du cœur. La réduction d'impôt est, dans ce cas, de 50 % de ce que vous avez donné, mais ne peut être calculée que dans la limite de 540 F. Cette réduction d'impôt est donc au maximum de 270 F. Cependant, le surplus ouvre droit à une réduction de 40 % des sommes versées, dans la limite des 5 % de votre revenu imposable. Pour les autres dons consentis aux associations ou fondations reconnues d'utilité publique, de caractère humanitaire, éducatif, philantropique, ou les associations culturelles ou de bienfaisance, la réduction d'impôt est de 40 % des sommes versées, dans la limite des 5% de votre revenu imposable. Enfin il existe une troisième catégorie de dons : ceux versés aux œuvres d'intérêt général, qui ne sont pas reconnues d'utilité publique, ceux consentis aux candidats aux élections politiques et ceux donnés aux partis politiques. Dans ce cas, la réduction est égale à 40 % de ce que vous avez donné, mais dans la limite de 1,25% de votre revenu imposable. Vous devez joindre à votre déclaration les reçus remis par les organismes bénéficaires.

L'ADRESSE DU JOUR

Les Restos du Cœur : 221, rue Lafayette, 75010 Paris, tél. : (1) 46 07 43 45.

SAINTE ANGÈLE

27
JANVIER

COMBINE STORY

1794 : la Convention annonce que le français est la seule langue dans laquelle doivent être rédigés les documents officiels.

PV : CONTESTEZ-LES S'ILS NE SONT PAS LISIBLES !

Les PV est à l'automobiliste ce que la goutte est au gros mangeur : un cruel effet secondaire ! Alors, continuons notre lutte salutaire contre les excès de PV en rappelant, notamment que toute amende, pour être recevable, doit être rédigée en langue française et par un moyen indélébile. Autrement dit, un PV écrit dans un véritable charabia par un policier ébréché ou à l'orthographe rudimentaire, ou dont les informations ont été partiellement effacées par la pluie, peut être contesté et taxé de nullité. Alors, profitez-en et soyez procédurier !

LE CHIFFRE DU JOUR

A Paris, une contravention sur trois n'est pas payée !

La combine de l'escroc

Nous avons rencontré un automobiliste peu scrupuleux qui nous a expliqué une méthode pour éviter de payer ses PV : il faut demander à un copain de vous prêter l'un de ses timbres-amende, puis vous posez ce timbre sur votre contravention, vous faites une photocopie du tout et vous l'envoyez au service qui vous réclame le paiement de cette amende en expliquant que vous aviez bien réglé en temps et en heure... la preuve : cette photocopie de l'amende, agrémentée de son timbre, qui atteste votre bonne foi. Malhonnête, mais infaillible.

28 JANVIER

SAINT THOMAS D'AQUIN

COMBINE STORY

1945 : la gratuité scolaire pour toutes les classes élémentaires est établie en France.

ENFANTS : RENTABILISEZ VOS FRAIS DE GARDE !

Les tarifs de certains cours particuliers dispensés par des étudiants ne sont pas sensiblement plus chers que les appointements de la traditionnelle baby-sitter ! Il fallait y penser... d'autant que cette combine permet de transformer votre fan de Goldorak et des autres insignifiances dorothéesques (c'est dur à écrire, cela doit être dur à lire... et très dur à dire !) en futur Einstein ! Ce qui n'est pas le moindre des intérêts de la formule ! On trouve les annonces des étudiants qui donnent des cours dans les CROUS (les Centres régionaux des œuvres universitaires et scolaires), dans les facs, dans les cités universitaires, dans les Centres d'étrangers en France (genre American Center...) et dans bon nombre de journaux gratuits...

LE CHIFFRE DU JOUR

7 200 F, c'est le budget annuel moyen que les Français consacrent à leur gamin !

La combine du radin

Quand il sort le soir, il s'arrange pour que ce soit en compagnie d'un couple qui fait appel à une baby-sitter pour ses enfants : il lui suffit alors de déposer ses propres bambins chez ces amis pour qu'ils soient gardés gratuitement jusqu'à ce qu'il vienne les récupérer et ramener tout son petit monde à la maison.

SAINTE GILDAS

29 JANVIER

COMBINE STORY

1795 : une loi garantit à tous la naturalisation au bout de cinq ans sur le territoire des USA.

MAISON : OFFREZ-VOUS L'AVIS GRATUIT D'UN ARCHITECTE !

Avant d'effectuer des travaux dans votre appartement, ne vous privez surtout pas de l'avis d'un expert ! Il serait dommage que, dans un bel élan d'enthousiasme artistique, vous abattiez un mur porteur ! Mais plutôt que d'aller vous ruiner en frappant à la porte d'un architecte X ou Y, pensez à utiliser les services aussi efficaces qu'économiques du CAUE. C'est gratuit !

L'ADRESSE DU JOUR

Le Conseil d'architecture, d'urbanisme et d'environnement vous propose de consulter gratuitement ses experts. Ces derniers acceptent même de se déplacer ! Pour obtenir les coordonnées du centre le plus proche de votre domicile, téléphonez au (1) 48 87 70 56.

La combine de l'escroc

Dans la plupart des grandes villes de France, il est fréquent de réserver une petite partie du montant des travaux publics au profit du parti politique majoritaire au conseil municipal. Quant aux architectes, ils sont encore trop souvent choisis en fonction de leurs affinités politiques. Pour les élus, question « gros sous », le bâtiment, c'est du béton !

30 JANVIER

SAINTE MARTINE

COMBINE STORY

1810 : le chercheur Nicolas Appert reçoit une subvention pour développer son procédé de conservation des aliments. MM. Marie, Findus et Vivagel lui disent « merci ! ».

CONSOMMATION : AVANT D'ACHETER, GOÛTEZ À TOUT !

Tout le monde le sait : la dégustation gratuite est obligatoire chez tous les marchands de vins, et d'ailleurs toutes les bonnes caves la pratiquent. L'article 1587 du Code civil stipule que : « A l'égard des vins et des huiles, il n'y a point de vente tant que l'acheteur ne les a pas goûtés et agréés ». Dans l'absolu, vous êtes donc tout à fait en droit d'exiger que le responsable du rayon « Vins, alcools et spiritueux » de votre supermarché vous offre une petit coup à sa santé, directement dans le rayon ! Grâce à cet article oublié du Code civil, les commerçants sont en effet obligés de vous laisser goûter le vin avant de vous le vendre. Profitez-en pour bien choisir la boisson qui accompagnera vos petits plats !

LE CHIFFRE DU JOUR

3 200, c'est le nombre de calories consommées en moyenne par jour en France ! Lorsqu'on sait que 2 500 calories par jour sont largement suffisantes à un adulte, on se dit qu'on est foutus, on mange trop !

La combine de l'escroc

Certains petits malhonnêtes confondent supermarchés et restaurants ! Ils passent d'abord au rayon charcuterie, mordent dans un saucisson, puis au rayon fruits et légumes où ils mangent une ou deux tomates, avant de foncer aux fromages, et d'avaler un morceau de gruyère ou un Babybel tout rond. Pour le dessert, rien de plus facile que d'ouvrir un paquet de bons petits gâteaux, ou de se régaler d'une banane par les deux bouts ! Aux heures d'affluence et tout en remplissant un énorme caddy, ils ont peu de chance de se faire remarquer... Et voilà encore une petite bouffe économisée !

SAINTE MARCELLE

COMBINE STORY

1863 : Aristide Boucicaut relance le Bon Marché.

31 JANVIER

CONSOMMATION : ACHETEZ TOUT AVEC 13% DE RÉDUCTION !

Nous adorons les étrangers ! D'autant plus lorsque, touristes ou immigrés, ils peuvent nous permettre de réaliser 13 % d'économie sur tous nos gros achats ! Vous savez certainement que les étrangers en France ont le droit d'acheter des articles sans payer certaines taxes et notamment la TVA... Or, comme les niveaux de taxes varient énormément d'un pays à l'autre, le fisc français a décidé d'uniformiser la remise offerte aux étrangers en France à 13 %. Il suffit donc que vous demandiez à l'un de vos amis étrangers de passage à Paris d'aller acheter à votre place la montre, la carafe ou la caisse de 24 bouteilles de bordeaux dont vous rêvez. Le montant de la facture par achat doit dépasser 2 000 F pour tous les ressortissants étrangers, et 4 000 F pour ceux provenant de la communauté européenne.
Concrètement, si vous achetez une montre 2 100 F avec un copain mexicain, vous récupérerez 273 F... mais vous n'obtiendrez pas un sou si cette montre ne vaut que 1 999 F ! Sur présentation de son passeport, votre ami obtiendra le formulaire de détaxe légale. Ensuite, il faudra qu'il se rende dans un bureau spécial au moment de son passage à la frontière (à l'aéroport, à la gare ou sur la route), pour se voir remettre un document certifiant qu'il a bien quitté le pays. Ainsi, armé de ce document, ou même plus simplement en l'envoyant par la poste, il suffit de retourner dans le magasin chez qui vous aurez effectué l'achat pour vous faire rembourser les 13% en liquide, par chèque ou par virement bancaire...

LE CHIFFRE DU JOUR

Un Français sur deux profite de l'été pour faire la connaissance de touristes étrangers visitant notre pays... Désormais, ils pourront conjuguer l'utile et l'agréable !

FÉVRIER

Eh oui, déjà un mois de passé ! Et, foi de Supercombinard, je suis certain que les économies et les gains que je vous ai permis de réaliser en 31 jours dépassent vos espérances les plus folles. Ça tombe bien, car le mois de février qui, d'après ma chère tante Adélaïde, est le plus court de l'année, n'est pas le plus facile à négocier. Il s'en faudrait même de peu que nombre d'entre vous puissent s'y noyer comme un vulgaire glaçon dans mon bourbon-fraise (ô spectacle délicieux, pas votre noyade, celle du glaçon, évidemment !).
D'abord, en février, il fait terriblement gris et froid ; ensuite les vacances de Noël sont déjà loin, alors que celles du printemps ne sont pas encore là... Mais surtout, ô damnation, c'est la maudite période de la déclaration de revenus (pardon d'être vulgaire et de heurter vos oreilles avec des termes aussi crus, mais il faut savoir appeler un chat, un chat), déclaration qui doit normalement être remplie (et sans erreur, si possible) le 28 février à minuit !
Autant dire que ma tâche, pour vous éviter la dépression, l'alcoolisme, la ruine et le suicide, va être des plus ardues. Mais je ne faillirai pas à ma mission de super-défenseur des consommateurs et vous allez voir arriver mars sans même avoir eu le temps de vous inquiéter.
Évidemment, je vous parlerai beaucoup d'impôts, afin de vous permettre de les réduire le plus possible ; mais j'ai également bien d'autres astuces à vous révéler pour égayer ce mois de février et vous faire gagner de l'argent.
Et, si vous n'êtes pas plus riche le 28 février qu'aujourd'hui, je vous le jure sur la tête de tante Adélaïde, je ne bois plus une goutte de bourbon-fraise... au moins jusqu'au 1er mars.
Mais, sincèrement, ça m'étonnerait !

Supercombinard

SAINTE ELLA

COMBINE STORY

1966 : En France, un texte de loi annonce officiellement que la femme est l'égale de l'homme... mais certains sont toujours plus « égaux » que certaines !

1er FÉVRIER

LOGEMENT : FAITES-VOUS AIDER POUR PAYER VOTRE LOYER !

Nous vous avions promis au mois de janvier que nous vous parlerions des différentes allocations auxquelles vous avez droit... Voici la première : l'aide personnalisée au logement (l'APL) qui peut être versée à toutes les personnes, mariées ou non, locataires ou propriétaires, qui ont peu de ressources et dont le logement correspond à un certain type de normes de construction ou de réhabilitation. Demandez-la, ça ne coûte qu'un peu de temps et ça peut rapporter gros. Appelez votre caisse d'Allocations familiales pour connaître les modalités exactes de l'attribution et pour déposer votre candidature.

LE CHIFFRE DU JOUR

0,74 ! C'est le nombre de personnes par pièce dans notre beau pays ! Cela signifie que si vous êtes six dans un cinq pièces, vous êtes en surnombre par rapport à la moyenne nationale !

La combine de l'escroc

En concubinant (officiellement au moins !) avec un père ou une mère de famille nombreuse divorcé(e), certains petits malins bénéficient des réductions de 30 à 75 % auxquelles il (elle) a droit sur les tarifs SNCF et RATP !

2 FÉVRIER

PRÉSENCE DU SEIGNEUR

COMBINE STORY

1792 : le premier passeport, institué à Paris, devient indispensable pour se déplacer sur le territoire. Près de deux siècles plus tard, Charles Pasqua inventera le « vrai-faux » passeport !

VOYAGES : EXIGEZ UNE INDEMNITÉ SI VOTRE TRAIN EST EN RETARD !

A priori, vous aviez tout à fait le temps d'être à l'heure à ce mariage dont vous étiez témoin samedi dernier. Sauf que le TGV n'aurait pas dû avoir 50 minutes de retard... Du coup, vous avez dû prendre un taxi et vous avez quand même raté une partie de la cérémonie ! N'hésitez pas à demander réparation. La SNCF (surtout avec le TGV) est tenue à une obligation de résultat en ce qui concerne la ponctualité. Elle s'est d'ailleurs engagée à rembourser supplément et réservation pour des retards dépassant 30 minutes pour le TGV et une heure pour les autres trains. Exigez ce remboursement auprès du service consommateurs de la SNCF (en ayant pris la précaution de faire constater le retard dès votre arrivée). Vous pouvez même réclamer des dommages et intérêts pour le préjudice et le remboursement des frais occasionnés par le retard ! Si la SNCF ne vous donne pas satisfaction, engagez une procédure auprès du tribunal d'instance, en produisant tous les justificatifs qu'il vous sera possible de réunir.

L'ADRESSE DU JOUR

Le Service consommateurs de la SNCF est situé au 10, place de Budapest, 75436 Paris cedex 09. Vous pouvez appeler la Fédération nationale des associations d'usagers des transports (FNAUT), tél. : (1) 43 35 02 83.

La combine de l'escroc

L'un de nos amis ne compostait jamais son billet normalement. Son principe : glisser, au moment du compostage, une feuille de papier de même format que le billet exactement au-dessous de celui-ci. Le billet était quand même troué par l'appareil, mais la date s'imprimait sur la feuille de papier. Résultat : s'il n'était pas contrôlé, le billet restait valable pour un nouveau trajet. Et si le contrôleur faisait son travail normalement, l'escroc pouvait plaider la bonne foi en montrant le trou dans le billet et en prétendant que le composteur n'avait sans doute plus d'encre !

SAINT BLAISE

3 FÉVRIER

COMBINE STORY

1907 : le Sénat se prononce contre l'impôt sur le revenu que proposait Caillaux. Quel dommage que les sénateurs aient perdu leur sens de la contestation !

IMPÔTS : C'EST CE SOIR QU'IL FAUT FAIRE UN BÉBÉ !

Que faites-vous ce soir ? Notre conseil : restez bien au chaud sous la couette et travaillez à la réduction de vos impôts ! D'autant que notre solution permet de joindre l'utile au très agréable. Si vous avez à la fois le projet de faire un bébé cette année et de réduire vos impôts, c'est en effet le moment de passer à l'action. Pour vous permettre une économie fiscale substantielle, votre bambin doit naître en fin d'année, mais pas au-delà du 31 décembre. Imaginons deux bébés, nés l'un le 29 décembre et l'autre le 2 janvier suivant. Le premier vaudra à ses parents ravis une demi-part supplémentaire sur leur déclaration (soit une économie d'environ 8 500 F pour un revenu global de 300 000 F) alors qu'il n'aura rien coûté au foyer. Le second, en revanche, n'apportera la déduction qu'une année plus tard, année pendant laquelle il aura effectivement entraîné des dépenses pour la famille ! Moralité : visez le Sagittaire plutôt que le Verseau ! Or, on ne va pas vous rappeler qu'une grossesse dure neuf mois... Vous l'avez compris, rien ne sert de courir, il faut partir à point. Bonne nuit !

LE CHIFFRE DU JOUR

La fraude est un sport national ! Le Centre d'études des revenus a estimé la part de revenus non déclarés de chaque profession : les agriculteurs caracolent en tête avec plus de 70 % de leurs revenus non déclarés ; viennent ensuite les taxis et les pâtissiers avec 52 %, les pressings avec 40 %, les cafetiers et les restaurateurs avec 39 %, les bouchers avec 29 %, les plombiers avec 22 %, les épiciers avec 21 %, les conseils juridiques et fiscaux (!) avec 20 %, et enfin les inactifs (ils ont le temps d'y penser !) avec 17,4 % !

4 FÉVRIER

SAINTE VÉRONIQUE

COMBINE STORY

1797 : une loi confirme la banqueroute du « mandat territorial »... on ne parle pas encore de chèques payants !

BANQUE : REFUSEZ LES SERVICES INUTILES !

Les banquiers ont une fâcheuse habitude : ils vous refilent sans que vous vous en aperceviez des services aussi chers qu'inutiles ! Exemple de ce « zèle » bancaire : vendre une carte bleue alors que vous ne l'avez jamais demandée. On vous annonce qu'elle est à votre disposition au guichet de la banque, et, sans attendre votre réponse, son coût est débité sur votre compte en banque. Du coup, de nombreuses victimes de ce procédé se laissent faire et payent une carte dont ils n'ont nul besoin. Sachez que la vente forcée est interdite et sanctionnée par l'article R 40-12 du Code pénal, qui punit ce type de pratique de 3 000 à 6 000 F d'amende et de dix jours à un mois de prison. Vous êtes en droit de vous rebeller contre ces pratiques et d'exiger l'annulation de la carte ainsi que le remboursement des sommes indument perçues. Vous pouvez également obtenir des intérêts, calculés sur la base du taux légal (10,5 % cette année) et même porter plainte, si vous la jugez vraiment trop saumâtre.

L'ADRESSE DU JOUR

En cas de litige, n'hésitez pas à déranger l'Association française des banques (services consommateurs qui est plutôt bien fait) au 18, rue Lafayette, 75009 Paris, tél. : (1) 48 00 52 52.

SAINTE AGATHE

COMBINE STORY

1794 : l'esclavage est aboli dans l'ensemble des colonies françaises... mais pas le colonialisme !

5 FÉVRIER

IMPÔTS : INVESTISSEZ DANS LES PARADIS FISCAUX FRANCAIS !

Vous ne le savez peut-être pas mais la France est un paradis fiscal ! Moins d'un mois avant de devoir rendre votre déclaration au fisc, il est en effet encore temps pour vous (voir ci-dessous) d'investir dans les Dom-Tom, dans une société ou en achetant un logement neuf pour le louer : vous déduirez 25 % de cette somme de vos impôts, en la répartissant sur cinq ans. Imaginons un investissement de 200 000 F : vous pourrez déduire 50 000 F, à raison de 10 000 F chaque année ! Notre conseil : offrez-vous immédiatement un ti-punch pour fêter cette bonne nouvelle !

LE CHIFFRE DU JOUR

2001. Ce chiffre, qui nous rappelle furieusement celui de *L'Odyssée de l'espace* imaginée par Kubrick, est aussi celui de l'année d'échéance de la loi Pons, concernant la réduction d'impôts accordée aux contribuables qui investissent dans les départements de Guadeloupe, Guyane et Martinique. Vous avez donc encore un peu de temps, mais pas trop quand même !

La combine de l'escroc

Un conseiller fiscal de nos amis a été un jour invité chez l'un de ses plus anciens clients. Au moment du dessert, alors qu'il demandait des nouvelles des enfants du couple, quelle ne fut pas sa surprise d'entendre la maîtresse de maison lui déclarer qu'ils n'avaient jamais eu de gamins ! Pourtant, depuis quinze ans, chaque année, son client lui demandait de prendre en compte sur sa déclaration les charges imputables à ses deux fils et de faire valoir les trois parts du ménage : une pour lui, une pour sa femme et une pour ses enfants... Ah, l'esprit de famille !

6 FÉVRIER

SAINT GASTON

COMBINE STORY

1928 : naissance de Zsa Zsa Gabor, recordwoman hollywoodienne du divorce (neuf dont deux avec le même homme !) et reine incontestée des pensions alimentaires.

REVENUS : EXIGEZ LES MÊMES RESSOURCES QUE VOTRE EX-CONJOINT APRÈS LE DIVORCE !

La prestation compensatoire est une invention géniale. Cette mesure est destinée à établir un certain équilibre économique entre deux époux qui se séparent afin qu'ils conservent, l'un et l'autre, un mode de vie identique. En clair, lorsque vous divorcez, la loi estime qu'il n'est pas normal que l'un ou l'autre des conjoints vive moins bien ! L'article 271 du Code civil prévoit que le montant de cette incroyable prestation est fixé par le juge en fonction des ressources et des besoins de chacun. Elle peut soit être versée en une seule fois, soit prendre la forme d'une rente mensuelle. Si votre ex-conjoint a des revenus nettement supérieurs aux vôtres, n'hésitez donc pas à la demander pour qu'à la solitude ne s'ajoute pas le dénuement !

L'ADRESSE DU JOUR

Pour tous vos problèmes de couples (guerre ou paix), consultez l'Association française des centres de consultation conjugale : tél. : (1) 46 70 88 44.

La combine du radin

Un homme, un tantinet muffle, avait offert un manteau de fourrure très luxueux à sa maîtresse... sans lui dire qu'il l'avait payé à l'aide d'un chèque sans provision ! Le problème, c'est qu'en vertu de l'article 1413 du Code civil, c'est l'appartement conjugal, dans lequel il ne mettait pratiquement plus les pieds, qui a été visité par l'huissier et c'est sa pauvre femme qui a été saisie !

SAINTE EUGÉNIE

COMBINE STORY

1297 : le pape accepte enfin que le roi de France taxe le clergé. Résultat : les curés roulent aujourd'hui en 2 cv !

7
FÉVRIER

CONSOMMATION : MARCHANDEZ ET OBTENEZ ENTRE 10 ET 30 % DE RÉDUCTION !

Vous savez qu'il peut être fructueux de négocier pour obtenir des prix et des réductions chez les commerçants. Mais quelle remise marchander ici et là ? En fait, tout est fonction du secteur d'activité et de la catégorie de la boutique. D'après les enquêtes auxquelles nous avons eu accès, il semble que ce soient notamment les coiffeurs chics, les peintres en bâtiment et les teinturiers qui détiennent le record avec des marges de 100 à 400 % : autrement dit, ce qu'ils vous facturent 200 F ne leur a coûté que 50 à 100 F tout compris. Assez bien placés également, les cafés, les hôtels et restaurants, les pâtisseries et les boulangeries, qui tournent avec des marges situées entre 60 et 70 %. Pour leur part, les garagistes, les pharmaciens, les bouchers et les charcutiers se contentent, si l'on peut dire, de marges situées entre 30 et 40 % et vous font payer 150 F ce qui leur a coûté 100 F tout compris. Enfin, n'oublions pas le secteur de l'habillement où les prix sont facilement multipliés par 2 ou 2,5, ce qui laisse, une fois les frais payés, des marges de 50 à 80 %. En fonction de ces renseignements, vous pouvez donc demander, selon les cas, des réductions de 10 à 30 %, en laissant encore un confortable bénéfice au commerçant. Car il est bien évident que tout le monde doit pouvoir vivre et qu'il n'est pas question de demander à nos amis de travailler à perte !

L'ADRESSE DU JOUR

Une adresse toujours très utile pour le consommateur combinard : celle de la Direction de la concurrence de la consommation et de la répression des fraudes, 59, boulevard Vincent-Auriol, 75013 Paris, tél. : (1) 44 87 17 17.

La combine du radin

Comme une nouvelle boulangerie vient d'ouvrir dans sa rue à deux pas de celle où il avait l'habitude de se servir, un habitant de Rennes négocie désormais le prix de sa baguette et de ses croissants, en mettant les deux commerçants en concurrence. Bénéfice : 10 centimes chaque matin !

8 FÉVRIER

SAINTE JACQUELINE

COMBINE STORY

1815 : Le Congrès de Vienne interdit la traite des Noirs dans le monde. En revanche, le travail « au noir » continue d'exister !

IMPÔTS : DÉDUISEZ VOS FRAIS PROFESSIONNELS !

Bosser, c'est pas gratuit ! Non seulement les salaires de misère consentis par des employeurs-négriers ne suffisent pas pour joindre les deux bouts à la fin du mois, mais vos 39 heures hebdomadaires vous coûtent parfois des sous ! Comptons ensemble : 10 kilomètres par jour pour aller au boulot avec votre voiture de 8 cv, cela représente 5 000 F par an ! Or, vous pouvez déduire ces frais de transport, mais aussi vos frais de repas si la société ne dispose pas d'une cantine (8 000 à 10 000 F par an !) en choisissant l'option « frais réels », au lieu de la déduction forfaitaire de 10 % accordée aux salariés. Cette solution est par exemple plus intéressante si vous avez gagné 140 000 F (déduction forfaitaire = 14 000 F) et que vos frais atteignent 20 000 F. Mais attention : gardez vos factures...

LE CHIFFRE DU JOUR

38 % des Français affirment que les contrôleurs du fisc sont insupportables ! Les gens sont d'une méchanceté...

SAINTE APOLLINE

COMBINE STORY

1756 : après avoir été la favorite du roi, la marquise de Pompadour, une sacrée combinarde, devient à 35 ans la première dame du palais. Pas folle, la reine continue de régner sur Versailles!

9 FÉVRIER

LOGEMENT : NÉGOCIEZ VOTRE LOYER !

De plus en plus de témoignages montrent que des locataires assez habiles et rebelles ont réussi récemment à négocier sensiblement à la baisse le montant du loyer annoncé au départ par l'agence ou le propriétaire. Ceux-ci se rendent compte qu'il y a davantage d'offres que les années précédentes, et cherchent avant tout à trouver des locataires fiables, disposant de bonnes garanties, quitte pour cela à louer moins cher que prévu. Si donc vous êtes en mesure de présenter un dossier sérieux et rassurant, si vous êtes fonctionnaire, ou que votre banquier et votre employeur acceptent de vous cautionner, sachez que vous pouvez être en position de force et que cela peut valoir la peine de négocier : il s'agit tout simplement de faire une offre de 10 à 20 % inférieure au loyer demandé et d'attendre la réponse. Si votre dossier est solide et si vous n'avez pas visité au milieu d'une foule de 150 personnes, vous avez d'excellentes chances de réussir. Vous pouvez également, à défaut d'une réduction de loyer, demander plusieurs mois gratuits, afin par exemple de pouvoir faire quelques travaux de réfection dans l'appartement.

L'ADRESSE DU JOUR

3615 URBA, c'est un serveur génial pour tout savoir sur le logement, l'achat et la location, les droits du locataire et du propriétaire, etc.

Ils sont fous ces combinards !

Le squatt, ça peut être légal ! La loi réprimande, avec l'article 184 du Code pénal, les effractions à l'aide d'outils ainsi que l'intrusion par les toits ou les fenêtres. Mais pas l'entrée par la porte lorsqu'il suffit de la pousser : autrement dit, l'occupant légitime aura toutes les peines du monde à déloger légalement celui qui s'installe sans effraction dans son logement !

10 FÉVRIER

SAINT ARNAUD

COMBINE STORY

1951 : la Communauté européenne du charbon et de l'acier (la CECA) est fondée. Aujourd'hui, certains combinards profitent de l'Europe, pendant que d'autres vont au charbon !

CONSOMMATION : FAITES LE TOUR D'EUROPE DES ÉCONOMIES !

La communauté européenne est devenue un immense supermarché unique de plusieurs milliers de kilomètres carrés. Les consommateurs futés vont s'en donner à cœur joie et faire de bonnes affaires : prenons l'exemple des vêtements. Vous n'aurez désormais plus aucune excuse si vous ne soignez pas votre look... européen ! En Italie, par exemple, les grands magasins comme Rinacente, Upim ou Standa (l'équivalent de nos Galeries Lafayette) proposent du prêt-à-porter de belle qualité et des articles sportswear 20 % moins cher qu'en France. En Allemagne, les bas et chaussettes fabriqués outre-Rhin ou en Autriche sont en vente 30 % moins cher. Par ailleurs, l'Allemagne est un Eldorado pour les personnes qui ont du mal à s'habiller dans le prêt-à-porter français pour cause d'embonpoint. Au Portugal, les cotons (tee-shirts, robes légères, etc.) sont vendus moitié prix à qualité égale et c'est le pays idéal pour celles qui viennent de se marier et qui souhaitent constituer un trousseau. En Angleterre, achetez les articles pour bébé, qui ne sont pas frappés de la TVA, ce qui signifie une réduction des prix de 20 %, au moins. Au Danemark, l'industrie du cuir et de la fourrure est une tradition et les prix sont généralement très attractifs (entre 20 et 30 % moins chers). La Grèce accueille des usines de grands chausseurs français. Enfin, question cuirs et chaussures, l'Espagne peut également être une source de bonnes affaires pour ceux qui ne s'arrêtent pas aux marques : vous pourrez réaliser près de 40% d'économie !

LE CHIFFRE DU JOUR

Les hommes français achètent en moyenne 60 millions de paires de chaussures chaque année. Vous ne pourrez pas dire, mesdames, que nous marchons à côté de nos pompes !

SAINT ADOLPHE

COMBINE STORY

1950 : à Paris, une loi est votée sur la base de la revendication syndicale : à travail égal, salaire égal ! C'est bien pour cela que les auteurs de ce guide se partagent leurs droits 50/50 !

11 FÉVRIER

CHÔMAGE : ASSUREZ-VOUS POUR NE PLUS PAYER VOS CRÉDITS !

Si vous devez faire un achat relativement important à crédit, qu'il s'agisse d'une télé ou d'un trois pièces-terrasse, n'oubliez pas de souscrire une assurance perte d'emploi. Ce contrat vous garantit en effet le remboursement total ou partiel des mensualités et intérêts de votre emprunt, si vous êtes mis au chômage au moins deux mois après avoir pris l'assurance. En clair, si vous perdez votre emploi, la caméra, le magnétoscope, la chaîne stéréo, la télé couleur à écran plat et votre nouvelle berline 2 litres GTI avec système de freinage ABS seront payés par l'assurance. Attention : la durée de couverture de l'assurance peut varier de dix mois à six ans, selon le montant du crédit et le prix de la prime d'assurance. Mais pour quelques centaines de francs par an, vous pouvez obtenir une garantie suffisamment longue pour couvrir largement la durée éventuelle de votre chômage. En fait, le crédit le plus important que vous ayez des chances de souscrire concerne l'achat d'une maison ou d'un appartement. Sachez que les PAP (prêts d'accession à la propriété) peuvent comporter une assurance-chômage qui ne vous coûte que 50 à 100 F par mois. Si vous perdez votre emploi six mois après l'avoir prise, cette assurance réglera, à partir de votre quatrième mois de chômage, toutes les mensualités d'emprunt, et cela jusqu'à ce que vous retrouviez un travail (vous avez six ans au maximum).

LE CHIFFRE DU JOUR

Quatre jeunes chômeurs sur dix se font héberger, nourrir et blanchir par leurs parents !

La combine de l'escroc

Sentant le vent du licenciement suffisamment à l'avance, certains employés se lancent dans une vague de dépenses somptuaires en souscrivant une assurance perte d'emploi pour chaque emprunt, avec l'espoir de ne jamais payer une grande partie des remboursements...

12 FÉVRIER

SAINT FÉLIX

COMBINE STORY

1754 : naissance de Talleyrand, roi de la combine politique et successivement ministre du Directoire, du Consulat et de l'Empire, avant de finir ambassadeur de Louis-Philippe !

HÔTEL ET RESTO : FAITES BAISSER LES PRIX !

Quelques jours au vert en famille ? Un repas de départ à la retraite pour votre collègue Duboulot ? Un séminaire à la campagne sur « le rendement optimisé dans les stratégies de marketing » ? Les restos comme les hôtels ne sont pas épargnés par la crise et il est possible d'obtenir des faveurs tout à fait intéressantes, quand on sait s'y prendre. Il ne s'agit évidemment pas de commencer à discuter le bout de gras avec le restaurateur avant de commander une andouillette et une crème caramel. La bonne astuce consiste à jouer sur le nombre. Par exemple, si vous téléphonez dans un restaurant dont le menu est à 200 F et que vous promettez de venir à huit ou dix, vous avez d'excellentes chances de voir le prix par tête descendre à 150 F. Même chose à l'hôtel, y compris et surtout dans des établissements de classe supérieure. Si vous y réservez trois ou quatre chambres à la fois et que vous tenez le même discours, vous serez surpris des avantages qui pourront vous être concédés.

LE CHIFFRE DU JOUR

En France, plus d'un homme sur deux estime qu'il est normal, au restaurant, de faire moitié-moitié pour l'addition avec la femme qui partage le repas. 50 % de goujats, c'est pas un peu beaucoup ?

La combine du radin-escroc

A l'hôtel, téléphonez de la chambre d'un autre : profitez des heures de ménage, pendant lesquelles les portes restent souvent ouvertes, pour vous introduire dans une chambre et passer votre communication. Si une femme de ménage vous surprend, prenez un air très assuré et continuez de converser : elle pensera que vous êtes le véritable occupant de la chambre. Et si celui-ci débarque, vous pourrez toujours affirmer avoir été persuadé de pénétrer dans votre chambre.

SAINTE BÉATRICE

COMBINE STORY

1800 : création de la Banque de France... Aïe, aïe, aïe...
Les combinards ne disent pas merci à Napoléon !

13 FÉVRIER

BANQUE : ÉVITEZ L'INTERDICTION BANCAIRE EN FAISANT DES CHÈQUES DE MOINS DE 100 F !

Dur, dur d'être interdit bancaire ! Depuis la nouvelle loi de 1992 sur le chèques impayés, il vaut mieux ne pas goûter au rouge de la Banque de France dont on fête, aujourd'hui, les 194 ans ! Alors comment éviter l'interdiction bancaire ? Une seule solution : ne faire que des chèques de moins de 100 F ! En effet, ceux-ci doivent obligatoirement être honorés par votre banquier, quel que soit l'état de votre compte et de vos rapports avec votre agence... Alors profitez de cette obligation légale pour régler certains de vos achats avec plusieurs chèques de moins de 100 F si vous êtes dans une période où l'interdiction bancaire pèse au-dessus de votre tête comme une véritable épée de Damoclès.
Exemple : si vous devez régler par chèque une facture de téléphone de 360 F, vous devez envoyez à France Télécom quatre chèques de 90 F... et vous ne risquerez pas l'interdiction bancaire, sauf évidemment si votre banquier vous a déjà mis en demeure de cesser tout paiement par chèque !

LE CHIFFRE DU JOUR

0,05 % du PIB français : c'est ce que représentent les émissions de chèques sans provision : ça n'a l'air de rien, avec les petits zéros devant, mais ça fait une somme !

La combine de l'escroc

Certains individus, détenteurs d'une carte « American Express » et qui se retrouvent « interdits bancaires » pratiquent la politique de l'autruche et ignorent purement et simplement le trait au rouge qui soulignent leur nom. Ils continuent, comme si de rien n'était, de se servir de la célèbre petite carte verte alors qu'ils devraient la rendre. Cela dit, le risque est important : l'interdit bancaire peut aller jusqu'à cinq ans !

14 FÉVRIER

SAINT VALENTIN
FÊTE DES AMOUREUX

COMBINE STORY

1793 : la mendicité est réprimée à Paris... eh oui, c'était ça aussi, la Révolution !

LOISIRS : FAITES PASSER VOTRE FIANCÉE À LA TÉLÉ ! (SPÉCIAL RUSTRE !)

Une bonne astuce pour fêter la Saint-Valentin sans dépenser trop en resto ou en boîte : participez aux émissions de télévision, au moins dans le public. On peut y voir les vedettes que l'on aime et découvrir l'envers du décor d'un programme que l'on a l'habitude de suivre chez soi. Contrairement à ce que l'on pense, les responsables de ces émissions sont toujours en recherche de spectateurs ou de candidats, c'est généralement gratuit et, avec un peu de chance, vous serez à plusieurs reprises dans l'axe des caméras...

L'ADRESSE DU JOUR

Pour participer à l'une ou l'autre de ces émissions, voici où s'adresser :
– Sacrée Soirée, tél. : (1) 40 67 68 69 pour en passer une avec J-P Foucault...
– Frou-Frou, tél. : (1) 42 22 23 56 pour faire bravo avec « elle »...
– Nulle part ailleurs, tél. : (1) 49 87 26 26 pour Gildas, de Caunes et les autres...
– Coucou, c'est nous ! et Combien ça coûte, tél. : (1) 42 20 50 50 pour la bande de Dechavanne.
– Dimanche Martin, écrire au théâtre de l'Empire, 41, avenue de Wagram, 75017 Paris. Participation : 43 F (eh... oui !)

La combine du radin

L'un de nos amis, que la générosité n'étouffait pas, avait pour spécialité de s'inviter dans les mariages ! Une technique très simple : il consultait le panneau de publication des bans dans les mairies. Une fois dans la fête, il évitait de se faire remarquer, liait connaissance avec quelques invités, s'informait discrètement sur les héros du jour et expliquait qu'il était un ami de l'un des deux (de préférence celui qui ne fait pas partie de la famille de son interlocuteur).

SAINT CLAUDE

COMBINE STORY

1651 : Mazarin s'exile, mais il continue de conseiller la reine... pour le bon combinard : loin des yeux, proche du cœur !

15
FÉVRIER

PV : FAITES DES APPELS DE PHARES, C'EST LÉGAL !

Une majorité d'entre nous est persuadée qu'il est interdit de faire des appels de phares à ses compagnons automobilistes pour les prévenir qu'un méchant radar et qu'une fourgonnette pleine à ras bord de policiers les attend quelques centaines de mètres plus loin. Il s'agit là d'une idée complètement fausse ! La loi qui interdit l'utilisation des feux en plein jour et celle qui réprime l'outrage aux forces de l'ordre ne peuvent plus être utilisées dans ce cas-là : depuis janvier 1977, un jugement du Tribunal correctionnel d'Aurillac (dans le Cantal), fait jurisprudence en la matière. Les juges devaient décider si un automobiliste qui avait été surpris en faisant des appels de phares était coupable ou pas. Ils ont estimé que les appels étaient destinés à inciter les autres conducteurs « à ralentir, et donc à être plus prudents ». Faites donc des appels de phare autant que vous voulez, grâce aux bons juges d'Aurillac, vous êtes désormais considéré comme un bienfaiteur de l'humanité roulante, et vous participez allègrement à la grande Fraternelle des automobilistes qui en ont marre d'être pris pour des vaches à lait !

LE CHIFFRE DU JOUR

33 % des contraventions qui sont distribuées en Ile-de-France ne sont jamais payées par les automobilistes ! Le chiffre est moins important en province, mais la tendance au non-paiement est en progression dans toute la France !

16 FÉVRIER

SAINTE JULIENNE

COMBINE STORY

1540 : le gouverneur de Bourgogne est condamné pour avoir détourné des fonds publics qui devaient servir à la fortification des places fortes du royaume. C'est ce qu'on appelle, dans cette région viticole, les « pots-de-vin ».

CONSOMMATION : ACHETEZ VOTRE VIN MOINS CHER !

Qu'importe l'ivresse... pourvu que l'on ait les bonnes bouteilles à prix réduit ! De plus en plus de grandes surfaces soignent particulièrement leur rayon « vin » et offrent des bouteilles d'excellente provenance à des prix compétitifs (récupérations de stocks invendus, opportunités commerciales, coup de chance ou compétence du responsable des achats...). Si vous n'y connaissez pas grand-chose, la meilleure méthode est encore de vous faire conseiller quelques bons crus bourgeois ou classés chez un caviste, et de sauter sur l'occasion quand vous trouvez un arrivage de l'un d'entre eux dans une grande surface. Ils vous coûteront à coup sûr 20 à 30% moins cher.

LE CHIFFRE DU JOUR

38 % des Français avouent ne rien connaître question pinard contre 37 % qui s'estiment « connaisseurs »...

La combine du radin

Certains hôtes, et non des moindres, rechignent à dépenser des milles et des cents pour offrir de bons vins à leurs invités. Alors, ils utilisent une combine de radin vieille comme le vin : ils récupèrent de très bonnes bouteilles vides portant des étiquettes prestigieuses, et ils les remplissent avec des crus de seconde catégorie. Généralement, il faut bien reconnaître que les invités n'y voient que du rouge !

SAINT ALEXIS

17 FÉVRIER

COMBINE STORY

1800 : création des préfectures et des préfets.
Décidément, ce mois de février 1800
est un mois funeste pour les citoyens...

PV : CONTESTEZ-LES GRÂCE AU CALENDRIER !

Encore un moyen de contester de manière astucieuse vos PV : sachez que pour être valable, une amende doit être précisément datée du jour de l'infraction. Si donc, par hasard, l'agent oublie de dater, ou bien postdate le PV, c'est une condition de contestation efficace. Il vous suffit d'établir une photocopie du PV, puis d'envoyer ce dernier à la préfecture de votre département en réclamant l'annulation de cette amende pour cause de nullité. Et le tour est joué !

L'ADRESSE DU JOUR

Une association s'est fixé pour but de défendre de manière efficace les intérêts des automobilistes harcelés par les méchants PV : c'est l'ADA, 117, rue de la Tour, 75016 Paris, tél. : (1) 45 03 80 00.

Ils sont fous ces combinards !

Un grand journaliste d'une radio périphérique a été pris, il y a quelques années, avec un gyrophare et un klaxon deux tons sur sa voiture, alors qu'il roulait à une vitesse non autorisée sur l'autoroute ! En fait, selon les policiers que nous avons interrogés, c'est une combine anti-PV fréquemment utilisée par des automobilistes culottés : ils garent notamment leur voiture sur les emplacements interdits en laissant le gyrophare sur le toit... Cela suffit pour faire tourner les talons aux contractuelles.

18 FÉVRIER

SAINTE BERNADETTE

COMBINE STORY

1933 : la meilleure combine buvable du siècle, le Coca-Cola, arrive à Paris ! En 1992, Coca-Cola réalise dans le monde un chiffre d'affaires de plus de 10 milliards de dollars...

CAFÉ : CONTRÔLEZ LES ADDITIONS !

Vous avez de bonnes chances de réaliser de confortables économies si vous prenez le temps de recompter vos additions dans les cafés, avant de payer, et de vérifier également si l'on vous a bien rendu la monnaie. Les arnaques sont en effet fréquentes et les serveurs parfois terriblement habiles. Exemples :

– Au lieu de vous remettre un ticket global, le garçon fait l'addition des consommations et se trompe largement en sa faveur. Ça marche surtout avec les groupes dont les commandes se sont succédé...

– Le serveur pose devant vous le ticket d'une autre table. Il ne correspond pas à ce que vous avez pris et son montant est évidemment plus élevé.

– Vous commandez un Chivas ou une coupe de grand champagne (à 50 ou 100 F) mais on ne vous sert en réalité qu'un modeste whisky ou un petit cru de champagne à 40 ou 50 F.

– Vous donnez 200 F, on vous rend sur 100. Terriblement classique, et pourtant ça marche !

LE CHIFFRE DU JOUR

5 % des Français affirment boire un petit apéro chaque jour...

La combine du radin

En théorie, un bar peut vous refuser un verre d'eau « du robinet » alors que vous ne souhaitez rien consommer. Mais, dans la pratique, rares sont les patrons qui se font réellement tirer l'oreille : alors certains n'hésitent pas à boire à l'œil. De même, l'accès aux toilettes ne peut normalement pas être refusé et le radin sûr de son droit ne se laisse donc pas imposer une consommation dont il n'a ni besoin ni envie !

SAINT GABIN

19 FÉVRIER

COMBINE STORY

1933 : création de la Loterie nationale, prévue pour aider les anciens combattants et les victimes des catastrophes agricoles. Ben, voyons ! Quelques années plus tard, « ils » referont le coup avec la vignette pour les vieux !

JOB : DEVENEZ UNE STAR !

Ce 19 février est à marquer d'une pierre blanche dans votre carrière ! C'est la Saint-Gabin (c'est un signe !) et vous avez en effet décidé de devenir une star de cinéma. Jouer dans un film, même si c'est dans une foule de 2 000 personnes, c'est plutôt drôle et généralement pas trop mal payé. Or, vous pouvez devenir figurant, et même, pourquoi pas, décrocher un petit rôle si votre « gueule » séduit le réalisateur. Il suffit de connaître les bonnes adresses... Tentez votre chance, vous nous donnerez peut-être des interviews dans dix ans !

L'ADRESSE DU JOUR

En attendant de décrocher la palme d'or à Cannes, pianotez sur votre minitel pour devenir la star d'un jour : 3617 CASTING, 3615 ARTIST et 3617 STARDUST offrent une sélection d'emplois dans les milieux du spectacle et proposent des boulots de figurants dans le ciné et la pub.

Ils sont fous ces combinards !

Quand on veut dîner dans un resto bondé, autant avoir des idées ! Le fiancé de l'une de nos collaboratrices a une méthode infaillible pour trouver à coup sûr une table : il appelle vers 18 heures pour réserver au nom de Guy Bedos ou de Mathilda May, en disant qu'il est son agent. La table trouvée et le soir venu, il arrive avec ses amis en affirmant que « Guy » ou « Mathilda » rejoindra le groupe en fin de soirée... Croyez-nous, nous l'avons testé en live, *ça marche !*

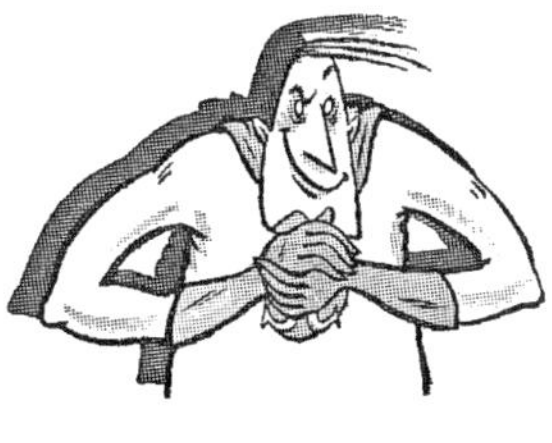

20 FÉVRIER

SAINTE AIMÉE

COMBINE STORY

1912 : une loi votée en Suisse impose aux institutrices qui se marient de démissionner ! Ou comment régler les problèmes d'emploi...

CHÔMAGE : PROFITEZ DES PRÊTS GRATUITS !

Les fonds sociaux des Assedic peuvent éventuellement prendre en charge vos impôts, votre loyer ou vos factures d'EDF. La caisse d'Allocations familiales, elle, peut vous accorder un prêt sans intérêt d'un montant de 5 000 F, remboursable sur deux ans et obtenu en un mois. Mais il arrive également qu'elle aille jusqu'à des dons d'environ 2 000 F, sur proposition de l'assistante sociale. De même, au bout de deux mois de chômage, vous pouvez avoir droit à des allocations familiales et à des allocations logement majorées ou bien commencer à bénéficier de ces prestations, alors que jusqu'ici vous ne figuriez pas sur les listes. Alors renseignez-vous dès aujourd'hui.

LE CHIFFRE DU JOUR

Nombreux sont les chômeurs qui sont dans une situation très précaire. Reste que, en 1992, on comptait en France plus de 20 000 demandeurs d'emploi percevant des indemnités au moins égales à 20 000 F mensuels !

La combine de l'escroc

Invoquez le chômage, même si ce n'est pas vrai, pour obtenir des délais ou carrément des réductions sur vos factures, loyers et crédits : si vous n'êtes pas assuré d'obtenir une diminution de vos dettes, vous avez au moins de bonnes chances de vous voir accorder des facilités de paiement (échelonnement, étalement, etc.).

SAINT PIERRE DAMIEN

21 FÉVRIER

COMBINE STORY

1901 : Albert Einstein adopte la nationalité suisse et devient fonctionnaire à Zurich... Aujourd'hui, certains utilisent cette combine pour gérer au mieux leurs problèmes d'espace-temps !

ASSURANCE : SOYEZ EXIGEANT SUR L'INDEMNISATION !

Vous êtes victime d'un accident, vous n'êtes pas responsable et la compagnie d'assurance du conducteur en tort vous fait une offre d'indemnisation pour compenser le préjudice physique ou moral que vous avez subi ? Ne l'acceptez surtout pas ! Les assureurs ont en effet pour habitude de minorer leurs propositions. Vous devez donc demander davantage. Face au médecin-conseil de l'assurance, faites-vous assister par un médecin spécialisé qui saura estimer l'importance du préjudice (incapacité temporaire de travail, *pretium doloris*, préjudice esthétique ou professionnel, incapacité permanente partielle ou totale) et préparer votre dossier médical. Et, pour évaluer le montant de votre indemnisation, adressez-vous à une association d'aide aux victimes, ou à un avocat.

Si la compagnie refuse de vous donner satisfaction, portez l'affaire devant le tribunal d'instance ou de grande instance (en fonction de la somme que vous demandez) en étayant au maximum votre dossier : sachez à ce propos que l'assureur doit obligatoirement vous communiquer le rapport de police ou de gendarmerie qui établit les responsabilités dans l'accident.

L'ADRESSE DU JOUR

Pour obtenir des infos et des conseils en ce qui concerne les assurances et les conditions d'indemnisation, appelez l'Institut national d'aide aux victimes, tél. : (1) 45 88 19 00, ou l'Association nationale des médecins-conseils de victimes d'accidents corporels, tél. : (1) 45 20 53 75.

22 FÉVRIER

SAINTE ISABELLE

COMBINE STORY

1787 : A Paris, Charles-Alexandre de Calonne demande une meilleure répartition de l'impôt. Un marxiste sous Louis XVI !

IMPÔTS : DÉDUISEZ VOS FRAIS DE GARDE D'ENFANTS !

La garde d'un enfant de moins de sept ans, si les deux parents travaillent, permet de réduire vos impôts de 15 % des sommes versées à la crèche, la nourrice ou la personne travaillant à domicile, dans une limite de 2 000 F par mois et par enfant (c'est toujours ça de pris !).

LE CHIFFRE DU JOUR

26 % des Français ne voient pas d'objection majeure à mentir sur leur déclaration d'impôts.

La combine de l'escroc

Certains petits futés emploient une personne chargée à la fois de la garde des enfants et de l'entretien de la maison. Mais, au moment de la déclaration, ils cumulent les déductions fiscales accordées pour l'emploi d'une personne à domicile et celles auxquelles donne droit la garde d'enfants. Une façon illégale mais efficace de dépasser largement les plafonds qui limitent théoriquement ces déductions.

SAINT LAZARE

COMBINE STORY

1744 : naissance de Meyer Amschel Rothschild, le premier de la lignée des banquiers célèbres...

23 FÉVRIER

BANQUE : NÉGOCIEZ VOS AGIOS !

Si vous devez faire face à une grosse dépense ces jours-ci (par exemple financer vos vacances aux sports d'hiver) et que votre compte en banque ne vous le permet pas vraiment, courez dès ce matin négocier avec votre banquier une autorisation momentanée de découvert. Mais attention : il faut absolument négocier le montant des agios : avec un peu de persuasion et en lui garantissant le remboursement total de la dette dans les trois mois, vous pouvez obtenir du banquier un taux de 12 ou 13 % au lieu des 17 à 19 % appliqués normalement. Ça vaut la peine d'essayer !

LE CHIFFRE DU JOUR

Deux Françaises sur cent n'accepteraient pas de remettre de l'argent sur le compte de leur mari, si celui-ci se trouvait dans le « rouge ».

La combine de l'escroc

Deux comptes dans des banques différentes permettent à certains de faire de la « cavalerie », c'est à dire de faire passer de l'argent de l'un à l'autre au fur et à mesure de leurs besoins. Exemple : si le directeur de leur agence n°1 leur demande de couvrir un découvert dans les 24 heures, il lui donnent satisfaction en s'aidant de la carte de crédit correspondant à leur autre compte ; ils courent retirer le maximum d'argent sur le compte n°2 dans un distributeur puis ils recréditent le n°1 sous les yeux satisfaits de leur banquier ! Quelques jours plus tard, ils refont la même chose dans l'autre sens afin de calmer le directeur de l'agence n°2, qui s'énerve à son tour !

24 FÉVRIER

SAINT MODESTE

COMBINE STORY

1382 : insurrection antifiscale à Rouen et à Paris… c'était le bon vieux temps !

IMPÔTS : DÉDUISEZ LES TRAVAUX DANS VOTRE LOGEMENT !

A quelques jours de la déclaration, que vous soyez proprio ou locataire, pensez déjà à déduire les dépenses effectuées dans votre résidence principale, pour les « grosses réparations », pour les travaux d'isolation ou de régulation thermique : la réduction représente 25 % du montant des dépenses, plafonnées à 8 000 F pour une personne seule, 16 000 F pour un couple, 18 000 F pour un couple avec un enfant, 20 000 F pour un couple avec deux enfants, etc.

LE CHIFFRE DU JOUR

Un Français sur cinq a impérativement besoin d'aide pour remplir correctement sa déclaration d'impôts ! C'est dire s'il reste du chemin à parcourir dans l'information concernant la fiscalité...

SAINT ROMÉO

COMBINE STORY

1922 : Landru est guillotiné pour le meurtre de dix femmes... Landru, vous savez, ce macho qui voulait que les femmes restent au foyer !

25 FÉVRIER

CONSOMMATION : ACHETEZ A L'UNITÉ !

La « vente par lots » vous incite à la consommation et au gaspillage ! Alors réagissez. Tout d'abord en vérifiant avec soin que vous faites réellement une économie (sur le prix de l'unité) le jour où vous achetez 24 yaourts au lieu de 12 : vous verrez que vous aurez souvent des surprises... Ensuite, en faisant tout simplement jouer votre bon droit : en effet, la vente par quantités imposées est interdite par la loi (plus précisément par l'article 37 de l'ordonnance du 30 mai 1945). Désormais, arrivez à la caisse avec une seule bouteille d'eau minérale (et non pas douze), le tout petit yaourt aux fruits dont vous ferez votre dessert ce soir (et non pas huit), un joli rouleau de papier toilette (et non six), etc.

La caissière devra calculer le prix de chaque produit en divisant le prix du lot par le nombre d'unités qu'il contenait. Résultat, plus de gaspillage et une réelle économie puisque vous bénéficiez des meilleurs prix tout en achetant à l'unité ! Attention : cette faculté d'acheter à l'unité ne concerne pas tout ce qui est « pré-pesé », comme les barquettes de fruits, les filets de pommes de terre ou de carottes, ou les articles enfermés dans une boîte et qui ne sont pas eux-mêmes déjà conditionnés : vous pouvez par exemple prendre une seule canette de bière dans un pack, mais évidemment pas un seul gâteau sec dans un paquet...

LE CHIFFRE DU JOUR

De 600 à 1 300 F d'amende : c'est la peine prévue pour tout responsable de supermarché qui chercherait à vendre (ou à donner) des denrées après la date limite de consommation. Ne vous laissez donc pas refiler, même gratuitement, des yaourts ou du jambon sous vide périmés.

26 FÉVRIER

SAINT NESTOR

COMBINE STORY

1901 : les droits de succession seront désormais proportionnels à la fortune et aux liens de parenté.
Mauvaise année pour les héritiers de ceux qui meurent riches !

SUCCESSION : REFUSEZ UN HÉRITAGE RUINEUX !

Imaginez que l'héritage que vous attendiez de votre vieille tante Adélaïde soit soudainement remplacé par une montagne de dettes. Pas d'or, pas de villa ni de Ferrari, mais au contraire une somme de quelque 500 000 F que votre tante doit au fisc... Sachez que vous n'êtes pas obligé d'accepter une succession : si le passif vous semble plus important que l'actif, vous pouvez décliner l'offre et refuser l'héritage. Vous avez trois mois pour vous renseigner sur le détail de la succession, puis quarante jours pour prendre votre décision. Le cas échéant, vous devez remplir une déclaration de renonciation au greffe du tribunal d'instance de l'arrondissement dans lequel la succession est ouverte. Et, si vous avez finalement des regrets, vous pouvez revenir ensuite sur votre décision, à condition toutefois qu'aucun autre héritier ne l'ait acceptée entre-temps.

L'ADRESSE DU JOUR

Pour info, consultez la Chambre interdépartementale des notaires : 12, avenue Victoria, 75001 Paris, tél. : (1) 44 82 24 00.

La combine du radin

Demandez à ceux qui veulent vous coucher sur leur testament de vous laisser des lingots d'or plutôt que des immeubles ou des actions. C'est plus simple à gérer, plus facile à planquer et vous ne paierez aucun droit de succession...

SAINTE HONORINE

27 FÉVRIER

COMBINE STORY

1594 : Henri IV est sacré roi de France après avoir mis en pratique une combine restée célèbre et résumée par la formule : « Paris vaut bien une messe »...

IMPÔTS : FRAUDEZ LÉGALEMENT DE 5 % !

Sachez, alors qu'il ne vous reste qu'une journée pour remplir votre déclaration, que le fisc vous reconnaît un « droit à l'erreur » à condition que cette erreur ne dépasse pas 5 % de vos revenus (article 1733 du Code des impôts). Un exemple : vous avez gagné 200 000 F et n'avouez que 190 000 F. Si le fisc s'en aperçoit, vous n'aurez pas de pénalité à payer et l'on vous réclamera uniquement le solde de ce que vous auriez dû payer. Jusqu'en 1990, cette tolérance était de 10 %, mais les erreurs étaient un peu trop fréquentes et l'Administration a durci le ton...

L'ADRESSE DU JOUR

Malheureusement, l'adresse du jour est celle de votre centre des impôts, à inscrire en gros sur votre agenda pour ne pas oublier, demain, d'aller poster votre déclaration de revenus !

La combine du radin

Certains contribuables sont peu enclins à se mettre en frais pour l'administration fiscale... Ils économisent même l'enveloppe et le timbre pour envoyer leur déclaration, réutilisant l'enveloppe qui a servi au fisc pour leur adresser l'imprimé et allant déposer eux-mêmes la déclaration dans la boîte de leur centre des impôts !

28 FÉVRIER

SAINT ROMAIN

COMBINE STORY

1840 : pour résorber le chômage, les ateliers nationaux sont créés. Ils compteront plus de 100 000 ouvriers en juin 1840 et se verront confier des grands travaux... cela vous rappelle quelque chose ?

CHÔMAGE : TRAVAILLEZ, MÊME SI VOUS POINTEZ !

Le chômage est une véritable plaie sociale pour notre pays. Les difficultés économiques viennent se conjuguer à un véritable traumatisme psychologique pour ceux qui sont frappés par ce fléau. Mais, contrairement à une idée reçue et fausse, chômage ne doit pas forcément rimer avec inactivité : vous pouvez très bien avoir des occupations rémunérées en attendant de retrouver l'emploi stable dont vous rêvez. La loi ne vous l'interdit absolument pas, à condition que cette activité ne dépasse pas 78 heures par mois et que vos gains soient inférieurs à 77 169e de votre salaire de référence (soit 46 %). Sous ces réserves, vous pouvez donc travailler en restant demandeur d'emploi. Cela ne vous donnera pas forcément de quoi vivre correctement, mais cela vous fera rester dans le « bain professionnel ».

L'ADRESSE DU JOUR

Les cadres sans emploi peuvent et doivent contacter l'APEC (L'Association pour l'emploi des cadres, ce n'est pas très original !) au (1) 40 52 20 00.

La combine de l'escroc

Certains chômeurs peu scrupuleux ont recours à une solution radicale : ils ne déclarent absolument pas aux Assedic ce qu'ils gagnent en travaillant au noir, ou encore perçoivent des honoraires impossibles à déceler. Résultat : des revenus considérablement plus confortables et même pas imposables !

MARS

Salut, bande de nouveaux riches ! En deux mois de mise en pratique des super-conseils de Supercombinard, vous voici, avouez-le, nettement moins « ratissé » que vous ne l'étiez l'an dernier à la même époque, sans même avoir été augmenté par votre patron ! Vous le voyez : finalement, ça n'est pas si difficile que ça de gagner plus et dépenser moins.

Cela dit, ça tombe bien que votre banquier vous fasse des risettes, que votre cave déborde de SICAV, que votre portefeuille ne rentre plus dans votre poche et que votre tirelire ait explosé lorsque vous avez essayé d'y faire pénétrer une liasse de billets de 500 F.

Ça tombe bien, non pas parce que je voudrais que vous me prêtiez de l'argent, mais parce que ce mois de mars pourrait ne pas être de tout repos pour votre fortune, surtout si vous ne lisez pas attentivement les pages qui suivent.

Songez par exemple qu'il va falloir réaliser quelques travaux dans votre nouvel appartement, équiper celui-ci avec de nouveaux meubles et matériels, sans sacrifier pour autant ces fameuses vacances aux sports d'hiver dont vous rêvez depuis l'an dernier, ni renoncer à offrir un cadeau à votre chère tante Adélaïde pour ses 70 ans et demi.

Comment assumer tout ceci sans faire monter dangereusement votre taux de stress et sans craquer à la première dépense imprévue, genre le briquet jetable perdu qu'il vous faut racheter sans l'avoir budgeté ?

C'est très simple. Vous vous allongez chaque soir sur votre canapé préféré, dans votre salon préféré, et vous lisez, dans votre ouvrage préféré (celui-ci !), la page qui concerne le lendemain. Vous mettez ensuite tout simplement mes conseils en pratique et le tour est joué ! Et, si vous n'êtes pas plus riche le 31 mars qu'aujourd'hui, je vous le jure sur la tête de tante Adélaïde, je ne bois plus une goutte de bourbon-fraise... au moins jusqu'au 1er avril.

Mais, sincèrement, ça m'étonnerait !

Supercombinard

SAINT AUBIN

COMBINE STORY

1848 : révolutionnaire ! Le gouvernement français limite la durée du travail à dix heures quotidiennes à Paris et douze heures en province. Allez savoir pourquoi, les combinards provinciaux se sentent frustrés !

1er MARS

CHÔMAGE : VOYAGEZ GRATUITEMENT GRÂCE À L'ANPE !

Si vous êtes au chômage, profitez-en pour voyager de temps en temps gratuitement : repérez une offre d'emploi émanant de l'ANPE, de l'APEC ou de l'APECITA et correspondant, géographiquement, à vos projets de déplacement. Prenez un rendez-vous pour un entretien, de préférence le vendredi ou le lundi, avertissez l'ANPE, qui vous remettra un justificatif à faire signer par l'éventuel futur employeur, et faites-vous ainsi rembourser tout ou partie de vos transports : si vous prenez le train, vos dépenses seront intégralement prises en charge par l'ANPE ; si vous utilisez votre voiture pour vous rendre à cet entretien, les indemnités seront versées en fonction de la distance (par exemple, environ 35 F pour 50 à 100 km, et environ 281 F pour plus de 600 km). Qui sait : votre entretien peut même s'avérer positif et se conclure par une réponse favorable de l'employeur ! Attention : le remboursement de vos frais n'est pas une obligation. Tout dépend de la bonne volonté du responsable de l'agence : à vous donc de jouer finement.

L'ADRESSE DU JOUR

Si vous vivez en Ile-de-France, n'hésitez pas à contacter l'association « Retravailler » qui propose un grand nombre de services aux chômeurs, tél. : (1) 45 58 23 09.

Ils sont fous, ces combinards !

Un homme, après avoir engagé une grève de la faim devant l'ANPE, a fait savoir qu'il était prêt à faire don de l'un de ses reins en échange d'un emploi ! Très ému, un chef d'entreprise a embauché le chômeur, en lui laissant, évidemment, l'usage de ses deux reins.

2 MARS

SAINT CHARLES LE BON

COMBINE STORY

1990 : loi Véronique Néiertz sur le surendettement des familles. C'est maintenant envers elle que les ménages français concernés ont une dette !

CRÉDIT : DÉSINTOXIQUEZ-VOUS SI VOUS ÊTES ACCRO !

Les chiffres parlent d'eux-mêmes : en 1990, l'endettement global des familles françaises avoisinait les 35 % du produit intérieur brut ! Chaque année, on estime à 11 millions les Français qui recourent au crédit. Que ce soit pour faire face à un événement imprévu, acquérir un bien immobilier ou tout autre bien de comsommation, les formules de crédit ne manquent pas, toutes plus « alléchantes » les unes que les autres. Seulement voilà, si ceux qui sont prudents et savent gérer leur endettement s'en sortent très bien, les autres, les « crédimaniaques » fous, craquent à la moindre tentation, multipliant les crédits de trésorerie et les découverts bancaires, et tombent dans une spirale infernale.

Si vous faites partie de la seconde catégorie, et que la simple vue du nouveau coupé Merdesec vous fait illico remplir le dossier de crédit tendu d'une main engageante par le vendeur (seulement 2 117,50 F pendant 60 mois, une bagatelle !), vous devez réagir. Aujourd'hui, des consultations hospitalières sont organisées pour traiter avec de « gros » moyens ces « accros » au crédit. Si c'est votre cas, faites donc appel à un spécialiste de la crédimania, seul capable de vous guérir de votre névrose et de vous éviter la ruine.

L'ADRESSE DU JOUR

L'hôpital Louis-Mounier à Colombes tél. : (1) 47 60 64 16 dispose d'un service, dirigé par le professeur Adès, et qui est chargé, notamment, de soigner les troubles des malades du crédit.

SAINT GUÉNOLÉ

COMBINE STORY

1861 : en Russie, le tsar Alexandre II émancipe tous les serfs privés, soit 50 millions de paysans qui retrouveront une autre forme de servitude, les coopératives agricoles, quelques années plus tard !

3 MARS

ASSURANCE : SAUVEZ VOTRE BONUS GRÂCE À UN AMI PAYSAN !

Le paysan ne fait pas que mettre de l'huile sur le feu lorsque la situation de l'Europe se Gatt... Il peut aussi être le meilleur ami de l'automobiliste ! Notamment lorsque vous avez reculé par mégarde dans un poteau et que votre bonus risque d'en prendre un coup. Vous pouvez alors simuler un accident avec un ami propriétaire d'une moto de moins de 80 cm^3 ou, plus rigolo, d'un tracteur ! Les petites motos comme les machines agricoles sont en effet assurées, mais sans être soumises au régime du bonus-malus. Si donc votre ami accepte de faire un constat en prenant les torts à sa charge, il n'aura à supporter aucune pénalité et votre bonus sera sauf.

L'ADRESSE DU JOUR

Si vous rencontrez un quelconque problème avec votre assureur (nous ne l'imaginons même pas !), sachez que vous pouvez vous faire aider par Le Centre de documentation et d'information de l'assurance, 2, rue de la Chaussée-d'Antin, 75009 Paris, ou faire le 3615 code CDIA sur votre minitel.

La combine du radin

En ce jour anniversaire pour la SPA, créée le 3 mars 1857, une info qui a de la saveur : certains économes n'hésitent pas à manger de la viande pour animaux ! Cette pratique est même si répandue que les grands fabricants d'aliments pour chiens et chats (le petfood*) possèdent des statistiques très précises sur le sujet et conçoivent leurs recettes en fonction de cette donnée.*

4
MARS

SAINT CASIMIR

COMBINE STORY

1912 : violentes manifestations des suffragettes à Londres. Les féministes s'en prennent au domicile de plusieurs hommes politiques. Les veinards !

HUISSIERS : INVOQUEZ LA PRESCRIPTION DE VOS DETTES !

Toutes les dettes sont soumises, un jour ou l'autre, à la prescription. C'est-à-dire qu'au bout d'un certain laps de temps, vous ne devez plus rien à votre créancier. C'est même souvent la principale source d'annulation de procédure. Pour connaître le délai de prescription de votre dette, renseignez-vous auprès d'un huissier (pas celui qui doit venir vous saisir !) en sachant que cela dépend de la nature de la créance : le délai peut en effet varier entre trois mois et... trente ans ! La plupart des dettes liées à un achat de biens de consommation sont, par exemple, prescrites au bout de deux ans, et celles dues pour votre loyer ou encore pour votre pension alimentaire, après cinq ans.

LE CHIFFRE DU JOUR

340, c'est le nombre de femmes huissiers en France.

SAINTE OLIVE

COMBINE STORY

1848 : proclamation du suffrage universel. Tous les citoyens qui ont la capacité électorale peuvent s'exprimer.

5 MARS

CONSOMMATION : NÉGOCIEZ VOS LUNETTES !

Si vous êtes myope et coquet, si vous aimez changer souvent de style et de couleur de lunettes, il ne vous reste plus qu'à apprendre à négocier le tarif le plus intéressant possible chez l'opticien. En effet, il faut savoir affronter la dure réalité et reconnaître que la plupart d'entre nous se font légèrement « avoir « quand ils achètent leur paire de lunettes. Le consommateur moyen se rendra chez un opticien qui propose des montures très économiques, et en oubliera d'être vigilant sur le prix des verres (de toutes façons, on n'y connaît pas grand-chose). Alors, négociez, discutez pour faire baisser le prix des verres correcteurs, en menaçant d'aller voir (c'est le cas de le dire) la concurrence. Ça marche pratiquement à tous les coups. Autre conseil : ne vous laissez pas imposer des options pas forcément indispensables et très coûteuses : verres antireflets, antirayures, progressifs, etc. Là encore, renseignez-vous sur les différences de prix et interrogez-vous sur la nécessité de ces différentes options. En suivant ces astuces, nous ne jurons pas que vous obtiendrez vos lunettes à l'œil, mais, en tout cas, vous verrez la différence !

L'ADRESSE DU JOUR

En cas de problème ophtalmologique urgent, appelez SOS Œil, tél. : (1) 40 92 93 94. Ils interviennent à domicile.

La combine de l'escroc

Une enquête de 50 millions de consommateurs *a récemment permis de constater des différences de 144 % en moyenne sur des verres présentant les même spécificités (Par exemple, des verres vendus 500 F chez un professionnel sont vendus jusqu'à 1 200 F chez un autre !). Ces différences tiennent uniquement aux marges très importantes que pratiquent certains opticiens. Et, une marge, ça varie en plus, mais aussi en moins !*

6 MARS

SAINTE COLETTE

COMBINE STORY

1914 : ouverture du premier tribunal pour enfants à Paris. Pendant que les hommes meurent par millions sur le front, les juges continuent de bosser !

ENFANTS : FÊTEZ LEUR ANNIVERSAIRE DANS LES MACDO !

L'idée d'organiser chez vous la fête de Juju ne vous enthousiasme pas outre mesure, et on vous comprend. Quoi de plus cauchemardesque que d'imaginer une horde hurlante de quinze petits monstres affamés et surexcités, dont l'âge moyen tourne autour de 7 ans ? Pas grand-chose, à part la face crispée et menaçante de votre inspecteur du fisc... Voici donc une combine sympa et vraiment abordable si vous souhaitez quand même célébrer l'anniversaire de votre gosse. Adressez-vous à sa cantine favorite : le fast-food du coin. La plupart de ces sociétés proposent en effet des goûters pour enfants pour la modique somme de 30 F par tête. Au programme : hamburger, frites, Coca à volonté, petits cadeaux et animation. Cette solution vous déchargera de pas mal de problèmes, et notamment, de celui du nettoyage de votre moquette !

L'ADRESSE DU JOUR

Entre autres géants du fast-food, contactez le MacDonald ou le BurgerKing de votre ville. Il serait étonnant que l'un ou l'autre ne soit pas à proximité !

La combine du radin

Patricia Madurell a trouvé un bon filon pour ne pas acheter de laine. Aimant tricoter le soir au coin du feu et possédant des chiens, elle recueille tout simplement le poil des toutous en les brossant. Sachez qu'il faut quand même un kilo de poils pour réaliser un gilet (puces non comprises dans le poids !) et deux ans pour l'obtenir !

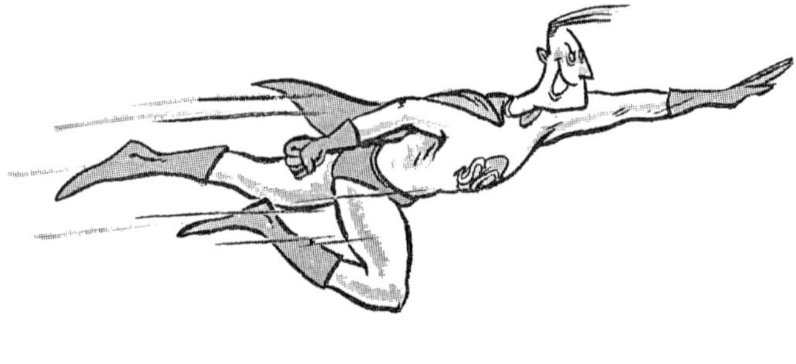

SAINTE FÉLICITÉ

7 MARS

COMBINE STORY

1884 : à Paris, le préfet Poubelle demande aux propriétaires de prévoir, pour leurs locataires, une boîte à ordures, et invente, du même coup, la poubelle.

MAISON : FAITES PAYER LES TRAVAUX PAR VOTRE PROPRIO !

Sachez que tous les gros travaux sont à la charge de votre propriétaire : les réparations extérieures (comme les ravalements par exemple...), tout ce qui concerne les murs et la toiture, les balcons, les escaliers, tout ce qui est situé dans les murs (canalisations), des appareils comme le chauffe-eau, la chaudière, les radiateurs, les compteurs... C'est aussi lui qui doit prendre en charge ce qui concerne les ouvertures : les portes et les fenêtres, les stores, les volets et les jalousies s'ils sont fixés au mur. En revanche, tout ce qui concerne l'intérieur incombe au locataire : mais, dans le cas où votre propriétaire décide de changer la moquette, ou la tapisserie, ou encore de repeindre les murs de votre appartement, c'est bien entendu à lui d'assumer les frais engagés.

L'ADRESSE DU JOUR

Plusieurs associations ont pour but de défendre les intérêts des locataires et des copropriétaires. Elles vous renseigneront utilement en cas de problème : l'Association des comités de défense des locataires, tél. : (1) 48 78 54 11 et (1) 48 74 94 84. Le Centre d'information et de défense des locataires, tél. : (1) 45 67 04 93. La Confédération nationale du logement, tél. : (1) 47 00 96 20 (elle édite également une revue : *Logement et famille*).

8 MARS

SAINT JEAN DE DIEU

COMBINE STORY

1969 : le 8 mars devient la journée de la femme en France. De quoi se plaignent-elles ?

MAISON : ÉQUIPEZ-VOUS MOINS CHER VOTRE CUISINE GRÂCE À VOS VOYAGES !

En cette journée des femmes, il faut l'affirmer haut et clair : vive l'égalité des sexes ! Mais quoi qu'en disent certaines féministes, une belle cuisine équipée, c'est tout de même l'un des plus beaux rêves de la femme moderne. Aussi, à l'heure du grand marché unique européen, profitez de vos déplacements à l'étranger pour équiper votre cuisine au meilleur prix. Par exemple, c'est en Allemagne et au Luxembourg que vous devrez acheter votre nouveau frigo, votre aspirateur, votre machine à laver ou votre petit électroménager : dans ces deux pays, les prix de tous ces articles sont 20 % moins cher en moyenne que dans le reste de la communauté. En revanche, c'est d'un voyage en Hollande qu'il faudra profiter si vous souhaitez faire le plein de vaisselle : de nombreuses chaînes de magasins spécialisés proposent tout pour la cuisine et les arts de la table 30 % moins cher que dans les autres pays d'Europe !

LE CHIFFRE DU JOUR

80 km, c'est la distance parcourue en moyenne chaque année par une femme, lors de ses va-et-vient du frigo à l'évier ! Ce n'est finalement pas beaucoup, et il n'y a vraiment aucune raison pour qu'elle vous demande de lui offrir aussi souvent des chaussures neuves...

SAINTE FRANÇOISE

9
MARS

COMBINE STORY

1661 : mort de Mazarin, qui érigea la combine en art de gouvernement.

PV : RENVOYEZ CELUI D'UN AUTRE !

Encore une super-combine pour les accros à la lutte antiflic et anti-PV ! Elle sera efficace si, comme la vôtre, l'auto garée juste devant vous a attiré l'attention d'une maniaque du carnet à souches, toute de bleue vêtue. Vous devez prendre cette amende, rentrer chez vous et la glisser dans une enveloppe, en y joignant une gentille lettre pour raconter que le PV ne portait pas les coordonnées de votre véhicule et que vous n'êtes (malheureusement) pas le propriétaire de cette Jaguar, immatriculée dans les Hauts-de-Seine et garée illégalement, mais, plus modestement, celui d'une R5 référencée en Seine-et-Marne (et vous indiquez les coordonnées de votre propre « Titine »). Vous ajoutez que, s'il y a eu inversion d'amendes, vous êtes tout prêt à payer, mais que vous ne pouvez évidemment pas le faire, ne sachant même pas si vous avez été réellement verbalisé et, le cas échéant, pour quel motif... Vous joignez à ce courrier le PV qui ne vous concerne pas, afin que le propriétaire de la Jaguar puisse s'en acquitter. Il ne vous reste plus qu'à adresser le tout, en recommandé avec AR, au service des amendes de votre département, après avoir soigneusement photocopié l'amende et la lettre. Si au bout de quelques mois, vous recevez un avis de majoration concernant votre PV, vous pourrez contester cette relance en racontant à nouveau l'histoire et en montrant, photocopies à l'appui, que vous aviez réclamé des informations qu'on ne vous a jamais données. Croyez-nous, en règle générale, on ne devrait ensuite plus vous ennuyer avec cette histoire...

LE CHIFFRE DU JOUR

700 km, ce serait la longueur de la file si on mettait bout à bout les 2 millions de véhicules qui circulent chaque jour dans Paris ! Avec seulement 600 000 places de stationnement disponibles, on comprend pourquoi le chômage n'est pas prêt de menacer les contractuelles !

10 MARS

SAINT VIVIEN

COMBINE STORY

1804 : naissance du code civil, symbole de l'égalité de tous devant la loi. Mais, comme le disait très justement Coluche, il y en qui sont plus égaux que les autres !

HÔTEL : FAITES-VOUS INDEMNISER POUR VOTRE CAMBRIOLAGE !

Au milieu de vos superbes vacances aux sports d'hiver, votre voiture a été cambriolée pendant la nuit, alors qu'elle était garée dans le parking de l'hôtel où vous résidiez. Résultat : une vitre cassée, l'autoradio, les cassettes et un appareil photo envolés. Problème : la direction de l'hôtel refuse de vous indemniser, sous prétexte qu'un panneau indiquait clairement dans le parking que l'hôtel n'était pas responsable du contenu des voitures. Sachez que ce panneau est tout à fait illégal : en réalité, l'établissement vous doit une indemnisation qui peut atteindre 50 fois le prix d'une nuit dans votre chambre. Vous pouvez donc mettre l'hôtelier en demeure de rembourser les objets volés et la réparation de la vitre, ou saisir le tribunal d'instance du lieu dans lequel est situé l'hôtel.

LE CHIFFRE DU JOUR

Les Français sont « accros » à la blanche : ils sont plus de 8 millions à skier chaque année dans les stations de l'Hexagone.

La combine de l'escroc

Certains petits malhonnêtes n'hésitent pas à simuler une effraction dans leur voiture et à déclarer volés autoradios et affaires diverses, afin d'être remboursés de ce préjudice, d'autant plus confortablement que les biens prétendument dérobés dorment en fait tranquillement dans la cave de leur appartement.

SAINTE ROSINE

11 MARS

COMBINE STORY

1672 : Molière présente Les Femmes savantes *à Paris. Un an avant sa mort, l'homme avait encore la satire féroce !*

LOISIRS : ALLEZ AU THÉÂTRE MOINS CHER !

Toutes les salles de théâtre et de concert proposent des tarifs avantageux si vous venez à plus de six, huit ou dix personnes. Alors, au lieu de prendre votre place tout seul - en égoïste - faites du bruit et rameutez les copains ou les collègues de bureau intéressés par le spectacle : en achetant vos billets tous ensemble, vous profiterez de réductions plus que motivantes.
S'il s'agit d'un spectacle assuré d'avoir du succès, achetez vos billets en nombre même si vous n'êtes pas sûr de trouver suffisamment d'amateurs dans votre entourage. Vous bénéficierez de la réduction et, si jamais il vous reste des places, vous pourrez toujours les revendre au prix fort le soir de la représentation, en réalisant un joli bénéfice... Pensez enfin au CE de votre entreprise : vous ferez des économies (certaines salles proposent leurs places à mi-tarif aux CE) et vous n'aurez même pas à vous déplacer pour récupérer les places.

L'ADRESSE DU JOUR

61 % des Français n'ont jamais mis les pieds dans un théâtre. Question d'éducation ou de pouvoir d'achat ?

La combine de l'escroc

De nombreux petits malins se renseignent très à l'avance sur les concerts et les spectacles qui sont assurés d'obtenir un grand succès et achètent dix, vingt ou même trente places à prix réduit, pour deux ou trois soirs différents. Il leur suffit ensuite de se rendre sur place le jour dit et de revendre leurs billets beaucoup plus chers que le prix unitaire pour réaliser des bénéfices plus que confortables. Une place marquée 150 F (et achetée en fait 100 F grâce au tarif réduit) peut en effet être revendue jusqu'à 250 ou 300 F, voire plus encore, en fonction de la demande !

12
MARS

SAINTE JUSTINE

COMBINE STORY

1921 : pour lutter contre la famine en Russie, Lénine fait adopter la NEP, la nouvelle politique économique, plus libérale que la doctrine communiste.

CONSOMMATION : GROUPEZ VOS LIVRAISONS !

Vous êtes de plus en plus nombreux à utiliser les services de livraison à domicile proposés par les supermarchés et par les sociétés de vente par téléphone ou minitel. Mais vous regrettez à juste titre de voir le prix de vos achats augmentés par le coût de la livraison : entre 30 et 60 F, selon la distance. Contactez donc des voisins ou des amis qui pourront grouper leurs achats ou leurs commandes avec les vôtres afin de partager le prix de la livraison. De plus cette astuce vous permettra de ne pas être bloqué tout un après-midi ou une soirée à attendre le livreur, puisque vous pouvez mettre en place un tour de garde avec vos associés.

L'ADRESSE DU JOUR

Nous avons sélectionné pour vous trois sociétés qui pratiquent en Ile-de-France (ou sur l'ensemble du pays pour Picard) la livraison à domicile, en conjuguant qualité de service et prix raisonnables :
– Allo-Marché, par minitel : 3615 code ALLO MARCHE.
– Picard Surgelés, par tél. au (1) 30 37 21 00.
– Télémarket, par tél. au (1) 45 89 90 91, ou par minitel : 3614 code TMKT.

SAINT RODRIGUE

COMBINE STORY

1867 : les États-Unis achètent 1,5 million de kilomètres carrés de terre à la Russie. L'Alaska aura coûté 7,2 millions de dollars aux Américains !

13 MARS

VOYAGES : FAITES-VOUS INDEMNISER EN CAS DE VOL ANNULÉ !

Vos vacances aux Antilles s'annonçaient paradisiaques... mais en arrivant à l'aéroport, vous apprenez que votre vol a été annulé sans raison valable ou bien que votre réservation n'est pas enregistrée car la compagnie a fait du « surbooking » (c'est à dire qu'elle a vendu plus de places que son avion n'en contenait !). Ne vous laissez pas mener en bateau ! Faites des photocopies des billets, dossier d'agence de voyages, notes de taxi, d'hôtel, de repas occasionnés par votre « non-départ », et réclamez à la compagnie par lettre recommandée avec AR le remboursement de votre billet et une indemnisation correspondant au préjudice subi. Si la réponse ne vous satisfait pas, saisissez le tribunal : la jurisprudence récente impose aux compagnies (et aux agences) une obligation de résultat. Elles sont donc responsables (sauf si l'annulation du vol était justifiée par des motifs de sécurité) si vous n'avez pas été transporté dans les conditions prévues. Vous avez toutes les chances d'obtenir réparation en espèces sonnantes et trébuchantes.

L'ADRESSE DU JOUR

En cas de litige pour un problème de voyage en avion, appelez l'Association française des usagers des transports aériens (AFUTA), tél : (1) 45 67 22 89.

14 MARS

SAINTE MATHILDE

COMBINE STORY

1883 : mort de Karl Marx à Londres. Le célébrissime auteur de La Lutte des classes en France *aurait sans doute beaucoup à dire sur la situation de la classe ouvrière cent ans après sa mort !*

CHÔMAGE : CRÉEZ VOTRE ENTREPRISE AVEC L'AIDE DE L'ÉTAT !

Si vous êtes demandeur d'emploi et que vous souhaitez reprendre ou créer une entreprise, l'État vous exonère des cotisations sociales pendant les six mois premiers mois de votre activité. Il vous apporte également plusieurs aides financières non négligeables : jusqu'à 43 000 F et au minimum 16 170 F, si vous ne pouvez justifier de 365 jours de travail. Pour cela, vous devez créer ou reprendre une entreprise artisanale, industrielle, commerciale ou agricole, ou débuter l'exercice d'une profession non salariée. Il faut également avoir le contrôle de l'entreprise ; c'est-à-dire, pour le gérant, détenir un tiers du capital. Pour le non-gérant, détenir 51 % du capital. Vous pouvez également obtenir une majoration du montant de l'aide pour la création d'un emploi salarié. Vous devez vous adresser à l'ANPE qui vous remettra un dossier dans lequel vous fournirez tous les renseignements conçernant votre projet.

L'ADRESSE DU JOUR

Pour l'info et la formation : l'ANCE (Agence nationale pour la création d'entreprises) : 142, rue du Bac, 75007 Paris, tél. : (1) 44 39 58 58. Code Minitel : 36 15 ANCE. Pour des aides concernant des projets innovants : l'ANVAR (Agence nationale de la valorisation de la recherche), 43, rue Caumartin, 75436 Paris Cedex 09. Tél : (1) 40 17 83 00. L'ANVAR assurera 50 % du coût global de votre projet en cas de succès.

Ils sont fous, ces combinards !

Michel Cauchard, chômeur depuis plusieurs mois, a eu l'idée lumineuse de profiter de sa participation au marathon de Paris pour arborer un tee-shirt sur lequel était écrit « je cours après un job », suivi de son numéro de téléphone. Il est vrai que la course à l'emploi présente de grandes similitudes avec un marathon ! Selon Michel, la seule différence réside dans le fait que, dans le premier cas, on ne voit pas la ligne d'arrivée !

SAINTE LOUISE DE MARILLAC

COMBINE STORY

1341 : extension de la gabelle, l'impôt sur le sel, à tout le royaume de France. C'est fou comme une bonne idée fait tout de suite des émules !

15 MARS

BANQUE : OUVREZ DEUX COMPTES POUR AVOIR DEUX FOIS PLUS DE DÉCOUVERT !

Jouez avec les autorisations de découvert ! Si vous avez au minimum deux comptes, vous avez tout loisir d'approvisionner celui qui est le plus gravement atteint en démunissant l'autre. En jouant sur les autorisations de découverts obtenues, après force négociations, auprès des différentes banques, on peut ainsi mettre en place un système de vases communicants fort efficace. En ayant fait domicilier vos salaires alternativement sur vos deux comptes (ne serait-ce que quelques mois sur l'un des deux), imaginons que vos deux banques vous aient autorisé un découvert de 5 000 F chacune, vous voilà donc avec une autorisation réelle, sur l'ensemble de vos comptes en banque, de 10 000 F ! La loi vous autorise même à ouvrir 10, 20 ou 50 comptes si vous désirez augmenter vos possibilités de « couverture financière », comme disent les experts !

LE CHIFFRE DU JOUR

40% des ménages français possèdent deux comptes-chèques. Au total, ce sont plus de 5 milliards de chèques qui sont émis chaque année par les Français, qui raffolent de ce genre de paiement !

La combine de l'escroc

Certains petits futés sous le coup d'une interdiction bancaire réussissent à déjouer la perspicacité de la banque où ils ouvrent un nouveau compte, en déguisant leur identité. Exemple : pour Pierre Dufuté, né le 16 septembre 1962 à Paris, le code qu'utilisera le banquier auprès de la Banque de France sera « 160962 DUFUT ». La clé « Banque de France » est, en effet, composée des six chiffres de la date de naissance et des cinq premières lettres du nom. Sachant cela, Dufuté peut devenir Dufité sans aucun problème, d'autant que les photocopies de pièces d'identité sont rarement étudiées à la loupe par le gestionnaire de compte. Autre technique : les femmes peuvent à loisir jouer avec leur nom de jeune fille, de femme mariée, et même avec celui d'un ex-mari !

16 MARS

SAINTE BÉNÉDICTE

COMBINE STORY

1953 : création des HLM, habitations à loyer modéré, par le ministre de la Reconstruction et de l'Urbanisme, Pierre Courant. Attention : il n'est pas l'inventeur du piston et des mal-logés !

LOGEMENT : REFUSEZ UNE AUGMENTATION DE LOYER SI VOTRE CONJOINT N'A PAS ÉTÉ PRÉVENU !

Les augmentations de loyer sont fréquentes au moment du renouvellement de bail. C'est là que les propriétaires frappent le plus fort, même s'ils le font dans les limites heureusement imposées par la loi. Si le vôtre est un grippe-sou de première, voici une astuce simple pour contrecarrer ses sournois projets : la proposition du propriétaire doit vous être adressée dans le délai prévu par la loi (six mois à l'avance). Si cette proposition s'adresse à vous seul alors que vous êtes marié, ou que vous partagez votre appartement avec une personne qui a signé le bail avec vous, vous pouvez d'office la considérer comme nulle et non avenue. Votre bail doit alors être reconduit sur la même base de loyer que precédemment. Dans le cas contraire, vous avez plein droit pour contester la procédure, et faire reconduire votre précédent bail. Vous n'aurez même pas à montrer un certificat de mariage ! Cette combine vaut pour des couples vivant maritalement, ou pour tout autre cas de figure, à la condition que les personnes aient signé le bail.

LE CHIFFRE DU JOUR

Deux, c'est le nombre de mois de loyer que peut vous demander au maximum un propriétaire au titre du dépôt de garantie. Ce montant ne doit jamais être renégocié pendant le bail et doit vous être restitué dans les deux mois maximum après la rupture de votre contrat de location.

SAINT PATRICE

17 MARS

COMBINE STORY

1910 : invention du premier sens giratoire à Paris, place de la Concorde. Une révolution dans la circulation !

PV : CONTESTEZ-LES POUR NON-CONFORMITÉ !

Vous avez encore écopé d'une contravention ! Ne vous lamentez pas, votre compte en banque peut être épargné et vous pouvez réaliser une économie appréciable en mettant en cause la conformité du PV. Sachez en effet que pour être valable, une amende doit être signée de tous les agents qui ont participé aux opérations de constatation de l'infraction. Cela signifie que si votre PV comporte seulement un tampon et une griffe, ou bien s'il est signé par un agent qui n'a pas lui-même constaté l'infraction, ou encore s'il manque la signature de l'un des policiers qui vous ont interpellé, le PV est nul et non avenu et vous pouvez le contester avec de bonnes chances d'être entendu. L'amende doit en outre comporter les noms et qualités des agents verbalisateurs : autrement dit, si seul le matricule des agents figure sur le PV, sans leur nom, vous pouvez essayer là encore de faire annuler le procès-verbal.

LE CHIFFRE DU JOUR

250 000, c'est le nombre de voitures qui passent, à un moment ou à un autre de la journée, sur la place de l'Étoile à Paris. Étonnant, non ?

18 MARS

SAINT CYRILLE DE JÉRUSALEM

COMBINE STORY

1806 : création du premier Conseil des prud'hommes, à Lyon. Son but : régler les problèmes individuels du travail Y'a du boulot !

AUTO : PARTAGEZ VOTRE PLACE DE PARKING !

Voici une combine inventée par un petit futé qui travaille précisément... dans une société de parkings ! Si vous louez une place à l'année près de votre domicile, et si vous partez travailler en voiture, elle est libre toute la journée. Une personne qui travaille dans votre quartier et qui vient en voiture peut très bien garer son véhicule dans votre box pendant que vous n'y êtes pas. Vous avez déjà compris tout l'intérêt de la combine : vous vous arrangez avec cette personne pour qu'elle paie une partie de la location du parking, et voici votre budget stationnement considérablement réduit. De la même façon, vous n'avez qu'à chercher quelqu'un qui habite près de votre lieu de travail et qui dispose d'une place de parking, et à lui proposer la formule inverse. Résultat : votre voiture est à l'abri 24 heures sur 24, vous n'avez jamais de PV et le total vous coûte nettement moins cher que la location d'une place dans un parc de stationnement près de chez vous, ajoutée aux huit heures quotidiennes de parcmètre sur votre lieu de travail !

LE CHIFFRE DU JOUR

Un Français sur quatre ignore ce que lui coûte son automobile à l'année, et, d'ailleurs s'en contrefiche éperdument. L'État a encore beaucoup de pigeons à exploiter !

Ils sont fous, ces combinards !

Un médecin britannique, Jack Shofield, avait remarqué l'effet remarquablement nettoyant du Coca-Cola sur l'argenterie. Il a donc parcouru Liverpool-Manchester aller-retour (soit 115 km) dans un véhicule dont l'huile avait été remplacée par un mélange de Coca et d'un produit tenu secret, et n'a décelé aucune anomalie de fonctionnement. Voici un débouché auquel les dirigeants de l'énorme entreprise américaine ferait bien de songer !

SAINT JOSEPH

19 MARS

COMBINE STORY

1946 : Martinique, Guadeloupe, Réunion et Guyane deviennent des départements français d'outre-mer... la Métropole est aux anges : elle pourra, plus facilement encore, importer bon nombre de denrées alimentaires !

CONSOMMATION : MÉFIEZ-VOUS DES PRODUITS ALLÉGÉS DONT L'ADDITION EST PLUTÔT LOURDE !

Depuis trois ou quatre ans, la pub pour les produits *light* envahit nos écrans de télé, les pages de nos magazines préférés, et, bien entendu, les rayons de nos supermarchés. Voici donc des conseils fort utiles pour éviter l'arnaque des produits allégés, vendus plus chers que les produits traditionnels :

– Le chocolat « sans sucre », dont la teneur en matières grasses a été augmentée pour lui conserver du goût. Vous croyez éviter de prendre quelques grammes grâce à l'absence de sucre et l'ajout de matières grasses rend cette précaution inutile !

– Les vins et les alcools « sans alcool » : leur goût est si mauvais qu'ils peuvent en effet inciter à boire moins...

– Les beurres ou les sauces sans lipides : ils ont moins de lipides, c'est vrai, mais plus d'autre chose ! Le beurre est renforcé en amidon et les sauces en gomme de guar. Beurk !

– Tous les produits « sans calories » : les plats cuisinés, en particulier, sont une belle arnaque. Ils sont si peu copieux que même des raviolis, ingurgités en si petite quantité, ne vous feraient pas grossir ! Ne parlons pas des mousses au chocolat *light* qui sont en réalité gonflées à l'azote...

LE CHIFFRE DU JOUR

22 %, c'est la part des dépenses que chaque Français consacre au budget « alimentation »... C'est terrible de se dire que tout cet argent se transforme en bourrelets !

20 MARS

PRINTEMPS

COMBINE STORY

1893 : fin du procès engagé à la suite du scandale du canal de Panama. Le député Baïhaut, ancien ministre des Travaux publics, est condamné pour corruption.

MAISON : FAITES RESTAURER VOS MEUBLES ANCIENS À MOITIÉ PRIX !

Lorsqu'on veut faire restaurer un vieux meuble, rien n'est plus difficile que de trouver un professionnel compétent et raisonnable question facture... Alors, pour tous ceux qui cherchent vainement, voici un « bon plan » pour décorer votre intérieur et pour restaurer vos meubles à moitié prix : il suffit de faire appel aux élèves de l'École Boulle ! Ces jeunes artisans, pleins de talents et de passion, n'ont pas encore « pignon sur rue » et vous demandent de débourser des sommes modiques en échange de leur labeur de qualité. L'École Boulle, qui est en fait l'École supérieure des arts appliqués, est une pépinière de futurs artistes qui n'attendent que vos appels. Elle est évidemment plutôt « parisienne », mais les provinciaux motivés y trouveront certainement leur compte s'ils emportent leurs meubles à l'occasion d'une visite à Paris.

L'ADRESSE DU JOUR

L'École Boulle : 9, rue Pierre Bourdan, 75012 Paris, tél. : (1) 43 46 67 34.

SAINTE CLÉMENCE

COMBINE STORY

1948 : création de la RATP à Paris. C'était juste après la guerre, et l' ambiance était très « dernier métro ».

21 MARS

VOYAGES : OFFREZ-VOUS UNE ESCAPADE GRATUITE À GENÈVE OU MILAN !

C'est le printemps : fêtez ça avec une escapade gratuite à Genève ou Milan, aller et retour dans la journée. Rien de plus facile : contactez Jet Services. Cette société de messagerie rapide vous confiera un pli important, un objet rare ou un colis urgent que vous devrez « accompagner » jusqu'à l'arrivée, confortablement installé dans l'avion d'une grande compagnie. Seule contrainte des OBC (*on board carrier*) : les départs n'ont lieu que deux jours par semaine et vous devez rentrer le soir même à Paris. Mais quel joli programme pour une journée d'évasion !

L'ADRESSE DU JOUR

Jet Services (contactez Jean-Louis ou Béatrice de notre part), tél. : (1) 48 62 62 22.

22
MARS

SAINTE LÉA

COMBINE STORY

1935 : les Berlinois assistent dans des salles publiques à la première émission de télévision régulière. En fait, les Allemands seront les premiers à comprendre que la télé est parfois l'opium du peuple !

TAXE : OUBLIEZ LA REDEVANCE TÉLÉ !

Force est de constater que dans la course au jeux crétins, aux séries abêtissantes et à la profusion des spectacles de charité-business, les chaînes dites du « service public » ne sont pas en reste ! Vous êtes en droit de vous demander à quoi servent les 500 F ou plus que vous payez chaque année pour avoir le droit de regarder des chaînes qui devraient être différentes et qui ressemblent de plus en plus à leurs concurrentes du secteur privé.
Pour ne pas acquitter la redevance, il suffit que le service qui est chargé de la collecter, et dont les bureaux sont situés à Rennes, ne sache pas que vous possédez un poste de télévision. Malheureusement, ce service est prévoyant et oblige les vendeurs de télé à lui déclarer tous les achats de nouveaux postes, et à indiquer les noms et les coordonnées des acquéreurs. Alors comment faire pour éviter d'être « déclaré d'office » ? Eh bien il suffit d'aller acheter votre poste au nom de quelqu'un qui en possède déjà un, la redevance ne se payant qu'une fois, quel que soit le nombre de télés que vous possédez. Vous pouvez aussi emmener votre papy l'acheter, puisque les personnes de plus de 60 ans sont exonérées de la redevance (attention, uniquement si elles ne sont pas imposables sur le revenu).

LE CHIFFRE DU JOUR

Le taux d'équipement télé global de la France est de 105,9 %, ce qui représente plus de téléviseurs que de ménages ! Il est également intéressant de savoir que les Français passent, en moyenne, plus de trois heures et demie devant la boîte à images... Ça laisse rêveur, non ?

SAINT VICTORIEN

COMBINE STORY

1583 : un édit royal met à l'index les vêtements luxueux.

23 MARS

CONSOMMATION : ALLEZ DANS TOUS LES « SOLDES PRIVÉS » !

Le principe de l'invitation aux « soldes privés » est un artifice commercial : ça flatte les snobs qui, du coup, se précipitent à ces soldes pour dévaliser la boutique avant que le populo soit autorisé à entrer. Mais, en réalité, vous avez tout à fait le droit d'entrer sans carton d'invitation : il serait totalement illégal de la part du commerçant de vous empêcher d'entrer puisqu'il se livrerait alors à un refus de vente, interdit par la loi. Cela dit, si vous préférez éviter l'épreuve de force et si ça vous fait vraiment plaisir de narguer vos proches en montrant que vous êtes invité aux soldes de Tartempion, sachez qu'il suffit d'avoir acheté une fois une petite bricole dans une boutique en réglant par chèque, pour recevoir ensuite à votre adresse des cartons d'invitation pour tous les soldes « privés ». Rien de plus facile, donc, que de figurer sur les listings informatisés de vos magasins préférés et d'apparaître comme un excellent client alors que vous n'achetez que pendant les périodes de soldes.

LE CHIFFRE DU JOUR

Plus de six hommes sur dix se disent persuadés qu'une femme n'a pas besoin d'être à la mode pour être élégante (et pour coûter moins cher en habillement ?).

24 MARS

SAINTE CATHERINE DE SUÈDE

COMBINE STORY

1934 : naissance, chez Citroën, de la première traction avant, qui sera vendue 17 500 F, une somme considérable pour l'époque.

AUTO : LOUEZ-LA POUR DÉPENSER MOINS QU'EN L'ACHETANT !

Si vous ne faites guère plus de 8 ou 10 000 km par an et que vous sortez seulement la voiture le week-end pour pique-niquer ou pendant les vacances, la location peut devenir une solution économique. Exemple : une Clio neuve avec laquelle vous ferez 10 000 km pendant toute l'année vous reviendra à 28 000 F, alors qu'en location, cela vous coûterait 20 000 F de disposer de la même voiture, pendant plus d'une dizaine de week-ends et tout un mois de vacances, en accomplissant la même distance ; soit 8 000 F de moins ! Sans compter que vous pouvez rentabiliser ce capital économisé en le plaçant à 9 ou 10 % au lieu de l'investir dans une voiture qui va se dégrader et perdre de la valeur au fil des ans...

L'ADRESSE DU JOUR

Le 3617 code BONAF est un serveur minitel particulièrement intéressant et clair qui vous permet de consulter les petites annonces « occasions » de plus de 70 concessionnaires.

SAINT HUMBERT

COMBINE STORY

1957 : le traité de Rome marque la naissance de la CEE, qui compte alors six membres.

25 MARS

CONSOMMATION : ACHETEZ VOTRE HI-FI EN ANGLETERRE, EN ALLEMAGNE ET AU LUXEMBOURG !

Une fois de plus, les voyages forment le consommateur ! Si vous allez faire un tour au pays de Lady Di, sachez que c'est sur Tottenham Court Road, à Londres, que l'on trouve du matériel hi-fi et vidéo de qualité 30 % moins cher qu'en France. Si vous préférez rendre visite à nos amis allemands ou luxembourgeois, c'est la hi-fi et la vidéo qui vous seront proposés 20 % moins cher en moyenne par rapport à l'Hexagone, notamment parce que la TVA sur ces articles dans ces deux pays est respectivement de 14 % et de 12 %...

LE CHIFFRE DU JOUR

C'est en l'an 2000 que devraient totalement disparaître les boutiques *duty free* qui embellissent nos aéroports et nos gares, et permettent aux voyageurs de faire passer le temps. Ce sursis de sept ans, accordé par la commission de Bruxelles, se comprend aisément lorsqu'on sait que ce commerce rapporte environ 40 milliards de francs en Europe, et près de 90 milliards dans le monde !

La combine de l'escroc

De nombreux petits futés n'hésitent pas à profiter de leurs voyages en Europe, aux États-Unis ou à Hong-Kong pour acheter régulièrement baladeurs, casques, téléphones et autres appareils photo afin de les revendre ensuite à des relations en France en réalisant une marge de 20 à 50 %. Leurs acquéreurs pensent que l'affaire est bonne parce qu'ils paient moins cher qu'à la Fnac, mais ils oublient qu'ils ne disposent ainsi d'aucune garantie, et ne peuvent pas s'adresser à un service après vente en cas de panne... quitte à s'en mordre les doigts quelques mois plus tard, tant ces appareils sont souvent fragiles.

26 MARS

SAINTE LARISSA

COMBINE STORY

1982 : abaissement de l'âge de la retraite de 65 à 60 ans. Pourtant, il paraît que le travail c'est la santé !

VACANCES : GAGNEZ DE L'ARGENT EN GARDIENNANT DE BELLES MAISONS !

Retraités ou étudiants, en prévision de l'été, donnez-vous les moyens de changer deux ou trois fois de résidence et de lieu de villégiature pendant les vacances, sans débourser un centime en hébergement et en gagnant même un peu d'argent. Il suffit pour cela de proposer vos services à l'agence Home Sitting. Celle-ci offre en effet aux vacanciers de faire garder leur appartement ou leur maison par des retraités. Si vous vous inscrivez sur le fichier de l'agence, vous pouvez donc être sollicité pour aller vous installer pendant quinze jours dans un pavillon à Boulogne, durant trois semaines dans un appartement à Nice ou encore un mois complet dans une belle maison en plein centre de Lyon...

L'ADRESSE DU JOUR

Home Sitting, tél. : (1) 69 30 26 92 ou, en province, (16) 93 20 71 71.

SAINT HABIB

27 MARS

COMBINE STORY

1974 : à partir du mois de mars, les Français doivent limiter leur vitesse automobile afin d'économiser de l'essence, suite au premier choc pétrolier. En France, on n'a pas de pétrole, mais on a des idées !

AUTO : FAITES DES ÉCONOMIES D'ESSENCE !

Ce n'est pas si difficile de faire des économies d'essence grâce à quelques précautions élémentaires : faites vérifier régulièrement l'état de vos bougies, l'écartement des vis platinées et l'avance à l'allumage ; conduisez souplement, sans accélérations ou freinages brusques, sans pousser les rapports, en restant autour de 4 000 tours/minute; changez de rapport le moins souvent possible ; évitez les galeries, porte-skis ou porte-vélos inutiles qui augmentent sensiblement votre consommation; enfin, roulez plutôt vitres fermées... il paraît que les turbulences aérodynamiques vous freinent et accroissent votre consommation (si ! si !).

LE CHIFFRE DU JOUR

Avec près de 80 % de taxes sur l'essence, la France arrive en tête des pays les plus taxés en Europe, tout juste après l'Italie ! L'État nous fait payer bien cher notre passion pour l'automobile !

la combine du radin

Suite au premier choc pétrolier de 1974, la France décide d'abaisser le chauffage des locaux à 20 °C. La seconde mesure importante est l'institution de l'heure d'été, afin d'économiser environ 300 000 tonnes d'équivalent pétrole, soit 5 à 10 % de la consommation d'électricité destinée à l'éclairage.

28 MARS

SAINT GONTRAN

COMBINE STORY

1852 : création du Crédit foncier, qui permet aux particuliers d'emprunter pour accéder à la propriété. Proudhon, qui a écrit « la propriété, c'est le vol » n'est pas content !

CRÉDIT : NÉGOCIEZ-LE À LA BAISSE AVEC VOTRE BANQUIER !

Vous avez fait vos comptes et, décidément, vous avez besoin, pour financer vos prochains achats, de souscrire un petit crédit ; premier conseil : fuyez toutes les propositions de crédit *revolving* (système de crédit permanent et automatique), très coûteuses en intérêts. Deuxième avis : allez plutôt faire un petit tour du côté de la concurrence de votre banquier, pour étudier les taux que l'on vous propose et qui peuvent être plus avantageux que ceux offerts dans votre agence. Si c'était le cas, il serait toujours temps de revenir voir votre banquier en lui disant : « Voilà, on m'offre tant ailleurs, êtes-vous prêt à faire mieux ? » Si vous êtes un bon client, vous avez d'excellentes chances de réussite... Sinon, changez de banque !

LE CHIFFRE DU JOUR

Sept jours de réflexion (et non pas sept ans !), c'est le délai que vous accorde la loi pour vous rétracter, même après avoir signé l'accord préalable de crédit.

SAINTE GWLADYS

29 MARS

COMBINE STORY

1882 : Jules Ferry promulgue la loi sur l'obligation et la laïcité de l'enseignement primaire, mais il ne savait pas qu'un siècle plus tard, les partisans de l'école privée descendraient dans la rue !

LOISIRS : PROFITEZ DES RÉDUCTIONS DE LA CARTE « JEUNES » !

Lycéen ou étudiant, quand on est jeune on est souvent fauché ! Une petite virée entre copains peut virer au désastre si on dispose déjà d'un budget maigrichon. Calculez vous-même : un café (c'est plus économique qu'un *bloody Mary* !) à la brasserie où on s'est donné rendez-vous : 6 F, le film de Cassavetes (celui que vous n'avez jamais pu voir !) au cinéma du quartier : 30 F, une petite bouffe chinoise (c'est moins cher !) : 65 F en prenant le menu. Au total, vous avez déjà dépensé 101 F, et il n'est même plus question d'inviter votre jolie voisine d'amphi !
Heureusement, la jeunesse a quand même du bon, et si vous avez moins de 26 ans, vous pouvez profiter de tous les privilèges de la carte « Jeunes ». Elle vous donne droit à plus de 22 000 avantages nationaux ou régionaux, recensés dans un guide remis à tout acheteur. Vous pourrez, par exemple, bénéficier de 50% sur les entrées dans tous les musées nationaux, ainsi que des remises très importantes sur de nombreux spectacles, concerts, etc.

L'ADRESSE DU JOUR

Pour obtenir la carte « Jeunes », il suffit de faire la demande au guichet d'une poste ou en téléphonant au (1) 42 76 22 60 pour connaître la liste des points de vente. Vous devrez vous munir d'une photo, d'une pièce d'identité et de 70 F.

30 MARS

SAINT AMÉDÉE

COMBINE STORY

1938 : 30 000 ouvriers occupent les usines Citroën, quai de Javel à Paris. Pourquoi ? Ils n'avaient pas pu s'acheter une traction ?

JUSTICE : GAGNEZ DU TEMPS ET DE L'ARGENT EN SACHANT OÙ ET COMMENT ENGAGER UNE PROCÉDURE !

Il n'est pas si compliqué d'engager une procédure afin d'obtenir gain de cause dans un litige, mais encore faut-il savoir où plaider : tribunal administratif, d'instance, de grande instance ? Le premier est compétent pour un litige survenu avec une administration, les autres pour des problèmes d'ordre commercial ou industriel. Par exemple, un litige avec France Télécom sur le montant d'une facture devra être porté devant un tribunal d'instance (si la somme en jeu est inférieure à 30 000 F), ou de grande instance (à partir de 30 000 F) : devant le tribunal d'instance, sachez que vous n'avez pas besoin d'un avocat, ce qui fait autant de frais en moins ; en revanche, il est obligatoire devant un tribunal de grande instance. Autre exemple : si vous contestez le calcul de vos impôts par les services du fisc, l'affaire concerne le tribunal administratif.

L'ADRESSE DU JOUR

Pour bénéficier de l'aide juridique gratuite, écrivez au bureau d'aide judiciaire de votre ville (Pour Paris, écrire au 7, rue Jouy, 75004 Paris), en joignant votre fiche d'état civil, une déclaration de ressources ou de situation fiscale faite sur un formulaire spécial fourni par votre mairie, et la copie de la décision contre laquelle vous souhaitez formuler un recours.

La combine du radin

Si vous avez des envies de défoulement irrépressibles devant les agents de la force publique et que vous n'êtes pas prêt à payer ce plaisir au prix fort, sachez que le tribunal correctionnel de Nancy a déclaré le 18 septembre 1987 que traiter les policiers de « guignols », de « mannequins » ou de « flics » ne constitue pas un outrage. Alors donnez-vous-en à cœur joie !

SAINT BENJAMIN

31
MARS

COMBINE STORY

1832 : François Vidocq devient chef de la Sûreté. L'essentiel du CV de ce monsieur reposant essentiellement sur une longue expérience du bagne, il faut bien reconnaître qu'on a affaire à un supercombinard !

PV : CONTESTEZ SA RÉGULARITÉ POUR LE FAIRE SAUTER !

Pour être régulière, une amende doit avoir été rédigée par un agent agissant dans l'exercice de ses fonctions et les limites de sa compétence : autrement dit, un agent qui n'est pas en service, un policier municipal ou encore un gendarme en civil ne sont pas habilités à dresser un procès-verbal : si c'était le cas, vous seriez en situation de faire annuler le PV. D'autant que l'infraction mentionnée dans le PV doit relater les faits qui ont été personnellement constatés par l'agent qui a verbalisé : ce qui signifie que, si l'amende est rédigée par un policier qui n'a pas été témoin de l'infraction et qui se contente de rapporter ce qu'une autre personne lui a raconté, le PV n'a pas de valeur légale.

LE CHIFFRE DU JOUR

Un auto-radio volé sur cinq installés... Mais que fait la police ?

AVRIL

Coucou : comme vous êtes joli, comme vous me semblez beau ! Mais êtes-vous sûr que, vexé et confus, vous n'allez pas jurer, dans quelques semaines, qu'on ne vous y prendra plus ? Eh oui, je sais bien dans quel état d'esprit vous vous trouvez à l'aube de ce mois d'avril, alors que vous venez de faire quelques pas sous le premier soleil printanier : vous êtes à deux doigts de céder à la tentation, d'ouvrir un large portefeuille et de laisser tomber vos billets dans le bec de tous ces renards de commerçants qui vous appâtent à chaque coin de rue...
« En avril, ne te découvre pas d'un fil : voilà ce que tu dois leur dire », m'a conseillé ma tante Adélaïde alors que je m'interrogeais sur les conseils à vous prodiguer. La vieille dame a raison : car, parmi les envies qui vous assaillent, figure notamment celle de renouveler complètement votre garde-robe pour l'adapter à la fois à la mode et à la saison. Et n'est-ce pas le meilleur moyen de se retrouver « à découvert » que de trop bien vouloir se vêtir ?
Donc, prudence : habillez-vous chic, d'accord, mais pas cher ! Si tante Adélaïde peut m'acheter mes supercombinaisons en latex pour moins de 199 F chacune (avant, elle les confectionnait elle-même, mais elle ratait toujours les manches...), c'est qu'il existe mille et une astuce pour remplir des armoires de vêtements sans vider son coffre-fort. Finalement, vous le constaterez très vite (et déjà en tout cas dès que vous aurez pris la peine de décoller ce ridicule poisson que l'on vous a collé dans le dos depuis au moins une heure), avec Supercombinard, avril, c'est super-facile !
Et, si vous n'êtes pas plus riche le 30 avril qu'aujourd'hui, je vous le jure sur la tête de tante Adélaïde, je ne bois plus une goutte de bourbon-fraise... au moins jusqu'au 1er mai.
Mais, sincèrement, ça m'étonnerait !

Supercombinard

1er AVRIL

SAINT HUGUES

COMBINE STORY

1810 : Napoléon épouse Marie-Louise de Hasbourg-Lorraine, la fille de l'empereur d'Autriche François II. Jolie manœuvre de l'empereur le plus combinard de l'histoire, qui a toujours su joindre l'utile à l'agréable !

LOISIRS : FAITES-VOUS INVITER DANS TOUS LES COCKTAILS ! (SPÉCIAL POISSON D'AVRIL)

Premier avril oblige, voici une super-combine à la limite du gag que l'un de nos amis –un pique-assiettes invétéré– a mis au point et qui fonctionne à merveille pour se faire inviter partout (vernissages, inaugurations, expos, etc.) : il suffit de vous transformer en journaliste ! Toute manifestation qui se respecte se doit en effet de convier de nombreux représentants de cette noble profession... Vous vous faites donc imprimer quelques centaines de cartes de visite portant sous votre nom un intitulé le plus incontrôlable possible (voir notre exemple dans l'adresse du jour), suivi de vos coordonnées en France et de quelques lignes précisant que vous vous intéressez particulièrement au domaine pour lequel le somptueux cocktail a été organisé. Vous envoyez ensuite vos cartes aux attachés de presse et aux sociétés qui organisent fréquemment des opérations de relations publiques, et vous vous retrouverez automatiquement inscrit sur les listes d'invités aux festivités. Bon poisson d'avril !

L'ADRESSE DU JOUR

C'est évidemment l'adresse que vous ferez imprimer sur vos fausses cartes de visite... Exemple :
Jean Maxiprofi
TWC NEWS, Correspondant Manager
375 Estero Boulevard, Ft Meyer Beach,
Miami, Floride, United States Of America.

2 AVRIL

SAINTE SANDRINE

COMBINE STORY

1973 : les salariés de la société Lip en faillite vendent le stock de montres pour soutenir l'action qu'ils entament. Bonne idée : à quand le métro gratuit plutôt que bloqué pour cause de grève ?

CONSOMMATION : ACHETEZ VOS VÊTEMENTS DANS LES CENTRALES D'ACHATS !

Les centrales d'achat, contrairement à une réputation tenace, proposent, pour certaines d'entre elles, des lignes de vêtements tout à fait à la mode et de bonne qualité. Avec, en outre, l'avantage de pratiquer des tarifs évidemment inférieurs à ceux des boutiques traditionnelles. Problème : vous ne savez pas comment entrer dans l'une de ces centrales car, soit vous n'êtes pas salarié, soit votre entreprise n'a conclu aucun accord de ce genre. Pas de panique : sachez tout d'abord que dans plusieurs de ces établissements, le contrôle est assez peu strict et que vous ne risquez pas grand-chose à essayer d'entrer en affirmant que vous êtes journaliste à Libé et que vous avez oublié votre carte (nous avons déja fait l'expérience à la Sérap). Si cela ne marche pas et si vous êtes refoulé, ne vous inquiétez pas : vous avez certainement, parmi vos amis, une personne qui a accès à ces centrales. Il vous suffit alors de lui demander de vous accompagner dans vos achats pour pouvoir pénétrer, en sa compagnie, dans la caverne d'Ali Baba dont vous rêvez. Revenez-y régulièrement avec cette même relation et débrouillez-vous pour vous faire repérer par plusieurs caissières : au bout d'une dizaine de fois, vous pourrez y retourner seul(e) car vous serez reconnu(e) et plus personne ne cherchera à vous contrôler...

LE CHIFFRE DU JOUR

Sous Napoléon III, en 1870, l'habillement représentait 12% du budget des ménages ; sous Pompidou, en 1970, les vêtements ne constituaient plus que 8,6% de ce même budget; sous Mitterrand, en 1990, les fringues n'occupent plus que 6,6% des dépenses d'une famille !

SAINT RICHARD

3 AVRIL

COMBINE STORY

1315 : Louis X fait pendre le sieur Enguerrand de Marigny qui avait tenté une malheureuse réforme des finances. C'est sûr, notre guide des super-combines aurait évité le gibet à ce malheureux gentilhomme !

JUSTICE : NÉGOCIEZ LES HONORAIRES D'AVOCAT !

Les Français ne sont pas aussi plaideurs que les Américains (qui font un procès à leur charcutier pour une côte de porc faisandée !), mais force est de constater que la justice française est plus lourde à saisir et plus chère à faire fonctionner. Alors, si l'envie ou le besoin de plaider vous prend, sachez éviter les mauvaises surprises : négociez les honoraires de votre avocat dès que vous lui confiez l'affaire. Demandez-lui un « devis » (comme à votre plombier !) sur la base d'une estimation du temps qu'il devra consacrer à votre cas. Il s'agira sans doute d'une « fourchette » mais, s'il s'engage par écrit sur cette proposition financière et sur la quantité de travail auquelle elle correspond, ce cher maître ne pourra plus exiger une somme exorbitante en menaçant de vous abandonner au beau milieu de la procédure. Et, si l'affaire s'avère plus longue que prévu, il sera toujours temps de rediscuter cet accord.
Deux autres « bons plans » pour faire des éconocroques au tribunal : renseignez-vous auprès de votre mairie, car un certain nombre d'entre elles offrent la possibilité de consulter un avocat gratuitement. Sachez également que vous pouvez consulter gratuitement un avocat en appelant SOS Avocat (voir notre combine du 20 janvier).

LE CHIFFRE DU JOUR

Si 32 % des Français disent n'avoir jamais de problèmes d'argent, 34 % se sentent en revanche plutôt défavorisés par rapport à la moyenne... enfin, 42 % des femmes se sentent défavorisées par rapport aux hommes ! Ingrates...

La combine du radin

Quand jardin rime avec radin, le procédurier malin s'enrichit sur le dos de son voisin ! Le voisin de M. V. a planté ses rosiers à 20 cm de la clôture au lieu des 50 cm réglementaires (selon l'article 671 du Code civil)... M. V. intente un procès et exige non seulement l'enlèvement des rosiers mais également des dommages et intérêts de 1 500 F. Le pire, c'est qu'il a gagné !

4
AVRIL

SAINT ISIDORE

COMBINE STORY

1755 : Pascal Paoli débarque en Corse et, représentant de la France, il dote l'île de véritables institutions visant à « uniformiser » ce territoire avec le reste de la métropole. Vaste programme...

SUCCESSION : SI VOUS HÉRITEZ EN CORSE, NE DITES RIEN AU FISC !

Le jour anniversaire du débarquement de Pascal Paoli (le personnage le plus connu après Bonaparte et Tino Rossi dans l'ile de Beauté), vous devez savoir que ce précurseur qui a imposé les lois de la France à la Corse n'avait pas tout prévu : ainsi, il est nettement avantageux d'hériter là-bas. Par une bizarrerie des textes, aucun délai n'y est fixé pour déclarer une succession (alors qu'elle doit être faite dans les six mois en Métropole). Si vous héritez d'une maison en Corse, rien ne vous oblige donc à le faire savoir au fisc ! Et, au bout de dix ans, il y a prescription...

LE CHIFFRE DU JOUR

Le n°1 au hit-parade de l'héritage est sans aucun conteste la maison. Elle représente en effet 50% de la valeur totale du patrimoine transmis.

La combine du... général !

Peu de gens le savent, mais la propriété de Charles de Gaulle, « La Boisserie » à Colombey-Les-Deux-Églises, avait été achetée en viager par le général lorsqu'il était simple colonel. Une bien belle affaire puisque l'infortunée propriétaire, une veuve de la région, mourut deux ans plus tard !

SAINTE IRÈNE

5 AVRIL

COMBINE STORY

1937 : c'est nouveau, à Paris pour la première fois les magasins ferment leurs portes le lundi... une excellente décision qui va permettre aux consommateurs de faire des économies le dimanche !

CONSOMMATION : ACHETEZ MOINS CHER LE DIMANCHE !

Le dimanche est un jour béni pour les faire des dépenses riquiqui ! Parce que la plupart des magasins ferment le lundi, les commerçants peuvent à la fois regarder les deux films du dimanche soir sur TF1 et vous offrir certains de leurs produits moins cher. Vous pouvez faire les « fins de marché », juste avant le remballage entre 12 h 45 et 13 h 30, ou faire vos courses avant la fermeture de midi dans les commerces de produits comestibles. A ce moment-là, vous pouvez bénéficier de très bonnes affaires, les vendeurs voulant liquider certaines marchandises périssables. On trouve ainsi, par exemple, des poulets rôtis à 20 F ou un cageot de pêches à la moitié de son prix affiché.

LE CHIFFRE DU JOUR

Un ménage français moyen dépense annuellement pour son alimentation plus de 30 000 F, soit près de 3 000 F par mois, autrement dit un quart environ de sa consommation totale...

La combine du mégalo

Le 2 avril 1928 naissait Serge Gainsbourg, créateur génial spécialiste de la combine de mégalo pour soigner sa pub : en 1985, par exemple, invité de l'émission « 7 sur 7 », il brûle en direct un billet de 500 F pour dénoncer la pression fiscale dont il est « victime »... Il se dédouanera quelques semaines plus tard, dans une autre émission, en signant un chèque de plusieurs centaines de milliers de francs au profit d'une œuvre caritative. Bis repetita...

6
AVRIL

SAINT MARCELLIN

COMBINE STORY

1820 : naissance de Nadar, aéronaute et photographe, qui fut le premier à comprendre l'avantage pécuniaire que l'on pouvait tirer du procédé en photographiant les « VIP » de son époque... Ah, s'il avait connu Voici !

CONSOMMATION : SOYEZ DÉDOMMAGÉ SI VOS PHOTOS SONT PERDUES !

Que vous soyez *paparazzi* professionnel ou photographe de première communion, reconnaissez qu'il n'y a rien de plus désagréable que de ne pas pouvoir contempler le résultat de ses exploits photographiques parce que celui à qui vous avez confié vos bobines s'est trompé dans les révélateurs ou dans les bains de développement. Et bien sachez que si les splendides photos de tel présentateur chevauchant un scooter avec telle présentatrice, ou bien celles de votre tonton Wladimir et de votre tata Huguette en train de danser une langoureuse lambada sont passées dans la colonne des pertes et profits, vous êtes en droit d'exiger une réparation. Le plus souvent, le commerçant vous proposera de vous offrir une pellicule neuve pour vous dédommager. Mais, et c'est ici que cela devient intéressant, vous pouvez réclamer une indemnité supplémentaire. Combien ? Eh bien, dans des affaires semblables, des tribunaux ont souvent accordé des sommes substantielles : jusqu'à 2 000 F pour une pellicule de trente-six vues ! Même chose si vous avez acheté une pellicule « développement compris » : la clause qui figure sur l'emballage et qui limite la responsabilité du laboratoire en cas de perte ou de détérioration vient récemment d'être déclarée illégale par la Cour de cassation. N'hésitez donc pas à réclamer votre dû.

L'ADRESSE DU JOUR

En cas de litige, faites appel au Service de la direction de la concurrence, de la consommation et de la répression des fraudes, 8, rue Froissard, BP 5000, 75003 Paris. Tél. : (1) 40 27 16 00.

SAINT JEAN-BAPTISTE DE LA SALLE

7 AVRIL

COMBINE STORY

1927 : création de la Fédération française de football. A l'époque, le foot reste une affaire d'amateurs et cette toute jeune fédération ne se doute pas qu'elle aura un jour à mettre le nez dans les affaires de l'OM !

CRÉDIT : EXIGEZ UNE RISTOURNE QUAND IL EST GRATUIT ET QUE VOUS N'EN PROFITEZ PAS !

Depuis une loi de 1984, les formules de « crédit gratuit » sont strictement réglementées. Le principe est simple et très répandu depuis quelques années : pour attirer le chaland, les commerçants leur offrent de régler leurs achats en plusieurs fois et sans agio. C'est en fait un crédit à 0 % ! La formule est effectivement intéressante, mais vous devez savoir que les consommateurs qui ne souhaitent pas profiter du paiement « en 6, 12 ou 18 mois sans agio » et préfèrent payer comptant peuvent exiger une ristourne calculée sur la base de l'économie qu'ils auraient réalisée si ils avaient accepté l'offre du crédit gratuit... Alors profitez-en !

LE CHIFFRE DU JOUR

En cinq ans, les Français ont multiplié par trois leur endettement !

Ils sont fous, ces combinards !

M. *Dufour s'est réveillé un matin avec une idée lumineuse : et si l'on interrompait les communications téléphoniques par des pauses de publicité payante, en échange, pour la personne qui appelle, d'une minute gratuite ? « Allo maman, je t'appelle de Saint Trop'... Bip, les préservatifs Dural durent plus longtemps, Bip... Oui, maman, ça va bien, non je ne me couche pas trop tard... » Heureusement pour le confort de vos appels, France Télécom n'a pas jugé la formule très à son goût...*

8 AVRIL

SAINTE JULIE

COMBINE STORY

1946 : le gouvernement (pas fou !) nationalise le gaz et l'électricité.

VIE QUOTIDIENNE : ALLÉGEZ VOTRE FACTURE D'ÉLECTRICITÉ !

EDF « étatisé » fait la pluie et le beau temps depuis le 8 avril 1946 sur les choix électriques de plus de 27 millions d'abonnés français. Un monopole très rentable (voir le chiffre du jour), puisque c'est la même société qui conseille et qui vend. Selon une étude réalisée en 1992 par le cabinet de conseil FD-Gestion, et dont les résultats ont été publiés dans *Libération* du 28 décembre 1992, « 50 % des résidences étudiées ont des puissances souscrites très nettement supérieures aux besoins ». Cette société a permis à la mairie d'Élancourt (dans le 78) de faire 90 000 F d'économies par an uniquement en rationalisant les abonnements à l'EDF ! Mais cette gabegie électrique touche aussi les particuliers : beaucoup d'abonnés seraient en effet dotés d'un compteur dont la puissance dépasse leurs besoins réels. En persuadant les consommateurs de s'abonner à une puissance plus élevée, parce que « cela évite au compteur de disjoncter... » (l'argument habituel...), les agents d'EDF feraient gagner des millions à leur entreprise ! « La surtarification appliquée par EDF lui rapporte 38 à 41 F par an et par appartement », selon FD-Conseil. Alors, prenez le temps d'étudier les contrats proposés par les agents, de faire le tri entre les barèmes et de calculer les réelles économies que telle ou telle option vous permet de réaliser.

LE CHIFFRE DU JOUR

Les Français donnent plus de de 171 milliards par an à EDF pour une consommation de 350 milliards de kilowatts-heure.

La combine de l'escroc

Jacques V. est économe, surtout sur ses factures d'électricité. Alors, depuis deux ans, ils s'est « branché » sur l'une des prises de son palier (qui sert à la femme de ménage pour passer l'aspirateur dans l'immeuble) et il fait payer sa consommation de chauffage, de lave-linge, de télé et de lumière par ses colocataires !

SAINT GAUTIER (OU WALTER)

COMBINE STORY

1946 : en même temps que le gaz et l'électricité, le gouvernement nationalise les assurances... Pour le budget de l'État, c'est le « bonus » assuré !

9 AVRIL

ASSURANCE : AU KILOMÈTRE, C'EST PLUS RENTABLE !

Pauvres ou riches, venant de droite ou de gauche, si vous savez que si vous ne roulez pas plus de 10 000 km par an (comme d'ailleurs près de 35 % des Français), vous pouvez demander à votre compagnie d'assurance un contrat « au kilomètre », c'est-à-dire en quelque sorte « sur mesure », avec une réelle diminution par rapport à ce que vous payez actuellement. Si votre compagnie refuse, oubliez-la et adressez-vous aux Mutuelles du Mans, à Continent ou encore Uni-Europe qui proposent cette formule avec des avantages divers. Comparez les offres de ces différentes entreprises et choisissez la mieux adaptée à votre budget.

L'ADRESSE DU JOUR

Ce sont les compagnies d'assurances sérieuses qui proposent ce système d'assurance au kilomètre :
Les Mutuelles du Mans : (16) 46 27 36 79;
Continent : (1) 45 08 65 00;
Uni-Europe : (1) 48 00 60 00.

La combine de l'escroc

Selon une intéressante enquête menée par le CDIA (le Centre de documentation de l'assurance), 40% des voitures qui disparaissent sont, en fait, volées par leur propre propriétaire ! Quel intérêt présente cette pratique qui fait courir à ses auteurs le risque de plusieurs mois de prison et qui coûte plus de 13 millions de F par an aux assurances ? Eh bien les propriétaires des autos faussement volées parviennent de cette façon à être remboursés sur la base de l'argus par leur assurance pour des véhicules endommagés ou mal entretenus qui n'auraient eu aucune valeur à la revente. Ils s'en débarrassent en les cachant dans des bois ou en les plongeant dans une rivière et touchent la prime trente jours plus tard.

10 AVRIL

SAINT FULBERT

COMBINE STORY

1954 : mauvaise nouvelle pour les contribuables français : une nouvelle taxe est créée, la TVA...

ENFANTS : FAITES-LES GARDER PAR UNE JEUNE FILLE AU PAIR !

Si vous travaillez tous les deux et que votre chérubin a quelques problèmes pour faire sa toilette, son biberon et sortir se promener tout seul (à 6 mois, même s'il est doué, on ne peut pas trop lui en demander !), le problème de la garde se transforme souvent en véritable casse-tête ! Or, les jeunes filles « au pair » sont une véritable aubaine pour les parents qui désirent faire garder leurs enfants : pratique et efficace, la formule continue de séduire un grand nombre de familles françaises. L'intérêt principal de ces jeunes filles réside dans le fait qu'elles trouvent un réel avantage à venir en France (pour leurs études ou tout simplement pour apprendre notre langue) et qu'elles s'occupent généralement bien de vos gamins car elles s'intègrent à votre famille. Enfin, le coût de cette formule est peu élevé : environ 1 500 F par mois en plus de la nourriture, du logement et de la carte orange, pour 30 heures de présence (garde des enfants et un peu de ménage) et une soirée de baby-sitting par semaine. Sachez que vous devez, dans les huit jours qui suivent son arrivée, déclarer la jeune fille en demandant l'ouverture d'un « compte employeur pour stagiaire aide-familiale » à l'URSAFF, et la faire immatriculer auprès de la Caisse primaire d'assurance maladie (voir adresses ci-dessous). Les cotisations sociales sont remboursées au titre de « l'allocation garde d'enfants à domicile » jusqu'à ce que votre enfant ait 3 ans.

L'ADRESSE DU JOUR

L'URSAFF : 3, rue Franklin B.P. 430, 933518 Montreuil, tél. : 48 51 10 10 ; CPAM : 173-175, rue de Bercy, 75586 Paris.

SAINT STANISLAS

11 AVRIL

COMBINE STORY

1907 : après une grève « dure », les garçons de café obtiennent la satisfaction de l'une de leurs revendications puisqu'ils ont désormais le droit... de porter la moustache !

CAFÉ : CONSOMMEZ COMME VOUS VOULEZ !

Votre rendez-vous est très en retard ? Le livre dans lequel vous êtes plongé vous passionne tellement que vous ne voulez pas quitter votre table avant de l'avoir terminé? La terrasse est si ensoleillée que vous ne vous pardonneriez pas de ne pas bronzer une heure de plus ? Bref, cela fait deux bonnes heures que vous occupez votre table et vous n'avez consommé qu'un quart Vittel ou un demi-panaché... Vous êtes totalement dans votre droit et le serveur ne peut en aucun cas vous forcer à commander une autre boisson. Il se livrerait en effet alors à de la vente forcée (réprimée par le Code du commerce, article 37). De même, tout le monde n'est pas tenu de consommer si vous êtes plusieurs à la table...

L'ADRESSE DU JOUR

A Paris, il existe un restaurant qui vous propose de payer selon vos moyens et votre humeur, quelle que soit la quantité de plats que vous prenez. Le *Sempiéru Corsu* laisse, en effet, ses clients entièrement libres de la somme qu'ils versent à l'issue du repas. Vous pouvez y déjeuner très honnêtement pour quelque 60 F. Ce restaurant insolite se trouve 12, rue de l'Amiral-Roussin, dans le XVe arrondissement de Paris.

La combine du radin

Ce qui est le plus « volé » dans les bars et les cafés... c'est le sucre ! Comme il n'y a pas de petits profits, certains clients vident les sucriers qui sont sur leur table pour ne jamais avoir à en acheter... ces radins des bistrots sont facilement détectables : lorsque vous êtes invité chez eux, ils vous servent le café avec des sucres emballés aux couleurs des momuments de Paris, des sports ou des fleurs du monde !

12 AVRIL

SAINT JULES

COMBINE STORY

1927 : l'Assemblée nationale décrète la priorité à droite sur les routes, les députés communistes voient dans ce texte « une nouvelle faveur pour les riches ». Allez donc savoir pourquoi !

CONSOMMATION : PAYEZ LE PRIX INDIQUÉ SUR L'ÉTIQUETTE LA MOINS CHÈRE !

Lorsqu'on fait les courses, notamment dans les grandes surfaces, il arrive fréquemment que certains articles portent deux étiquettes qui indiquent des prix différents. Vous devez savoir que la loi vous permet d'exiger du commerçant qu'il vous facture l'article au prix le moins élevé. Il faut noter que cette loi ne fonctionne pas si les étiquettes sont superposées (ce qui constituerait la preuve que l'une remplace l'autre, sans aucune ambiguïté possible) et que, dans ce cas, c'est le dernier prix affiché que vous devez régler.

L'ADRESSE DU JOUR

Si vous voulez connaître les « cours » des fruits et légumes, afin de pouvoir comparer sérieusement les prix, adressez-vous à l'Association française des comités économiques de fruits et légumes, 4 bis, rue de Cléry, dans le IIe arrondissement de Paris.

La combine de l'escroc

Certains habitués des gondoles de supermarchés n'hésitent pas à changer les étiquettes avant de les passer à la caisse. Principal objet de convoitise de ces petits malins : l'alcool ! Les vins, notamment les grands crus, et les champagnes sont des articles dont les prix sont facilement interchangeables. Un chateau Yquem à 33 F, cela ne fera pas forcément tiquer une caissière... La parade des supermarchés à cette pratique est simple : ils adoptent de plus en plus les étiquettes en trois parties, plus difficiles à décoller.

SAINTE IDA

13 AVRIL

COMBINE STORY

1928 : une loi institue une aide de l'État pour les habitations populaires. C'est le début des HLM... et du piston pour être logé à la place de ceux qui en auraient vraiment besoin !

TAXE D'HABITATION : JOUEZ LA PRESCRIPTION !

Si vous n'avez pas pu suivre notre combine du 1er janvier, qui vous expliquait comment éviter de payer la taxe d'habitation en n'habitant nulle part le jour de l'an, vous devrez vous aquitter de cet impôt local dont l'assiette est la valeur locative du logement que vous occupez, même à titre gratuit. Mais peu de gens savent que son délai de prescription en cas « d'oubli » de paiement est de trois ans : en clair, cela veut dire que les poursuites concernant votre taxe d'habitation 94 s'éteigneront automatiquement en 1997. Une info qui ne tombera pas dans l'oreille d'un sourd chez les distraits ou les mauvais payeurs !

LE CHIFFRE DU JOUR

Les impôts locaux, en France, représentent près de 50 % des ressources des collectivités locales.

La combine de l'escroc

Le 13 avril 1946, la loi Marthe Richard (du nom de la parlementaire qui l'a défendue) ferme les « maisons closes ». Mais le problème avec le plus vieux métier du monde, c'est que les proxénètes de toute nature redoublent d'ingéniosité pour rentabiliser le commerce de la chair. Récemment, le couturier italien Francesco Smalto a été mêlé à une sombre affaire de prostitution : il est accusé d'avoir participé à l'organisation de défilés de mannequins « très spéciaux » dans certains pays d'Afrique. Quand la haute couture mène à la haute luxure...

14
AVRIL

SAINT MAXIME

COMBINE STORY

1803 : La Banque de France, créée trois ans plus tôt, reçoit le privilège exclusif de l'émission des billets de banque...

CONSOMMATION : MARCHANDEZ LORSQUE VOUS PAYEZ EN ESPÈCES !

C'est facile de marchander lorsqu'on achète quelque chose chez un commerçant qui accepte les cartes de crédit : le « liquide » évite en effet bien des frais bancaires (4 % à 6 % selon les cartes) à ce commerçant. Il est donc tout à fait normal que vous lui proposiez de vous faire une ristourne équivalente. Si vous achetez, par exemple, une machine à laver, un frigo et un four micro-ondes pour 9 000 F et si vous payez avec votre carte bancaire, le commerçant se voit retirer une somme d'environ 500 F sur le prix total. Il y a donc de fortes chances pour que, si vous lui proposez de payer la facture en liquide, il accepte volontiers de vous faire cette réduction de 5 % !

LE CHIFFRE DU JOUR

Plus de 700 000 billets de banque hors d'usage sont détruits chaque année en France, par broyage à sec ou par dissolution dans l'eau. Autrefois, ils étaient tout simplement brûlés, comme les sorcières !

Ils sont fous, ces combinards !

Un émir arabe s'est vu refuser, il y a quelques années, l'entrée d'un grand hôtel de la Côte d'Azur au motif qu'il ne portait pas la cravate, obligatoire dans ce lieu. Que croyez-vous qu'il advint ? Plutôt que d'avoir à se changer, l'émir racheta le lendemain même l'hôtel à ses propriétaires ! Depuis, il a sûrement dû modifier le réglement...

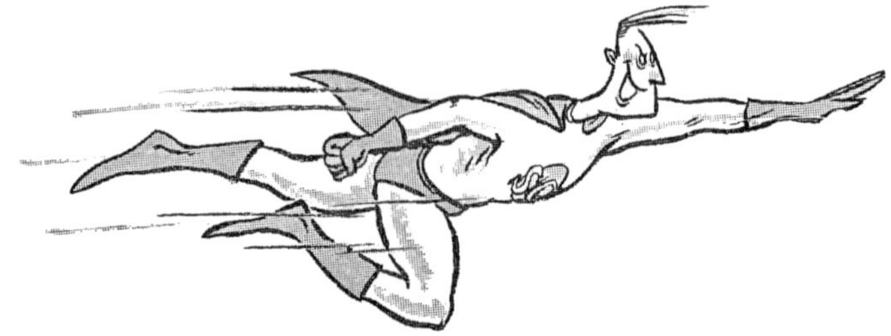

SAINT PATERNE

15 AVRIL

COMBINE STORY

1789 : « Liberté, Égalité, Fraternité » devient la devise de la France. Un proverbe italien rajoute à cette devise Io frego a té, tu fregi a mé *(je te vole, tu me voles)... ça rime bien, mais quel mauvais esprit !*

PV : ÉVITEZ-LES EN AYANT UNE VOITURE TOUTE PROPRE !

Qu'est-ce qui vous fait plus râler : avoir une voiture toute sale ou chercher une place pendant des heures et, une fois sur deux, écoper d'un bon gros PV car vous avez eu cinq minutes de retard sur le passage des contractuelles ? Si vous voulez que votre voiture soit à la fois propre et garée, boudez les parcmètres et autres parcs souterrains à 80 F les huit heures. Déposez plutôt votre Titine le matin dans une station-service proche d'un endroit où vous devez passer une journée entière... et récupérez-la le soir, rutilante. Cela vous coûtera à peine une journée de stationnement, et pour ce prix votre voiture sera propre !

LE CHIFFRE DU JOUR

Près de 10 millions de contraventions (dont plus de 7 millions à Paris) sont dressées chaque année pour stationnement irrégulier ou non-affichage du ticket horodateur !

La combine du radin

Le 15 avril 1831 naissait Eugène Poubelle, préfet de Paris, à qui l'on doit la rénovation par Hausmann de certains quartiers de la capitale et l'installation de « poubelles » dans les rues. Eugène Poubelle à qui Roger V. doit tout, puisque c'est grâce à cette invention que ce retraité parisien a pu s'offrir une villa en Normandie, en revendant tout simplement aux Puces les articles dénichés pendant de longues années de « fouilles » quotidiennes dans les poubelles parisiennes.

16 AVRIL

SAINT BENOÎT-JOSEPH

COMBINE STORY

1930 : création, en France, du Pari mutuel urbain, le PMU. Le principal gagnant des courses de chevaux, c'est l'État qui, à chaque tiercé, empoche le « gros lot ».

JEUX : NE JOUEZ JAMAIS AU TIERCÉ AU HASARD !

Un grand nombre de joueur du dimanche matin (au tiercé, quarté et autres quintés) choisissent leur petits chevaux au hasard, ou en fonction de la date de naissance de leur femme... Il faut dire que le PMU, à grand renforts de pub télé, les conforte dans cette idée « qu'aujourd'hui, Charles, on joue comme on veut ! ». Le problème, c'est que jouer « comme on veut », c'est surtout la meilleure façon de perdre de l'argent : une étude réalisée à partir des résultats de 400 tiercés démontre qu'il y a eu quatre fois plus de gagnants en moyenne que si les joueurs avaient misé au hasard, sans avoir aucune info sur les chevaux ! A titre d'exemple, il faut savoir que dans un tiercé avec 20 partants, le favori des journaux spécialisés a deux chances sur cinq d'être dans les trois premiers... Alors, vous savez ce qu'il vous reste à faire si vous voulez mettre toutes les chances de votre côté !

LE CHIFFRE DU JOUR

Chaque année, les Français dépensent près de 35 milliards de francs dans le PMU !

Ils sont fous, ces combinards !

Une idée, comme ça : dimanche prochain, jouez au tiercé le 3, le 12 et le 9, tous les trois gagnants et placés... Si vous empochez le gros lot, vous nous invitez au resto ! Chiche ?

SAINT ANICET

COMBINE STORY

1900 : Aux USA, le premier carnet de timbres-poste est vendu au public. Les premiers timbrés sont donc bien les Américains !

17 AVRIL

PTT : UTILISEZ LE MINISTRE COMME FACTEUR PERSONNEL !

Lorsque vous écrivez au ministre des PTT, vous n'êtes pas obligé de timbrer votre enveloppe (normal puisque c'est lui le chef suprême des postiers !). Alors imaginez maintenant que vous glissiez dans l'enveloppe que vous lui destinez votre courrier administratif qui ne bénéficie pas de la franchise postale... C'est lui qui va acheminer gratuitement votre courrier car la loi oblige le ministère des PTT à transmettre tout courrier en sa possession et libellé au nom d'une administration ! Une fois arrivée au ministère, votre missive sera décachetée et les lettres non timbrées qui sont à l'intérieur, atterriront sur le bureau d'un obscur fonctionnaire qui se fera une obligation de les réexpédier immédiatement. Et vous ne risquez rien puisque le seul moyen pour les PTT de vous retrouver serait, éventuellement, d'ouvrir l'une des petites enveloppes qui composent votre « paquet-cadeau ». Ce qui est impossible, car cela constituerait une faute grave, et une violation non moins grave du secret de la correspondance heureusement en vigueur dans notre pays.

L'ADRESSE DU JOUR

Monsieur le Ministre des PTT, 20 avenue de Ségur, 75353 Paris 07 SP.

La combine de l'escroc

Certains petits artistes de la combine ont l'art et la manière de fabriquer des faux timbres. Il leur suffit d'avoir du papier, des ciseaux, des feutres ou de la peinture et des Lettraset. Les « faussaires » rivalisent d'ingéniosité et de talent, osant carrément des créations comme inventer un timbre à la gloire de Pierre Desproges ou de Benny Hill ! Les postiers ne peuvent pas détecter un timbre « artisanal » car ils n'ont pas franchement le temps d'étudier de près les timbres, au moment du tri !

18
AVRIL

SAINT PARFAIT

COMBINE STORY

1480 : naissance de Lucrèce Borgia à Rome, l'une des plus illustres « figures » de l'intrigue. Elle fut un tel modèle de combinarde qu'elle inspira Machiavel pour écrire son Prince, *le livre de chevet des politiciens et des hommes d'affaires !*

CONSOMMATION : ACHETEZ CE QUI EST EN PROMO ET RIEN D'AUTRE !

Certains commerçants vendent une partie d'un produit en promotion, c'est à dire à un tarif attractif et le reste du produit avec une marge « normale ». C'est le cas, par exemple, des opticiens qui pratiquent des prix intéressants sur les verres (vendus parfois à prix « coûtant ») et qui vous obligent, en contrepartie, à leur acheter des montures au prix fort. En fait, vous devez savoir que ce type de pratique est illégal. Si l'opticien vous signifie qu'il ne vend les verres que dans le cadre de l'achat d'une paire de lunettes complète, il se rend coupable d'une vente forcée. Si cela vous arrive, proposez au vendeur de chausser ses lunettes et... de relire la loi !

LE CHIFFRE DU JOUR

6 500 F, c'est le prix payé en 1985 par un fan pour acquérir les lunettes portées par Yves Montand dans le film *L'Aveu.*

SAINTE EMMA

COMBINE STORY

1932 : naissance de Jayne Mansfield, actrice américaine surnommée « le buste » à cause de son imposante poitrine ! Jamais elle ne put profiter des prix intéressants consentis aux « maigrelettes » (voir notre combine du jour). Elle mourut dans un accident de la route, ce qui prouve qu'avoir de bons pare-chocs ne suffit pas toujours !

19 AVRIL

CONSOMMATION : ACHETEZ VOS VÊTEMENTS MOINS CHER SI VOUS ÊTES PETITE !

Les petites ont vraiment de la chance : non seulement elles sont souvent mignonnes, minces, rapides, vives, futées, mais en plus elles ne se cognent jamais la tête, et, pour finir, elles achètent leurs vêtements moins cher que les grandes qui, elles, sont souvent mal à l'aise, empruntées, pas très bien proportionnées, un peu godiches, et qui, souvent, se cognent la tête ! Car, les petites futées, quand elles rêvent de chemises, de collants et autres manteaux, jupes ou chaussures, elles filent au rayon « 16 ans », au lieu d'aller chez les « femmes ». Elles ont en effet compris que l'on trouve des différences importantes de prix, pour des modèles exactement semblables. L'explication est toute simple : à 16 ans, on refuse de payer aussi cher un vêtement qu'à 25 ou 35 ! Les marques de vêtements, quand elles créent des lignes « junior », en tiennent compte et adaptent leurs prix. Si vous avez la chance d'être petite et mince, profitez-en, courez chez les « 16 ans » : en plus cela vous donnera un petit coup de jeune...

LE CHIFFRE DU JOUR

Après une enquête minutieuse dans un grand magasin de prêt-à-porter (C&A), nous avons pu observer des différences de 30% entre le rayon femmes et celui des « junior », sur des vêtements de coupe et de qualité similaires.

20
AVRIL

SAINTE ODETTE

COMBINE STORY

1134 : sainte Odette, dont c'est la fête aujourd'hui, après son mariage avec le chevalier Simon, trouva une combine radicale pour tenir à distance les éventuels prétendants : elle se coupa le bout du nez !

REVENUS : RÉCLAMEZ DES DOMMAGES ET INTÉRÊTS À VOTRE CHIRURGIEN ESTHÉTIQUE !

Si après une opération de chirurgie esthétique, vous ressemblez à *Elephant Man* ou à sainte Odette, n'hésitez pas à attaquer en justice le chirurgien qui vous a transformé en bête de foire ! De nombreuses « malfaçons » ont été jugées par les tribunaux et les plaignants ont souvent obtenu gain de cause : des nez déformés, des gênes oculaires ou respiratoires, des seins qui ressemblent à des baudruches, des cheveux plantés en dépit du bon sens, des ventres mal liposucés – on en passe et des plus terribles – ont permis aux victimes d'être au moins dédommagées. Si vous avez eu un problème de ce type, et même à la suite d'une opération plus bénigne comme une épilation, vous devez consulter au plus vite un médecin spécialisé en préjudice corporel (dont vous obtiendrez les coordonnées en appelant le tribunal de grande instance de votre département) et prendre un avocat. Les affaires traitées jusqu'à présent ont rapporté parfois des centaines de milliers de francs aux plaignants.

L'ADRESSE DU JOUR

Pour tous renseignements concernant les erreurs médicales et les éventuelles poursuites à engager, appelez l'association de secours et de sauvegarde des victimes d'actes médicaux (l'AVIAM) : 42, rue de Neufchâtel, 76230 bois-Guillaume, tél. : 16 - 35 60 24 95.

La combine de l'escroc

L'actrice italienne Laura Antonelli avait, pour les besoins d'un film et sur requête de son metteur en scène qui la souhaitait un tantinet plus jeune, fait appel aux services d'un chirurgien esthétique de renom. Résultat : la voici complètement défigurée, boursouflée et méconnaissable. L'ex superbe sex-symbol italien n'a pas capitulé, et a traîné tout ce beau monde en justice ! Espérons que les juges ne découvriront pas un lien de parenté entre le metteur en scène et le chirurgien... Les cousins à la mode italienne, on sait ce que ça donne !

SAINT ANSELME

21
AVRIL

COMBINE STORY

1906 : lancement de « l'emprunt russe » qui devait rapporter 5 % aux acquéreurs et qui ruinera au moment de la Révolution bolchévique de nombreuses familles françaises !

ASSURANCE : EXONÉREZ-VOUS DE LA TAXE !

Bonne nouvelle si vous êtes chômeur, retraité ou pré-retraité : sachez que vous pouvez être exonéré de la taxe de 15 % qui frappe les contrats d'assurance auto. Il s'agit d'une disposition qui concerne les personnes qui ont des revenus insuffisants pour cotiser à un régime obligatoire d'assurance maladie. N'hésitez pas, si vous êtes dans l'une de ces situations, à vous renseigner et à demander cette exonération.

LE CHIFFRE DU JOUR

37 %, c'est le nombre de Français qui pensent qu'il serait contraire aux droits de l'Homme de supprimer les indemnités pour les chômeurs de longue durée !

22 AVRIL

SAINT ALEXANDRE

COMBINE STORY

1500 : le navigateur portugais Pedro Alavres Cabral découvre le Brésil. La preuve que si les voyages forment la jeunesse, ils peuvent également créer de la richesse !

VACANCES : ÉCHANGEZ VOTRE APPARTEMENT CONTRE UNE VILLA AVEC PISCINE !

Ils sont nombreux, les étrangers amoureux de la France, qui ne demandent pas mieux que d'échanger, pendant quelques semaines, leur chez-eux contre votre chez-vous. Plusieurs organismes se sont spécialisés dans l'échange de logements, que ce soit en France, ou entre la métropole et l'étranger. Vous pouvez, par leur intermédiaire, habiter gratuitement dans une villa avec piscine en Floride, dans un appartement à Manhattan ou un chalet en Norvège, en prêtant votre quatre pièces à Paris, votre villa à Carnac ou votre maison en Dordogne. Alors, ne perdez pas trop de temps (l'été arrive très vite !) et renseignez-vous sur ces formules financièrement très avantageuses.

L'ADRESSE DU JOUR

Nos meilleures adresses : Intervacs Contacts, (16) 47 20 20 57 et France-Usa Contacts, (1) 45 38 56 57, qui met également un journal d'annonces à votre disposition.

SAINT GEORGES

23 AVRIL

COMBINE STORY

1904 : construction de la première « Royce » en trois exemplaires, juste un mois avant que Henry Royce rencontre Charles Stuart Rolls. Ce dernier, sacré pilote et sacré combinard, aura l'exclusivité des voitures fabriquées par Royce, sous la marque « Rolls-Royce ».

VOYAGES : CONVOYEZ DES VOITURES !

De nombreuses sociétés de location automobile, d'assistance aux conducteurs en difficulté ou les grandes marques de voiture ont besoin de chauffeurs occasionnels pour conduire une R5 ou une Ferrari de Paris à Nice ou de Bruxelles à Rome... Pour voyager à moindre frais, voilà une solution originale : il suffit d'avoir 21 ans au moins et de posséder son permis de conduire depuis plus d'un an. La combine est d'autant plus intéressante qu'elle peut vous rapporter également de l'argent : si vous la pratiquez durant un mois (cet été, par exemple, si vous cherchez un job...), vous pouvez en effet compter sur une base de 8 000 F, auxquels s'ajoutent les remboursement des éventuels frais de restaurant ou d'hôtel... Contactez surtout les loueurs, notamment de voitures de prestige, et les compagnies d'assistance (comme Europ Assistance, Mondial Assistance, France Assistance, etc). Le seul petit problème, c'est que si l'entreprise de location ou l'assureur fait appel à vos services, c'est généralement qu'ils ont besoin d'un rapatriement assez rapide de la voiture. Pas question, donc, de trop flemmarder sur les petites routes fleuries : vous êtes attendu !

LE CHIFFRE DU JOUR

Selon les automobiles clubs français, une voiture sur deux serait en mauvais état, une sur trois posséderait des freins défectueux, et une sur quatre aurait des problèmes de direction et roulerait avec des pneus sous-gonflés ou abîmés. Bonne route et bonne chance !

24
AVRIL

SAINT FIDÈLE

COMBINE STORY

1964 : discours de François Mitterrand, alors député de la Nièvre, devant l'Assemblée nationale, dénonçant « le pouvoir personnel ». Cherchez l'erreur !

HUISSIERS : NE PANIQUEZ PAS DEVANT LES MENACES DE SAISIE !

Les huissiers, ces bêtes noires des combinards dépensiers ! Ils sont tristes à mourir, mal fagottés, énervants avec leurs menaces et leur attaché-case en skaï... Heureusement, la confrontation avec l'un de ces empêcheurs de dépenser en rond est plutôt rare : les créanciers qui font poursuivre leurs débiteurs par un huissier sont, en effet et en fin de compte, peu nombreux. Sachez que lorsque la somme que vous devez est inférieure à 2 000 ou 3 000 F, l'acte et les frais de dossier seraient trop importants pour que l'opération soit rentable. La nouvelle loi prévoit que les huissiers pourront refuser de saisir si les frais de poursuite sont « disproportionnés au regard de la somme en jeu ». Ne paniquez donc pas lorsque certaines sociétés de recouvrement vous ensevelissent sous les « mises en demeure » et autres « dernier avis avant saisie », c'est souvent du bluff, à la limite de l'illégalité !

LE CHIFFRE DU JOUR

Le montant du RMI, soit près de 2 300 F pour une personne seule et 3 400 F pour un couple, c'est la somme qui doit être laissée à tout salarié qui est saisi.

SAINT MARC
PATRON DES NOTAIRES

25
AVRIL

COMBINE STORY

1382 : l'alchimiste Nicolas Flamel affirme avoir réussi la transmutation de l'or. Au XXe siècle, il suffirait au petit Nicolas de lire nos super-combines pour s'enrichir !

JUSTICE : SOYEZ CONSEILLÉ PAR UN NOTAIRE SANS RIEN DÉBOURSER !

C'est aujourd'hui la fête du patron des notaires, ces gens qui jouent un rôle important dans différentes situations de notre vie, et notamment dans celles où l'argent est en cause : actes d'achat et de vente, mariage, problème de gestion de biens... Si vous êtes dans l'une de ces situations, et que vous ayez besoin d'un notaire, essayez au moins de minimiser les frais qui vont résulter de l'opération. Renseignez-vous en premier lieu auprès de votre mairie, qui possède obligatoirement un service de conseil juridique gratuit. Mais surtout, sachez que la Chambre syndicale des notaires, qui veut lutter contre la mauvaise image de marque de la profession, a mis en place des permanences gratuites dans la plupart des grandes villes de France, auprès desquelles vous obtiendrez des infos et des conseils. Il faut noter également que vous avez tout à fait le droit de demander conseil à une étude de notaires, et que celle-ci est tenue de vous le fournir gratuitement, seuls les actes étant payants. Alors, profitez-en !

L'ADRESSE DU JOUR

Le Syndicat national des notaires, 73, bd Malesherbes, 75008 Paris, tél. : (1) 43 87 96 70.

26 AVRIL

SAINTE ALDA

COMBINE STORY

1989 : lors du Conseil européen de Madrid, les Douze trouvent un compromis sur l'union économique et surtout monétaire... Même si l'ECU, monnaie unique, ce n'est pas pour demain, les combinards ont déjà compris l'avantage qu'ils pouvaient d'ores et déjà en tirer !

CONSOMMATION : PAYER EN ECU... C'EST POSSIBLE !

L'Europe offre une combine qui vous permet de gagner un peu de temps sur le débit de votre compte. Pour ce faire, il faut rédiger votre chèque en ECU et non en francs. Vous le savez, l'ECU est la monnaie de la communauté et, à ce titre, elle est en vigueur dans tous les états membres de la CEE. Mais, comme votre banque n'est pas équipée pour traiter l'opération de change automatiquement, votre chèque va passer beaucoup plus lentement et le débit prendra beaucoup plus de temps que pour un chèque ordinaire. Autant de jours qui, vous l'avez compris, équivaudront évidemment pour vous à un crédit totalement gratuit. Un ECU vaut à peu près sept francs français : il vous suffit donc de vous renseigner sur le cours précis et de faire la conversion avant d'établir votre chèque. La banque sera obligée de l'honorer. Notre conseil : utilisez cette astuce pour régler vos factures de téléphone ou d'EDF, voire vos impôts... l'État français ne peut quand même pas refuser d'appliquer la loi, et si c'était le cas, vous seriez bien placé pour porter l'affaire devant la Cour européenne de justice qui, comme vous le savez, est en mesure de condamner les États membres de la CEE et de donner raison contre eux à de simples citoyens.

LE CHIFFRE DU JOUR

60 % des Français sont favorables à ce que l'Europe devienne un seul pays.

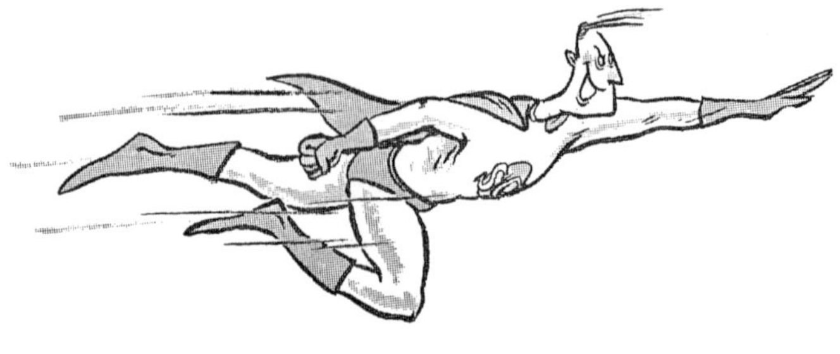

SAINTE ZITA

COMBINE STORY

1912 : Jules Bonnot (le chef de la bande) est abattu par la police dans son petit pavillon de banlieue, à Choisy-le-Roi. Moralité : si la combine paie, le crime ne paie pas !

27 AVRIL

PTT : REFUSEZ DE PAYER LES SURTAXES TÉLÉPHONIQUES SUR VOS FACTURES EN RETARD !

Lorsque vous ne payez pas votre facture téléphonique, ou lorsque vous êtes en retard, il est fréquent que France Télécom vous inflige une amende appelée « frais de retard » ou « surtaxe » (environ 250 F). Avant de payer, vous pouvez soustraire ces « frais » aussi scandaleusement élevés qu'injustifiés. Votre ligne ne pourra pas être coupée pendant la période où votre agence vous réclamera cette somme puisque ces « surtaxes » ne font pas partie des prestations de service de l'administration du téléphone. En clair, si vous avez eu quelques jours de retard dans le règlement de votre dernière facture, dont le montant s'élevait à 450 F, et votre agence vous réclame 250 F sur votre actuelle facture de 500 F. Il vous suffit de faire un chèque de 500 F, et d'oublier l'amende... Il faut noter que de multiples plaintes ont d'ailleurs été déposées depuis quelques années pour faire reculer France Télécom dont la gourmandise est grandissante.

L'ADRESSE DU JOUR

L'Association française des utilisateurs du téléphone (L'AFUTT) : BP 1, 92430 Marnes-la-Coquette, tél. : (1) 47 41 09 11, vous informe de vos droits et vous défend en cas de problème de téléphone.

La combine de l'escroc

Lorsque le système du PCV était en vigueur et qu'il permettait de faire payer la communication à son correspondant, certains petits malins attendaient tranquillement leurs appels (surtout ceux qui venaient de l'étranger !) dans une cabine et... les acceptaient avec d'autant plus de plaisir que cette communication ne leur coûtait pas un sou puisqu'elle était facturée à France Télécom ! En fait, les opérateur du service de recherche d'abonné n'étaient – et ne sont toujours pas – en possession d'un annuaire des cabines téléphoniques.

28 AVRIL

SAINTE VALÉRIE

COMBINE STORY

1789 : dans l'océan Pacifique, les marins du Bounty*, qui ne connaissent pas encore les syndicats, se vengent de leur patron, le terrible capitaine William Bligh à la discipline de fer : ils se mutinent et l'abandonnent sur un radeau.*

TRAVAIL : SACHEZ TRANSFORMER VOTRE DÉMISSION EN LICENCIEMENT !

Elle est terminée, l'époque où les employés n'avaient pas d'autres solutions que de jeter à la mer leur « boss » s'ils voulaient s'en débarrasser. Aujourd'hui, vous pouvez négocier si vous ne filez pas le parfait amour avec votre patron et s'il y a des menaces de licenciement dans l'air : vous acceptez de quitter l'entreprise en vous engageant à ne pas entreprendre d'action en justice, moyennant quoi, votre patron – qui n'a pas de motif « réel et sérieux » pour vous licencier et qui redoute les Prud'hommes – vous verse une somme d'argent plus importante que les indemnités légales. Le raisonnement est le même si vous avez envie de démissionner, en sachant que cette décision vous privera d'indemnités, et d'allocations de chômage. Il n'est alors pas très difficile de monter votre patron contre vous (sans trop en faire pour ne pas être en faute), et lui donner l'impression qu'il vivrait mieux si vous ne respiriez pas le même air que lui. Provoquez alors une explication claire et sans témoin : expliquez-lui que vous ne voulez pas vous incruster, à condition, bien sûr, qu'il accepte de faire un petit effort... Si vous vous débrouillez bien vous pouvez toucher entre trois mois et un an de salaire en moyenne ! Il faudra ensuite, pour obtenir vos allocations de chômage, rassembler le maximum de preuves et, éventuellement, une lettre écrite de sa part attestant que c'est à sa demande que vous quittez la société. Les allocations ne sont en effet pas obligatoires pour les salariés opérant une transaction et ne sont pas accordées s'il s'agit d'une démission cachée.

LE CHIFFRE DU JOUR

Depuis janvier 89, date de son lancement, le RMI a été versé à plus de 2 millions de personnes. Il va sans dire que le nombre de bénéficiaires est largement inférieur à celui des demandeurs !

SAINTE CATHERINE
PATRONNE DES JEUNES
FILLES NON ENCORE PROMISES À 25 ANS.

COMBINE STORY
1945 : pour la première fois en France, les femmes votent.
Les « hommes » politiques n'ont qu'à bien se tenir !

29 AVRIL

BEAUTÉ : PROFITEZ DES « TRAININGS » DE COIFFURE !

Toutes les stars de la coiffure, Dessange, Maniatis, Harlow, David et autres, étendent leur empire en franchisant à tour de bras. Tant mieux pour eux, mais également pour nous, qui pouvons allègrement profiter des trainings de formation mis en place à l'intention de leurs futurs franchisés. Vous pouvez vous inscrire aux *trainings* de coiffure en vous renseignant auprès du coiffeur de votre choix. Chez Harlow, par exemple, les trainings ont lieu tous les mardis. La participation est modique (parfois même inexistante), et tourne autour de 50 F pour une coupe. Tous les coiffeurs en formation sont des professionnels installés, donc forts de leur expérience personnelle, et qui viennent « s'adapter » au style et aux techniques du coiffeur qui les franchise... il n'y a donc aucun risque à faire ce genre d'économies !

L'ADRESSE DU JOUR

Adresses de trainings à Paris :
– Jean-Louis David, 5 rue Cambon, 75001. Tél. : (1) 42 97 51 71.
– Harlow, 24 rue Saint-Denis, 75001. Tél. : (1) 42 33 61 36.
– Jean-Marc Maniatis, 35 rue de Sèvres, 75006. Tél. : (1) 45 44 16 39.
– Jacques Dessange, 24 rue Saint-Augustin, 75002. Tél. : (1) 47 42 24 73.
– L'Oréal, 281 rue Saint-Honoré , 75008. Tél. : (1) 40 20 97 30.
– Perma, 29 bis rue d'Astorg, 75008. Tél. : (1) 40 17 63 66.
Tous les salons de coiffure des grandes villes de province font également des trainings. Renseignez-vous.

30 AVRIL

SAINT ROBERT

COMBINE STORY

1985 : La communauté européenne impose aux États membres de mettre, à partir de 1989, l'essence sans plomb à la disposition des consommateurs afin de supprimer les 8 000 tonnes de plomb annuelles qu'émettent les gaz d'échappement.

AUTO : CONSULTEZ LES BARÈMES DES CONSTRUCTEURS AVANT DE LA FAIRE RÉPARER !

Vous venez de faire réparer votre voiture dans un garage et le temps de main-d'œuvre qui vous est facturé vous semble étrangement long ? Vous pouvez réagir en prenant la peine de vérifier les barèmes édités par chaque constructeur. Ceux-ci doivent être disponibles, soit chez le garagiste lui-même, soit en contactant tout simplement la marque de votre automobile. Si la différence entre le délai d'intervention qui vous est facturé et celui prévu officiellement par le constructeur est importante, vous pouvez refuser de régler la facture et en exiger une nouvelle, plus conforme aux barèmes !

LE CHIFFRE DU JOUR

Depuis les « chocs » pétroliers des années 70, les constructeurs français jouent l'économie : entre 1975 et 1983, la consommation moyenne des voitures neuves françaises est descendue de 8,5 à 6,7 litres aux 100 km !

MAI

Bienvenue dans le mois préféré de tous mes amis combinards. Je n'ai jamais su à quoi pense réellement ma douce tante Adélaïde quand elle prend un air rêveur chaque 30 avril au soir, et qu'elle chantonne en sourdine : « En mai, fais ce qu'il te plaît », mais je suis certain que les vœux qu'elle forme à cet instant ne lui coûtent pas cher.
En revanche, je vous fréquente depuis assez longtemps pour savoir qu'à vous, le mois de mai donne des fourmis dans le portefeuille. C'est vrai que l'arrivée des beaux jours vous incite au plaisir et aux loisirs : vous recommencez à sortir le soir, vous lorgnez sur les cabriolets alors que le deuxième tiers provisionnel pointe à l'horizon, vous vous remettez au sport et surtout, vous consacrez des heures à rêver à vos prochaines vacances.
Résultat : les occasions de dépenses se multipliant, vous perdez vaguement le sens des réalités, vous vous prenez pour un autre et votre banquier se souvient brutalement de votre numéro de téléphone pour vous raconter avec beaucoup d'humour les charmes de l'interdiction de chéquier.
Alors, « en mai fais ce qu'il te plaît » ou bien « en mai, finis le mois ruiné » ? Avouons-le modestement, tout dépend de moi : j'ai en effet rédigé les 31 pages qui suivent dans le but de vous permettre de vivre pleinement l'euphorie du joli mois de mai, en continuant chaque jour de gagner un peu plus et de dépenser un peu moins. Et, saison oblige, j'ai notamment cherché à vous faciliter la tâche dans l'organisation de vos vacances et dans vos relations avec votre banquier, à qui nous essaierons ensemble d'emprunter quelque menue monnaie au meilleur taux qu'il ait jamais consenti...
Et, si vous n'êtes pas plus riche le 31 mai qu'aujourd'hui, je vous le jure sur la tête de tante Adélaïde, je ne bois plus une goutte de bourbon-fraise... au moins jusqu'au 1er juin.
Mais, sincèrement, ça m'étonnerait !

Supercombinard

1er MAI

FÊTE DU TRAVAIL

COMBINE STORY

1884 : à Chicago, le congrès des trade-unions *décide que toutes les organisations ouvrières doivent imposer la journée de travail de huit heures. En France, elle est instituée en 1919, après 30 années de revendications !*

VIE QUOTIDIENNE : ÉLIMINEZ DÉFINITIVEMENT LES DÉMARCHEURS PAR TÉLÉPHONE !

Le 1er mai, il y a des gens qui travaillent ! Les mêmes qui triment le soir, les week-ends et pendant les jours fériés, c'est-à-dire pendant que vous vous reposez : ce sont les télévendeurs. Ces gens qui téléphonent à n'importe quelle heure pour vous vendre tout et n'importe quoi. Le marketing et le démarchage téléphoniques sont des activités en pleine expansion, au point qu'il est de plus en plus difficile, pour les Français qui restent à leur domicile à certaines heures de la journée, de ne pas être dérangé, et parfois plusieurs fois par jour. Avant, les représentants faisaient le pied de grue sur votre paillasson : aujourd'hui, leur vie est devenue simple comme un coup de fil... et la vôtre nettement moins tranquille ! Sachez que les sociétés de démarchage téléphonique achètent le fichier informatisé des 23 millions d'abonnés au téléphone de France Télécom. En fait, non seulement on vous importune, mais en plus France Télécom arrondit ses fins de mois sur votre dos ! Alors, rebellez-vous ! Il existe un moyen légal et très simple de ne pas figurer sur ces fichiers : il suffit pour cela de demander à votre agence France Télécom de figurer sur ce qu'ils appellent la liste orange.

L'ADRESSE DU JOUR

Vous pouvez faire cette demande par écrit auprès du CGRT, 33047 Bordeaux cedex. Au contraire de la liste rouge, cette inscription est gratuite.

2
MAI

SAINT BORIS

COMBINE STORY

1716 : le financier écossais John Law obtient l'autorisation d'ouvrir une banque, dans laquelle l'État sera associé quelques mois plus tard. Quatre ans après, la « Banque générale » de Law connaîtra une banqueroute...

BANQUE : PROSPÉREZ SUR LE DOS DE VOTRE BANQUIER !

Jusqu'à présent, votre banquier vous accordait tacitement un découvert de 3 000 ou 5 000 F, en vous débitant évidemment de gros agios à chaque fois que votre compte se trouvait dans le rouge. Soudainement, à l'occasion d'un changement de direction, votre agence vous met en demeure de régulariser la situation de votre compte dans les 48 heures et vous refuse désormais toute facilité de caisse... Vengez-vous en apprenant la loi à votre nouveau banquier. En effet, la jurisprudence récente considère que l'autorisation de découvert est soumise aux obligations de la loi Scrivener de 1978 sur le crédit et qu'elle doit faire l'objet d'une proposition écrite. Or, dans la plupart des cas, la banque ne vous fait jamais signer quoi que ce soit. Elle était dans l'illégalité en vous laissant à découvert, mais aussi, par conséquent, en vous facturant des agios ! Vous pouvez donc, si vous êtes dans cette situation, exiger non seulement le remboursement des agios débités illégalement sur le compte, mais aussi réclamer les intérêts correspondant à cette somme et calculés sur la base du taux légal, qui est cette année de 10,40 %. Il serait bien étonnant que, si vous le menacez d'une telle procédure, votre banquier ne se montre pas soudain beaucoup plus conciliant à propos de votre autorisation de découvert ; il sait en effet que, devant un tribunal d'instance, vous êtes quasiment assuré de gagner. Vous devriez donc ainsi à nouveau bénéficier d'une confortable facilité de caisse.

LE CHIFFRE DU JOUR

85 % des Français font confiance à leur banquier pour placer une somme d'argent.

SAINT PHILIPPE

COMBINE STORY

1803 : Napoléon Bonaparte, Premier Consul, vend la Louisiane aux États-Unis : bénéfice, quelque 15 millions de dollars (80 millions de francs de l'époque).

3 MAI

VACANCES : VERSEZ DES ARRHES ET PAS D'ACOMPTE POUR VOTRE LOCATION D'ÉTÉ !

Attention : les propriétaires de la maison que vous envisagez de louer cet été vous réclament de 15 à 25 % du montant de la location afin de confirmer votre réservation. Il est naturel qu'ils se protègent ainsi contre les risques d'une éventuelle annulation de votre part, mais à vous de prendre également vos précautions : stipulez clairement par écrit qu'il s'agit d'arrhes et non d'un acompte. En effet, les arrhes ne vous engagent que dans la proportion de la somme versée : si vous étiez obligé d'annuler, vous ne perdriez donc que cette partie du montant de la location ; si l'annulation était le fait du propriétaire, il devrait non seulement vous rembourser vos arrhes mais en plus vous verser une somme équivalente, à titre de dommages et intérêts. Au contraire, un acompte vous engage définitivement à payer la totalité du prix de la location, même si vous ne pouvez finalement pas venir ! Prudence donc, sous peine de risquer une dépense aussi importante qu'inutile !

L'ADRESSE DU JOUR

L'Association des comités de défense des locataires : 11, rue de Bellefond, 75009 Paris, tél. : (1) 48 78 54 11.

Il sont fous, ces combinards !

Selon un récent sondage, pour plus de 7 Français sur 10... le bonheur c'est gagner au moins 12 000 F par mois ! Pauvre France !

4

MAI

SAINT SYLVAIN

COMBINE STORY

1897 : 160 morts dans l'incendie du bazar de la Charité à Paris, dont 155 femmes qui ont été gênées dans leur fuite par l'ampleur de leur robe ! Les hommes ont été aussi prompts à se sauver qu'à considérer que le célèbre « les femmes et les enfants d'abord » n'était pas une bonne combine...

ASSURANCE : SOYEZ INDEMNISÉ MÊME SI VOUS N'AVEZ PAS RESPECTÉ LES DÉLAIS !

Si la déclaration de votre sinistre n'a pas été faite dans les délais prévus dans votre contrat (cinq jours ouvrés en cas d'accident ou d'incendie, 24 heures en cas de vol), votre assureur ne va pas manquer de vous notifier son refus de vous indemniser. Mais, rassurez-vous, tout espoir n'est pas perdu. L'article L 113-2 du Code des assurances stipule en effet que le délai de déclaration prévu dans votre contrat court, non pas à partir de la survenance du sinistre, mais à compter du moment où vous en avez eu connaissance, qu'il s'agisse d'un vol ou d'un accident. Vous pouvez donc expliquer que vous avez été averti tardivement de l'accident. Pour vous contrer, selon la loi n° 89-1013 du 31 décembre 1989, votre société d'assurances doit prouver que votre déclaration tardive lui a causé un préjudice comme, par exemple, l' impossibilité de faire réaliser une expertise, trop de temps s'étant écoulé depuis le sinistre.

LE CHIFFRE DU JOUR

4,5 % du budget des Français est consacré au paiement des assurances (soit en moyenne 6 400 F par an).

SAINTE JUDITH

COMBINE STORY

1912 : parution en Russie du premier numéro de la Pravda, *autrement dit la « Vérité ». Organe du comité central, ce journal sait déjà que toutes les vérités ne sont pas bonnes à dire !*

5 MAI

VIE QUOTIDIENNE : « OUBLIEZ » VOS DETTES GRÂCE À LA PRESCRIPTION !

Sachez que toutes les dettes sont soumises à la prescription. C'est même souvent la principale source d'annulation de procédure. Pour connaître le délai de prescription de votre dette, renseignez-vous auprès d'un huissier (pas celui qui vient habituellement vous saisir !) en sachant que cela dépend de la nature de cette créance : le délai peut en effet varier entre 3 mois et... 30 ans ! La plupart des dettes liées à un achat de biens de consommation sont, par exemple, prescrites au bout de 2 ans, et celles dues pour votre loyer ou votre pension alimentaire, après 5 ans.

LE CHIFFRE DU JOUR

12 % des Français se disent capables de s'endetter pour offrir à leur conjoint ce qui lui ferait « vraiment très plaisir ».

La combine du radin

Pour éviter le découvert, le radin ne possède ni chéquier ni carte bleue. Il se rend à sa banque chaque semaine pour retirer la somme dont il estime avoir besoin et règle toutes ses dépenses en liquide. Quand il n'a plus rien en poche, il ne dépense plus rien...

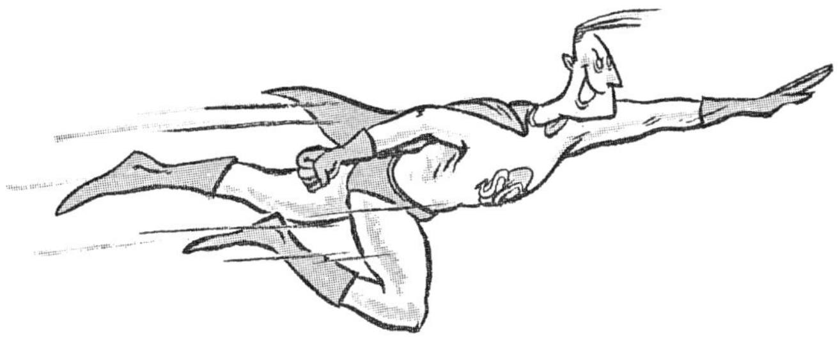

6 MAI

SAINTE PRUDENCE

COMBINE STORY

1840 : premier courrier affranchi avec le timbre-poste, institué par Sir Rowland Hill. En 1991, l'un de ces timbres a été acheté 13 430 000 F par un (riche) collectionneur !

PTT : ÉCONOMISEZ SUR L'ENVOI DE VOS RECOMMANDÉS !

Économiser 4,90 F sur l'envoi d'un recommandé avec accusé de réception, c'est possible grâce à un petit système qu'ont mis au point des combinards qui utilisent fréquemment ce type d'envoi. Au lieu d'envoyer une lettre avec accusé de réception (26,50 F pour 20 g), envoyez-la en recommandé simple (18,80 F). Mais, comme vous avez besoin de savoir si votre destinataire a bien reçu votre missive (c'est tout l'intérêt de l'accusé de réception), vous allez écrire au receveur du bureau de poste dont dépend votre correspondant, en lui demandant si « l'envoi recommandé n°X, et destiné à M. Y, a bien été livré ». Cette petite opération vous coûte le prix d'un timbre, c'est à dire 2,80 F. Le receveur est dans l'obligation de vous répondre, par écrit, ce qui vous fournira la preuve formelle que votre lettre a bien été reçue. Résultat : sur les 7,70 F de différence entre les deux types d'envoi auquel vous ôtez 2,80 F, vous avez bel et bien économisé 4,90 F ! Cette astuce peut également être intéressante en cas de litige : votre correspondant ne sachant pas que vous détenez un accusé de réception de votre lettre peut se retrouver en mauvaise posture au cas où il affirmerait ne jamais l'avoir reçue ! Un autre avantage du système est que la lettre du receveur vous arrivera au bout de deux jours alors que les récipissés d'accusé de réception arrivent généralement au bout d'une quinzaine.

LE CHIFFRE DU JOUR

C'est à Paris qu'on fait le moins de chemin pour trouver la poste, puisqu'il y a un bureau pour 0,6 km². On devra marcher beaucoup plus en Haute-Provence, où l'on ne trouve qu'un bureau pour 73 km² !

SAINTE GISÈLE

COMBINE STORY

1919 : les Alliés posent leurs conditions à l'Allemagne vaincue et exigent l'abandon des colonies et la restitution de l'Alsace-Lorraine. Chacun chez soi et les moutons (alsaciens) seront mieux gardés ? On en reparlera vingt ans plus tard...

7
MAI

LOGEMENT : RÉDUISEZ VOTRE LOYER EN SOUS-LOUANT !

Vous avez la chance de louer un grand appartement (ils sont d'ailleurs souvent plus faciles à trouver que les appartements petits ou moyens). Oui, mais le loyer est évidemment proportionnel à vos innombrables mètres carrés. Si vous ne les utilisez pas tous, pourquoi ne pas sous-louer une pièce moyennant finances ? Vous allègerez ainsi vos frais de loyer et rendrez également service à un étudiant, un ami en mal de logement ou un étranger en visite dans notre beau pays. En principe, l'article 8 de la loi Méhaignerie stipule clairement que la sous-location est interdite sans l'accord écrit du bailleur. Mais celui-ci ne peut en revanche vous empêcher d'héberger des amis ou des parents, et il doit de toutes façons apporter la preuve que vous sous-louez effectivement tout ou partie de votre appartement. Pour éviter de lui en fournir, ne laissez pas de traces (contrat, chèque, annonce dans un journal, etc.) et faites-vous toujours régler en espèces. Soyez donc vigilant et n'accueillez pas n'importe qui ! Vous risqueriez d'avoir du mal à faire déguerpir un hôte devenu indésirable. Et, dans tous les cas, faites-vous toujours régler par avance.

L'ADRESSE DU JOUR

Pour tout conseil, info et assistance aux locataires, contactez le Centre d'information et de défense des locataires, tél. : (1) 45 67 04 93, ou par minitel 3615 code CIDEL.

8
MAI

SAINT DÉSIRÉ

COMBINE STORY

1945 : fin de la guerre et capitulation de l'Allemagne.
En France, depuis 1974, le 8 mai est un jour férié, souvent pratique pour faire un super « pont » avec le 1er mai…

CONSOMMATION : REMETTEZ LA CUEILLETTE AU GOÛT DU JOUR !

Même pendant le pont, on peut faire des économies ! On est au mois de mai, et si le temps est clément, rien n'est plus agréable que d'aller prendre un bon bol d'air dans sa région. Faisant d'une pierre deux coups, on peut distraire toute sa petite famille et réaliser quelques substantielles économies sur le marché de la semaine. En effet, beaucoup de fermes de province – et certaines exploitations en Ile-de-France – ouvrent leurs portes pour vous permettre de cueillir vous-même des fruits, des fleurs et des légumes. C'est agréable pour les parents, c'est instructif pour les enfants et c'est moins cher pour le budget familial !

L'ADRESSE DU JOUR

Voici les meilleures adresses pour prendre le vert en région parisienne (renseignez-vous directement auprès des agriculteurs si vous habitez en Province) :

– Les Chapeaux de paille, 77127 Lieusant, tél. : (1) 64 41 81 09.
– Hubert et Isabelle Riche, 77290 Mitry-Mory, tél. : (1) 60 26 88 39.
– Self-service de Roissy, 77 680 Roissy-en-Brie, tél. : (1) 60 28 22 08.
– Fraisopré, 78050 St Quentin-en-Yvelines, tél. : (1) 30 43 41 78.
– Les Jardins de Milly, 6 bd Joffre, 91490 Milly-la-Forêt, tél. : (1) 64 98 81 22.
– La Cueillette de Gally, 78870 Bailly, tél. : (1) 39 63 30 90.

SAINT PACÔME

COMBINE STORY

1688 : l'Intendant général d'Auvergne interdit les jeux de quille et les danses et attroupements. Une bonne façon de faire rentrer des écus, grâce aux amendes infligées aux contrevenants.

9 MAI

MAISON : NE PERDEZ PAS D'ARGENT LORSQUE VOUS VENDEZ VOS MEUBLES DANS UN DÉPÔT-VENTE !

Vous avez des meubles mais ils ne vous plaisent plus ? Vendez-les donc à quelqu'un qui ne les a jamais vus et qui sera très heureux de les installer chez lui ! A partir de ce principe simple, des dizaines de dépôts-vente ont ouvert leurs portes dans toutes les grandes villes et la formule marche très fort. Si vous optez pour ce type de vente, nous ne saurions trop vous conseiller de faire attention aux délais. En effet, lorsque vous confiez un meuble ou un objet à un dépôt-vente, la commission du dépositaire (25 % minimum) réduit nettement le prix que peut vous rapporter la vente; par ailleurs, si votre bien ne trouve pas preneur dans le premier mois, il vous sera encore enlevé 10 à 20 % de frais, et ainsi de suite au fil des mois. Alors, si votre article n'est pas vendu au bout d'un mois ou deux, courez vite le retirer et n'hésitez pas à le confier à un autre dépôt !

LE CHIFFRE DU JOUR

Plus de 17 % des Français qui s'endettent le font pour acheter des meubles.

La combine du radin

Mieux vaut prévenir que guérir, et le vieil adage est particulièrement connu des radins, qui préfèrent faire contrôler leur plomberie régulièrement afin de faire des économies. En effet, selon une enquête réalisée par 50 millions de consommateurs, *une petite fuite sur un robinet d'eau chaude coûterait en moyenne 2 640 F sur une année et une fuite de la chasse d'eau (généralement imperceptible) près de 1 400 F par an. A bon entendeur, salut !*

10 MAI

SAINTE SOLANGE

COMBINE STORY

1790 : création, en France, d'un seul et même système de poids et de mesures. Deux cents ans plus tard, les horodateurs ne sont toujours pas contrôlés par le Service des poids et mesures, mais servent quand même de référence quand il s'agit d'infliger des PV !

PV : NE SOYEZ PAS VERBALISÉ POUR DÉLIT D'INTENTION !

Les forces de l'ordre ne peuvent vous dresser une amende que si vous avez réellement commis un acte répréhensible et non si vous étiez sur le point de le faire. Concrètement, si vous vous apprêtiez à franchir un stop, à griller un feu, ou à prendre une voie de bus mais que vous ne l'avez pas fait, ou que vous avez freiné ou changé de direction, vous n'êtes absolument pas verbalisable. Alors contestez ! Seul problème : vous risquez d'énerver le policier avec ces subtilités procédurières, car un flic ne déteste rien tant que d'être retenu, au dernier moment, dans sa lancée verbalisatrice... Un conseil : soyez sûr d'être en règle question papiers avant de jouer au petit jeu de l'automobiliste contestataire.

LE CHIFFRE DU JOUR

Avec un policier pour 275 habitants, la France est l'un des États les plus « policiers » d'Europe du Nord. Juste derrière nous, en peloton serré : l'Allemagne, la Hollande, la Belgique, la Suède et la Grande-Bretagne.

La combine de l'escroc

Certains véhicules sont rarement verbalisés. C'est le cas des voitures qui portent des macarons officiels, de presse, des cocardes tricolores, des caducées médicaux ou d'infirmières, des insignes « GIG » (grand invalide de guerre), « GIC » (grand invalide civil), ou des plaques « corps diplomatique ». Certains automobilistes malins achètent l'une de ces « protections » dans certains magasins spécialisés (qu'ils trouvent dans les pages jaunes), d'autres fabriquent même une cocarde « bleu-blanc-rouge » avec une inscription « Assemblée nationale » ou « maire » et la posent sur leur pare-brise.

SAINTE ESTELLE

11
MAI

COMBINE STORY

1936 : en France, dans la métallurgie et l'aviation, les ouvriers lancent les premières grèves « sur le tas » avec occupation des usines. La première version d'un mois de mai « chaud » avant celui de 1968 !

VOYAGES : FAITES JOUER LA CONCURRENCE ENTRE LES « TOURS OPERATORS » !

La combine indispensable pour faire des économies consiste à comparer un maximum de brochures sur une même destination. En effet, chaque « tour operator » a ses points forts et ses points faibles, selon le pays, la saison ou la catégorie d'établissement. Les différences sont parfois stupéfiantes : 25 % d'écart (7 500 F dans un catalogue, 8 500 F dans un second, 10 000 F dans un troisième !) pour le même forfait de 9 jours, à la même période, dans la même chambre d'un petit hôtel des Saintes, aux Antilles ; 20 % de différence d'un catalogue à l'autre (4 200 F et 5 100 F) pour une semaine à Djerba, en Tunisie : 15 % (soit plus de 1 500 F d'écart) pour deux brochures vendant le même bungalow sur une plage de Bali, en Indonésie... Explication : d'une part, le tour operator négocie plus ou moins bien que ses concurrents auprès de tel ou tel hôtel et de telle ou telle compagnie aérienne ; d'autre part, les marges bénéficiaires varient d'un voyagiste à l'autre. Faute de rechercher le meilleur rapport qualité-prix, vous risquez donc de payer votre séjour 25 % plus cher que les occupants de la chambre voisine !

L'ADRESSE DU JOUR

Quelques bons rapports qualité/prix de tours operators, pour quelques destinations :
– États-Unis : Jet Set, Council Travel, Brokair, Sirocco, Charters et Cie, Rêv'Amérique, Vacances fabuleuses, Wingate-Flânerie, Nouvelles Frontières, Go Voyages, Forum Voyages, Jumbo, Pacific Holidays, Inter Chart'air.
– Grèce : Héliades, Chorus Tours, Jumbo, Syrtaki, Charters et Cie, Jet Tours, Nouvelles Frontières, Go Voyages, Fram.
– Turquie : Marmara, Pacha Tours, Charters et Cie, Cosnovel, Air France.

12 MAI

SAINT ACHILLE

COMBINE STORY

1727 : à Paris, une ordonnance interdit la nudité dans les bains publics et impose la séparation des hommes et des femmes. Dommage car la mixité a parfois du bon !

LOGEMENT : SOYEZ PARFAITEMENT RENSEIGNÉ SUR LES PRIX DES LOYERS !

Lorsqu'on recherche un appartement ou une maison à louer, il vaut mieux être bien renseigné sur les loyers habituellement pratiqués dans la région. Il n'est pas rare en effet que les propriétaires surestiment la valeur locative de leur bien. Pour vous aider dans cette étude, il existe une association qui répertorie soigneusement toutes les informations concernant les loyers. Malheureusement pour les provinciaux, elle travaille essentiellement sur l'Île-de-France, mais projette de s'étendre dans un proche avenir. Il est vrai que, dans le domaine, il reste encore beaucoup de choses à faire pour éviter aux locataires de se faire pigeonner !

L'ADRESSE DU JOUR

L'Observatoire des loyers de l'agglomération parisienne, tél. : (1) 40 61 82 45, pour les loyers pratiqués à Paris et en banlieue. Ce type d'association n'existe pas encore en province, sauf dans le Doubs et l'Ille-et-Vilaine.

La combine de l'escroc

Le patron de presse Maxwell, qui s'est suicidé en 1991 sur son yacht, avait quelques raisons de se faire du souci ! Son empire était au bord de l'effondrement, il était couvert de dettes et avait même puisé dans les fonds de caisses de retraite de ses salariés ! Ses deux fils sont actuellement sous les verrous pour escroquerie...

SAINTE ROLANDE

13 MAI

COMBINE STORY

1741 : Le mathématicien français Pierre-Louis Moreau de Maupertuis arrive à Berlin où il est invité par Frédéric II, roi de Prusse. C'est là qu'il énoncera le « principe de la moindre action », bien connu de tous les combinards...

VOYAGES : NÉGOCIEZ UNE RÉDUCTION OU DES AVANTAGES !

En agence ou chez un tour operator, essayez toujours de sympathiser avec le responsable des réservations et de négocier, soit une réduction, soit de petits privilèges. Bien sûr, vous n'obtiendrez sans doute pas de résultats lors de votre premier voyage, mais vous avez toutes les chances, en devenant « son » client régulier, de bénéficier de quelques avantages appréciables : commission d'agence réduite, « vue sur mer » sans supplément, réduction sur la semaine supplémentaire, chambre individuelle sans surcoût, étalement des paiements, etc.

LE CHIFFRE DU JOUR

Un Français sur dix fait appel à une agence pour organiser ses voyages.

La combine du radin

La meilleure façon de faire des économies sur son budget vacances, c'est encore de ne jamais avoir d'idée préconçue sur l'endroit où l'on souhaite partir : quel plaisir de choisir systématiquement la formule la moins chère que peut vous proposer l'agence...

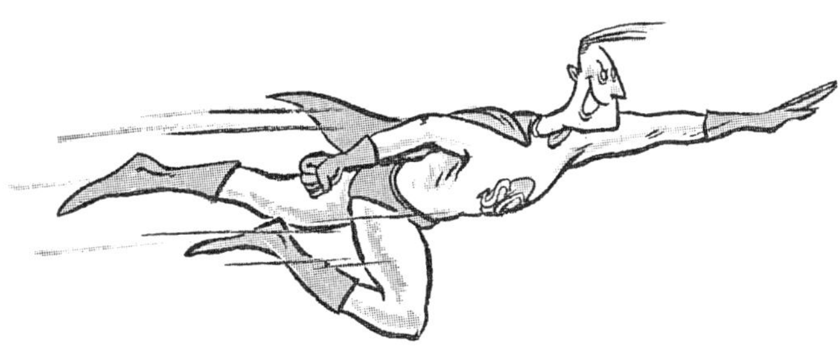

14 MAI

SAINT MATTHIAS

COMBINE STORY

1909 : les fonctionnaires français se voient refuser le droit de faire grève.

VIE QUOTIDIENNE : GAGNEZ DU TEMPS (ET DONC DE L'ARGENT...) EN COURT-CIRCUITANT LES FILES D'ATTENTE !

La carte nationale de priorité est une belle invention : elle permet à certaines catégories de personnes de passer en priorité, sans faire la queue, aux bureaux ou aux guichets des administrations (comme la Poste, les Impôts, la Sécu, etc.). Toute femme enceinte peut en bénéficier, mais également les parents qui ont la charge effective d'un enfant de moins de 3 ans, de deux enfants de moins de 4 ans ou d'au moins 3 enfants de moins de 16 ans. Cela fait du monde ! Demandez-la donc, elle est gratuite : il suffit de vous adresser à l'organisme chargé de vous verser vos prestations familiales, de présenter un certificat de grossesse ou votre livret de famille et de fournir deux photos d'identité.

L'ADRESSE DU JOUR

Celle de votre caisse d'Allocations familiales.

Ils sont fous, ces combinards !

L'un de nos amis qui déteste faire la queue et qui adore jouer la comédie a mis au point quelques « trucs » pour passer devant tout le monde dans les files d'attente : il s'est confectionné un faux plâtre pour sa jambe et s'aide d'une béquille lorsqu'il va au cinéma. Autre astuce : il demande à sa petite amie de placer un coussinet sous son manteau pour faire croire qu'elle est enceinte !

SAINTE DENISE

COMBINE STORY

1768 : la France achète l'île de Corse, terre chérie des combinards, à la république de Gênes, pour une somme de 40 millions de livres.

15 MAI

IMPÔTS : DEMANDEZ DES DÉLAIS !

Aïe ! Aujourd'hui, vous devez vous acquitter de votre deuxième tiers provisionnel. Pas de panique ! Vous pouvez toujours solliciter des délais. Le « sursis de paiement », selon le jargon du fisc, est d'ailleurs très demandé. C'est le directeur des services fiscaux de votre localité qui est seul compétent à vous autoriser un sursis de paiement. Il faut donc écrire à ce monsieur, ou éventuellement lui demander un entretien. Si votre motif lui paraît valable, il établira avec vous un plan de rééchelonnement du paiement de votre impôt. Sachez que l'octroi de ces délais de paiement n'empêche pas l'application de la majoration de 3 % puis 10 % : vous pouvez cependant présenter une demande d'annulation de la majoration qui est souvent accordée. Quoi qu'il en soit, il vous faut suivre ces quelques recommandations lors de votre entretien avec l'agent du fisc :

– Ne dénoncez jamais le bien-fondé de votre imposition. Le fisc a raison de vous demander de l'argent mais malheureusement vous êtes dans une position difficile.

– Fournissez le maximum de preuves de votre « passage à vide » financier. Vous pouvez toujours inventer quelques personnes à charge (une vieille tante par exemple) et présenter la multitude de factures impayées (EDF-GDF, téléphone, loyer, traites diverses) qui ont déjà fait l'objet de demande de « sursis de paiement » aux autres administrations.

– Montrez-vous de bonne foi, prêt à payer ce que vous devez et, surtout, n'exagérez pas l'étendue de vos difficultés financières.

LE CHIFFRE DU JOUR

45 % des Français estiment que l'argent fait le bonheur. Il est vrai que, dans ce domaine surtout, « où y'a de la gêne, y'a pas de plaisir ! ».

16
MAI

SAINT HONORÉ

COMBINE STORY

1817 : la filiale rouennaise de la Banque de France, créée en 1800, se voit confier l'exclusivité de la fabrication des billets de banque.

CRÉDIT : RENÉGOCIEZ TOUJOURS SON TAUX EN FAISANT JOUER LA CONCURRENCE !

Depuis quelques mois, les taux d'intérêts baissent régulièrement. C'est donc le moment de penser à renégocier vos crédits, notamment si vous avez emprunté de grosses sommes, par exemple pour un investissement immobilier. Le meilleur moyen de forcer votre banquier à vous acccorder un taux inférieur à celui auquel vous aviez signé est de faire jouer la concurrence. Imaginons par exemple que vous ayiez emprunté à 11 % et que vous soyiez certain d'obtenir, auprès d'une banque concurrente, un prêt à 9 %. Il vous suffit de proposer à votre banquier l'alternative suivante : soit il accepte de s'aligner sur les 9 %, et même de vous consentir un demi-point supplémentaire, soit vous remboursez par anticipation le crédit que vous avez chez lui, en empruntant pour ce faire chez son concurrent. Vous jouez gagnant à tous les coups : si votre banquier est astucieux, il saura voir que son intérêt est de vous consentir le meilleur taux ; s'il reste bloqué sur ses positions, vous changez de banque en bénéficiant, dans votre nouvelle agence, du taux que vous souhaitiez obtenir ! N'oubliez pas, à ce propos, et pour rendre cette astuce encore plus rentable, de négocier systématiquement, au moment où vous signez un crédit, la possibilité de le rembourser par anticipation sans aucune pénalité.

LE CHIFFRE DU JOUR

Près de neuf femmes sur dix ne savent pas précisément de combien elles disposent sur leur compte en banque... Espérons que la dixième, c'est la vôtre !

SAINT PASCAL

17 MAI

COMBINE STORY

1948 : la première femme française embrasse la carrière d'huissier. Seulement 4 ans après avoir obtenu le droit de vote, certaines femmes n'auront pas été longues à « saisir » les opportunités !

HUISSIERS : SCELLEZ VOS MEUBLES POUR EMPÊCHER LA SAISIE !

« En mai, fais ce qu'il te plaît. » Si vous n'avez pas attendu mai pour suivre le proverbe, vous risquez fort de vous retrouver tête-à-tête avec l'un de ces sinistres personnages, tristement vêtu de noir ou de gris, qu'on appelle vulgairement « huissier de justice ». Si tel est le cas, voici une astuce fort simple pour combinard un tantinet manuel, destinée à faire échec à la mainmise du méchant homme sur vos biens les plus précieux. La loi stipule en effet que « les objets emmurés ne sont saisissables pour aucune créance, même de l'État ». En clair, cela signifie que le « mobilier » qui fait corps avec « l'immobilier » ne peut être emporté par l'huissier. Vous n'avez plus qu'à retrousser vos manches et à prendre quelques leçons de bricolage pour manier habilement marteau et tournevis : il suffit, en effet, que vous scelliez au plancher ou aux murs quelques-uns de vos meubles les plus chers pour qu'ils soient considérés comme... insaisissables !

LE CHIFFRE DU JOUR

18 % des Français estiment qu'il ne faut pas hésiter à s'endetter. Les huissiers n'ont donc aucun souci à se faire pour l'avenir de leur profession !

Ils sont fous, ces combinards !

Quand ils étaient à l'école, ils étiquetaient leur règle, crayon et livres pour éviter que leurs copains de classe fassent main basse sur leur matériel... Aujourd'hui, ils font la même chose avec les objets de leur maison ! Il est en effet tout à fait légal d'étiqueter les objets (même dans un couple sauf si vous êtes mariés sous le régime de la communauté des biens) afin d'établir leur appartenance. Là encore, l'huissier ne pourra absolument pas saisir les objets qui n'appartiennent pas expressément au débiteur.

18 MAI

SAINT ÉRIC

COMBINE STORY

1804 : Napoléon Bonaparte est proclamé Empereur des Français par le Sénat : belle fin de parcours pour le petit lieutenant corse…

VOYAGES : L'HÔTEL MOINS CHER, ÇA EXISTE !

Lorsqu'on s'offre des vacances, autant faire les choses en grand. Pas question pour le combinard voyageur de payer au prix fort son séjour en hôtel ! Pour partir au bout du monde dans des établissements de deux à quatre étoiles en bénéficiant de 30 à 50 % de réduction et en sautant sur les promotions ponctuelles, il requiert les services d'un serveur minitel, qui recense précisément les meilleures formules de séjours hôteliers à prix réduit, dans des établissements de très bonne catégorie. Ce serveur bien pratique couvre plus de 200 destinations, en France, Afrique, Asie, Antilles, pays méditerranéens, etc. A consulter souvent, les propositions étant remises à jour régulièrement.

L'ADRESSE DU JOUR

3615 code SOSHOTEL.

La combine de l'escroc

Certains touristes peu scrupuleux profitent de leur séjour dans un hôtel pour se « faire voler » leur appareil photo ou leur caméscope (qu'ils dissimulent ou confient à un complice qui l' emporte ailleurs !). Ils portent alors plainte contre l'hôtelier, préviennent illico la police et leur assureur dans les 24 heures (les objets ayant été « volés »dans leur chambre, ils sont obligatoirement indemnisés par ce dernier). Dans le cas où l'hôtelier proteste en leur montrant l'affiche « La maison n'est pas responsable », ils lui rappellent les articles 1952 et 1953 du Code civil et n'hésitent pas à faire grand tapage autour de l'affaire en avertissant les autres clients qu'il y a des voleurs dans l'établissement. L'hôtelier se montre alors beaucoup plus conciliant !

SAINT YVES

COMBINE STORY

1781 : Jacques Necker, directeur général des Finances, révèle publiquement les énormes dépenses des privilégiés et le montant de la dette publique, ce qui le rend très populaire auprès du Tiers-État mais lui coûte son poste !

19
MAI

TAXES : FAITES-VOUS EXONÉRER DE TAXE FONCIÈRE SUR QUINZE ANS !

Tout propriétaire d'une maison ou d'un appartement doit payer la taxe foncière. Mais il existe un bon moyen d'y échapper : en cas d'achat d'un logement neuf, utilisez les prêts locatifs financés par l'État. Vous bénéficierez alors d'une exonération sur quinze ans. Ces exonérations sont accordées à tous les logements neufs, ainsi que les reconstructions ou les additions de contructions, financées à plus de 50 % au moyen de prêts locatifs aidés par l'État (PLA ou PAP). Attention, Il faut cependant que ce soit l'habitation principale du propriétaire.

LE CHIFFRE DU JOUR

21 % des Français possèdent un plan d'épargne-logement.

20 MAI

COMBINE STORY

1802 : la légion d'honneur est créée. C'est le début d'une longue série de combines et d'intrigues, pour tous ceux qui guignent le ruban rouge !

MAISON : ACHETEZ VOS MEUBLES MOINS CHER EN ALLANT DANS LES FOIRES AVANT LA FERMETURE !

Une bonne façon d'obtenir de très bons prix dans les foires à la brocante consiste à n'y faire ses achats que le dernier jour, peu avant la fermeture, après avoir repéré évidemment, la veille, les meubles qui vous intéressent. Pour peu – et c'est fréquent – que les ventes n'aient pas été excellentes, les marchands sont en effet prêts à consentir de fortes remises plutôt que de devoir repartir avec leur matériel. En négociant habilement, vous pouvez donc réaliser ainsi d'excellentes affaires.

L'ADRESSE DU JOUR

Dans les salles de vente du Crédit municipal, 55, rue des Francs-Bourgeois, 75004 Paris, tél. : (1) 42 71 25 43, on peut également acheter des meubles et des objets à bas prix.

SAINT CONSTANTIN

21 MAI

COMBINE STORY

1506 : mort de Christophe Colomb, navigateur combinard qui se rendit célèbre en découvrant « l'Amérique » alors qu'il était censé voguer vers les Indes...

VOYAGES : OBTENEZ 8 % DE REMISE SUR LE PRIX DE VOTRE FORFAIT VOL + SÉJOUR !

Peu d'entre vous le savent, mais si vous vous adressez directement à un voyagiste ou un tour operator dont vous avez sélectionné la formule sans passer par une agence, vous n'avez aucune raison de payer la commission de celle-ci (en moyenne 8 %). Le prix de votre forfait avion + séjour devra donc être réduit d'autant par rapport au tarif annoncé dans la brochure du tour operator, qui correspond au barème pratiqué par les détaillants. Exigez cette remise, ou alors faites travailler les agences, vous serez mieux conseillé !

L'ADRESSE DU JOUR

Les vacances ne se passent pas toujours bien. Dans ce cas, il est préférable d'être correctement assuré. Les meilleures compagnies d'assistance, pour vous assurer avant de partir en voyage : Europ Assistance (1) 42 85 85 85 ; Mondial Assistance (1) 40 25 52 04 ; Elvia (1) 45 62 84 84 ; UAP Assistance (1) 41 14 22 21.

Ils sont fous, ces combinards !

Certains jeunes gens ont trouvé une astuce originale pour voyager à l'œil : ils font du bateau-stop, c'est-à-dire qu'ils s'engagent à bord des navires, ou des voiliers, qui effectuent de grandes traversées. Moyennant une participation au travail à bord, ils profitent du voyage !

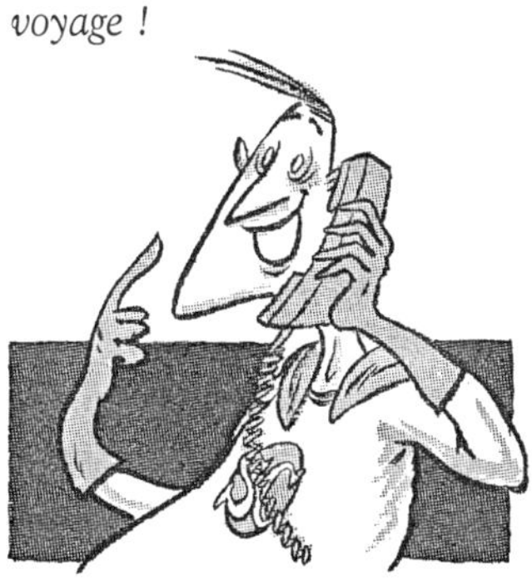

22 MAI

SAINT ÉMILE

COMBINE STORY

1946 : présentation à Paris du Pinocchio *de Walt Disney : un personnage qui aurait pu devenir la mascotte des combinards s'il n'avait eu quelques problèmes de nez...*

AUTO : PROFITEZ DU SERVICE MILITAIRE POUR PASSER VOTRE PERMIS DE CONDUIRE AUX FRAIS DE L'ÉTAT !

Si vous n'avez pas réussi à vous faire réformer, tâchez au moins de profiter au maximum des rares avantages que vous offre la vie sous les drapeaux. Ceux-ci se comptant sur les doigts d'une main, il ne faut en négliger aucun ! On sait ce que coûte, dans le civil, l'obtention du permis de conduire : 4 000 F environ aux surdoués, et plus de 7 000 F à ceux qui sont obligés de repasser la conduite trois fois de suite ! Si vous ne possédez pas encore la fameuse petite carte rose, c'est donc l'occasion ou jamais de l'avoir sans débourser un sou. Il vous suffit tout simplement d'en faire la demande au moment des « trois jours » ou pendant l'incorporation pour économiser une jolie petite somme ! Le permis ainsi obtenu devra être « converti » auprès de votre préfecture de police à votre retour de l'armée.

LE CHIFFRE DU JOUR

14 000, c'est le nombre de mesures de suspension du permis de conduire enregistré dans le Nord en 1989. Avec un tel record, ce département est le plus répressif de France !

SAINT DIDIER

23 MAI

COMBINE STORY

1863 : une loi règlemente en France les concentrations de capitaux et crée les sociétés à responsabilité limitée, les Sarl.

CONSOMMATION : ACHETEZ VOS VÊTEMENTS 20 A 70% MOINS CHER DANS LES MAGASINS D'USINE !

Le mois de mai, avec ses premiers rayons de soleil, donne des envies de nouvelle garde-robe. Pour être élégant, il n'est pas nécessaire de dépenser des fortunes, surtout si l'on est malin ! Voici donc une bonne combine pour réaliser de belles économies sur votre budget habillement : il existe enfin un serveur minitel qui recense tous les magasins d'usine ouverts au public, ainsi que les ventes ponctuelles, soldes et braderies, organisées par les marques. Consultez le régulièrement dès que vous une petite envie de nouvelles « fringues », tout en ayant la sagesse de l'utiliser de façon rentable et de ne pas y demeurer des heures à regarder s'écouler les unités. Ce conseil est d'ailleurs valable pour tous les serveurs !

L'ADRESSE DU JOUR

C'est celle de ce serveur miracle : le 3617 code INFOTEXTIL.

La combine de l'escroc

Certains petits malins, lorsqu'ils sont frappés d'interdiction bancaire (IBF) jouent sur le fait que la Banque de France ne communique pas d'office l'état de vos problèmes à toutes leurs autres banques. Et c'est ce qui leur permet de détourner l'interdiction en continuant de faire des chèques et d'utiliser une carte sur leurs autres comptes en banque. Cette escroquerie peut coûter cher s'ils sont pris : c'est exactement comme s'ils conduisaient alors qu'ils sont sous le coup d'un retrait de permis !

24 MAI

SAINT DONATIEN

COMBINE STORY

1430 : les Bourguignons vendent Jeanne d'Arc aux Anglais. Il n'y a pas de petits profits !

VOYAGES : PRIVILÉGIEZ LES VOLS CHARTERS !

Une compagnie charter possède (ou loue) un ou plusieurs avions et vend ses places à des prix inférieurs à ceux des grandes compagnies. Certes, les horaires de départ et d'arrivée peuvent mettre vos nerfs à rude épreuve, mais les prix méritent votre effort. Le qualificatif « charter » s'applique également aux places achetées « en gros » par un tour operator à une grande compagnie aérienne sur ses vols réguliers, et revendues ensuite à prix soldé. Dans ce cas, l'avion et l'équipage seront ceux de la compagnie et vous n'avez pas plus de raison de redouter un incident que si vous aviez payé le prix fort, puisque vous volerez sur une ligne régulière, à côté d'un passager qui aura peut-être payé 50 ou 100 % de plus que vous : par exemple, 997 F pour votre billet Paris/Londres AR sur Air France contre 2 360 F pour votre voisin de siège...

L'ADRESSE DU JOUR

– Accès voyages : (1) 42 21 46 94 ou (1) 40 13 02 02. Spécialisé notamment dans les USA, prix réduits sur plus de 250 destinations.
– La compagnie des voyages : (1) 45 08 44 88 ou 45 08 00 60 (répondeur, infos téléphoniques). Depuis dix ans, des tarifs particulièrement intéressants.
– Forum voyages : (1) 42 27 89 89 : vols réguliers à prix *discount* sur l'Afrique du Nord, les Amériques, l'Inde et l'Asie.
– Go voyages : (1) 47 53 05 05. Un classique du voyage économique.
– Nouvelles frontières : (1) 41 41 58 58 ou 3616 NF. Incontournable pour voyager moins cher, surtout pour les vols « secs ».
– Nouvelle liberté : (1) 40 41 91 91. Commercialise les avions de la compagnie Air Liberté, excellent rapport qualité-prix pour les vols « secs » comme pour les forfaits.
– Supermarché vacances : (1) 47 23 55 30 : vols et voyages « dégriffés ».

SAINTE SOPHIE

COMBINE STORY

1941 : Pétain crée la Fête des mères ! Sans commentaire…

25
MAI

CONSOMMATION : ACHETEZ VOS BIJOUX… D'OCCASION !

Une excellente astuce, pratiquée également par les femmes les plus élégantes, consiste à acheter des bijoux dans des magasins spécialisés dans l'occasion. A l'inverse d'une voiture ou d'un vêtement, un bijou, pour peu qu'il n'ait pas été malmené, ne souffre en effet aucunement du passage du temps. Au contraire, certaines montures anciennes sont aujourd'hui très à la mode et introuvables dans les bijouteries modernes. Il est donc tout à fait intéressant, pour soi-même ou pour faire un cadeau, de fréquenter les magasins de bijoux d'occasion : vous y trouverez des bagues, des colliers, des bracelets, des boucles d'oreilles, etc., de superbe facture, avec des certificats d'authenticité en bonne et due forme et à des prix entre 20 et 50 % inférieurs à ceux de bijoux neufs d'une qualité de pierre, de perle ou de monture équivalente.

L'ADRESSE DU JOUR

Les collectionneurs sont les rares personnes à qui il n'est jamais compliqué de faire un cadeau. En composant le 3615 code COLL, vous avez accès à un service très bien conçu destiné spécialement aux collectionneurs et à ceux qui désirent leur faire plaisir.

26
MAI

SAINT BÉRANGER

COMBINE STORY

1755 : Louis Mandrin, ennemi public n°1 de l'époque, est soumis au supplice de la roue et exécuté.

ASSURANCE : FAITES TOUJOURS JOUER LA CONCURRENCE !

Avant de signer un contrat, faites soigneusement le tour des compagnies d'assurances. N'hésitez pas à jouer les marchands de tapis, affirmez que « X ou Y vous propose le même contrat à un tarif bien inférieur ». En règle générale les sociétés à forme mutuelle sont beaucoup moins chères et leurs formulaires sont moins complexes : mais elles peuvent du coup offrir des garanties inférieures à celles de leurs concurrents, sociétés nationalisées ou sociétés privées. Quant à la solution idéale, vous la connaissez : avoir un ami assureur dont vous êtes sûr qu'il vous guidera honnêtement et qu'il essaiera même de vous accorder toutes les réductions possibles et imaginables. Enfin, il vaut mieux souscrire une assurance au fin fond de la Creuse plutôt qu'en région parisienne. Le nombre impressionnant des accrochages en Ile-de-France permet en effet à beaucoup d'assureurs de justifier le gonflement des primes.

LE CHIFFRE DU JOUR

En France, plus de 150 millions de contrats d'assurances sont signés tous les ans !

COMBINE STORY

1926 : Daimler meurt en Allemagne. Son ingénieur commercialise dorénavant les voitures sous le nom de sa fille : Mercedes. Ou comment assurer une postérité...

AUTO : ÉVITEZ LES ARNAQUES LORSQUE VOUS L'ACHETEZ D'OCCASION !

Sur certains modèles, notamment ceux qui décotent de manière importante la première année, il peut être plus intéressant de réaliser une bonne affaire sur une belle « première main ». Mais attention aux arnaques qui fleurissent aussi vite ! Lorsqu'on achète une occasion à un particulier ou à un garagiste peu scrupuleux (un pléonasme ?), on a presque autant de chance de se faire avoir qu'en traversant une manifestation de pickpockets ! Alors si vous êtes seul, inspectez toujours : le numéro de châssis (*idem* celui de la carte grise), les freins et la direction (au ralenti et à vive allure), le bruit du moteur à haut régime, le passage de vitesse et la « tenue » de l'embrayage, les traces de peinture ou la corrosion, notamment sur les bas de caisse et les longerons, l'usure des pneus, l'équipement électrique (faites tout fonctionner !), enfin les factures et le carnet d'entretien du véhicule. Un dernier conseil : faites conduire votre vendeur, c'est souvent très « parlant ».

LE CHIFFRE DU JOUR

En France, le marché de l'occasion se porte bien : il se vend deux véhicules d'occasion pour un neuf.

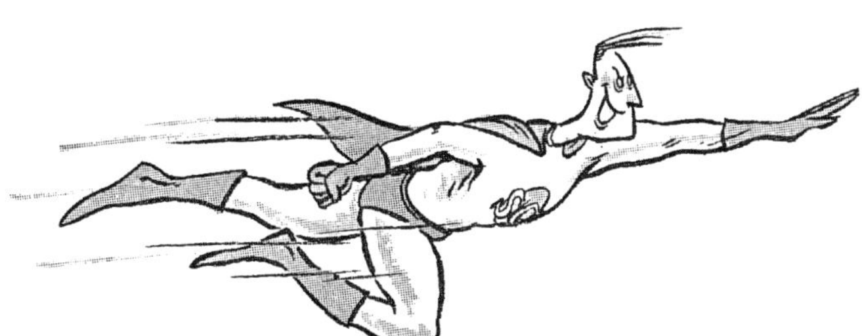

28 MAI

SAINT GERMAIN DE PARIS

COMBINE STORY

1920 : naissance du pâtissier Gaston Lenôtre, qui a su transformer la crème pâtissière en or..

CONSOMMATION : N'ACHETEZ JAMAIS CE QUI EST À PORTÉE DE MAIN !

Dans un supermarché, rien n'est jamais laissé au hasard ! L'organisation des rayons, l'emplacement des produits, la taille des gondoles, la musique, l'éclairage... chaque détail est étudié par les spécialistes du marketing afin de vous encourager à consommer, parfois plus que de raison. Partant du principe qu'un consommateur malin est un consommateur averti, voici quelques conseils pour vous apprendre à naviguer entre les rayons.

– Ne vous ruez pas sur les promotions. Les fameuses têtes de gondoles qui affichent des offres apparemment alléchantes ne sont souvent que des attrape-nigauds. Il y a fréquemment duperie sur la qualité ou la quantité. Avant de succomber, comparez donc avec le même type de produit en rayons.

– Voyez plus loin que le bout de votre nez ! Les marchandises les plus intéressantes ne sont pas celles placées à hauteur de vos yeux. Vous avez tout intérêt à vous baisser ou, au contraire, à vous hausser sur la pointe des pieds, pour dénicher les vraies bonnes affaires.

– N'achetez jamais une marchandise sans en connaître le prix. La loi impose d'afficher le prix de tout article, soit sur le produit lui-même, soit sur un support placé de façon à ce qu'aucune erreur ne soit possible.

LE CHIFFRE DU JOUR

Un ménage français moyen dépense environ 40 000 F par an pour se nourrir, soit plus de 3 000 F par mois ! Eh, oui, la chère est chère...

SAINT AYMAR

COMBINE STORY

1968 : le général de Gaulle s'enfuit en Allemagne sous la pression des manifestants de mai et invente la disparition comme arme politique !

29
MAI

VIE QUOTIDIENNE : LOUEZ UNE SALLE ORIGINALE ET PAS CHÈRE POUR VOTRE FÊTE !

Le mois de juin arrive sur la pointe des pieds et l'envie de faire la fête commence à vous démanger ! Or, croyez-nous, pour qu'une fête soit réussie, un grand chez les autres vaut parfois mieux qu'un petit chez soi ! Si les salles à louer que l'on vous propose habituellement ne conviennent pas au type d'événement que vous souhaitez organiser, ou si les prix affichés sont trop chers pour votre budget, vous pouvez consulter la liste de l'association « La demeure historique » qui contient plus d'une centaine de maisons et de chateaux privés à louer. Cette liste est envoyée gratuitement à toute personne qui en fait la demande. Enfin, vous pouvez vous procurer *Le Guide des salles de réception* (Éditions Contact Service, 110 F) qui contient plus de 600 lieux décrits avec beaucoup de détails et d'infos.

L'ADRESSE DU JOUR

« La demeure historique » : 57, quai de la Tournelle, 75005 Paris, tél. : (1) 43 29 02 86. Pour *Le Guide des salles de réception*, appelez le (1) 45 33 05 05 ou faites le 36 15 VP.

30 MAI

SAINT FERDINAND

COMBINE STORY

1968 : de Gaulle revient d'Allemagne, reprend le pouvoir et bénéficie d'une énorme manif sur les Champs-Élysées : C'est la fin de mai 68.

AUTO : LOUEZ AU MEILLEUR PRIX !

Les beaux jours vous donnent envie de partir en week-end ? Pour louer une voiture au meilleur rapport qualité-prix, comparez tout d'abord attentivement les tarifs ! En fonction de la distance que vous avez à parcourir, calculez ce qui sera plus avantageux : le kilomètre facturé, le forfait qui vous donne droit à 100 ou 500 km, ou encore la formule « kilométrage illimité ». Tenez également compte des services proposés. Pourrez-vous rendre la voiture dans une autre agence ? Existe-t-il un système de boîte aux lettres pour restituer l'auto après l'heure de fermeture ? N'hésitez pas à négocier tel ou tel avantage (restitution tardive du véhicule sans supplément, mise à disposition gratuite la veille au soir si vous devez partir avant l'heure d'ouverture, etc). Enfin, choisissez judicieusement votre modèle. Inutile de payer une catégorie « C » pour emmener les enfants au pays Basque si le coffre de la voiture est grand comme un mouchoir de poche !

L'ADRESSE DU JOUR

Voici les coordonnées des loueurs les mieux implantés en France ou les plus économiques. Avec un exemple de tarif « jour + km » (hors assurances) pour un véhicule de catégorie « A » loué à Paris.
– ADA : l'un des moins chers en France, tél. : (1) 47 29 89 11. Cat. A : 199 F/jour + 1,45 F/km.
– Avis : le leader en France, présent partout, tél. : (1) 46 09 92 12. Cat. A : 234 F/jour + 3,72 F/km.
– Budget : intéressant notamment pour les utilitaires, tél. : 05 10 00 01. Cat. A : 265 F/jour + 4,27 F/km.
– Eurorent : tél. : 05 33 22 10. Cat. A : 267 F/jour + 4,31 F/km.
– Hertz : le 2e du club des incontournables. Les forfaits week-end sont avantageux, tél. : pour Paris (1) 47 88 51 51 et pour la province : 05 05 33 11. Cat. A : 276,35 F/jour + 4,40 F/km.

SAINTE PÉTRONILLE

COMBINE STORY

1791 : la guillotine est adoptée comme moyen d'exécution. Mise au point par le docteur Guillotin, elle devait épargner au condamné « les lenteurs et les maladresses du bourreau ». En pleine époque de la Terreur, elle servit, accessoirement, à accélérer le rendement !

31 MAI

SANTÉ : FAITES-VOUS VACCINER GRATUITEMENT !

Certains pays exigent un certificat de vaccination avant de pénétrer sur leur territoire. Dans d'autres, le vaccin n'est pas obligatoire mais il est fortement conseillé... Sachez que de nombreux centres, à Paris et en province, pratiquent des vaccinations gratuites (produits et piqûres). Renseignez-vous suffisamment tôt (certains vaccins doivent être faits plusieurs semaines avant le départ) en téléphonant à l'hôpital de la Pitié à Paris, au (1) 45 85 90 21 : on vous indiquera les précautions ainsi que les médicaments à prévoir en fonction de votre destination.

L'ADRESSE DU JOUR

Contactez le (1) 43 47 77 77 pour connaître l'un des 19 centres de vaccination gratuite de la région parisienne, ou, en province, la mairie de votre ville.

JUIN

Incroyable mais vrai ! Voici cinq mois que je vous guide quotidiennement pour vous éviter les faux-pas et vous ne m'avez toujours pas invité à dîner... Pourtant, en juin, j'adore l'ambiance des restos avec terrasse et, pour peu que la clientèle soit agréable et que le barman sache préparer un bourbon-fraise digne de ce nom, je mange plutôt frugalement, me contentant de quelques entrées, d'un plat de poisson, d'une belle viande, d'un joli plateau de fromages et d'un dessert léger, tout ceci évidemment accompagné de vins soigneusement choisis. Bref, je ne vous coûterais pas cher...

Cela dit, je n'insisterai pas, d'autant que j'imagine bien que vous avez l'esprit ailleurs. Ceux d'entre vous qui n'ont pas encore organisé leurs vacances cherchent désespérément des formules de dernière minute ; d'autres ne se préoccupent même pas de leurs congés car ils sont en quête d'un emploi et que ce n'est ni en juillet ni en août qu'ils pourront espérer des rendez-vous.

Vos vacances et votre emploi : vous retrouverez évidemment ces thèmes au fil des jours qui suivent, mais nous évoquerons également des événements aussi essentiels (et ruineux si l'on ne prend pas les précautions nécessaires...) que votre mariage. Car, si vous n'avez pas encore rencontré l'âme sœur, il faudrait vous dépêcher. Pardon d'être prosaïque, mais je vous rappelle en effet que, fiscalement parlant, la meilleure période pour convoler en justes noces et réduire au maximum ses impôts se situe généralement en juin-juillet... Vous qui pensiez que c'était seulement en raison des beaux jours que fleurissaient les faire-parts de mariage !

Enfin, vous avez un mois pour faire encore quelques progrès.

Et, si vous n'êtes pas plus riche le 30 juin qu'aujourd'hui, je vous le jure sur la tête de tante Adélaïde, je ne bois plus une goutte de bourbon-fraise... au moins jusqu'au 1er juillet.

Mais, sincèrement, ça m'étonnerait !

Supercombinard

SAINT JUSTIN

COMBINE STORY

1760 : le courrier est distribué par la poste pour la première fois à Paris. Aujourd'hui, La Poste supprime des tournées… c'est ça le progrès !

1er JUIN

CONSOMMATION : FAITES DE BONNES AFFAIRES GRÂCE AUX DOUANIERS !

Depuis l'ouverture du grand marché unique européen, nos amis les douaniers sont condamnés à regarder passer les voitures comme les bovidés regardent passer les TGV. Finis les « papiers si'ouplait ! » et les « z'avez rien à déclarer ? », terminés les ouvertures de coffres, les bagages Vuitton remplis à ras bord de lingots d'or, les pare-chocs farcis à l'héroïne, les intestins lourds de pierres précieuses... Heureusement, nos amis les douaniers ne sont pas du genre à s'accommoder sans réagir de ce chômage aussi technique et forcé que désagréable pour l'amour-propre ! Résultat : certains occupent intelligemment ce temps qui est désormais libre en jouant au marchand : du mois de juin au mois de septembre, les douaniers ont en effet pignon sur rue... à Drouot ! Ils se transforment en vendeurs de voitures, de tapis, de bijoux, de hi-fi, de fringues... à la plus grande joie des consommateurs rebelles que nous sommes puisque toutes ces marchandises sont vendues moins cher. En fait, ils se débarrassent massivement des stocks entiers de produits saisis. Ces articles sont vendus tels quels, « en l'état », sans aucune garantie de bon fonctionnement, mais à des prix qui défient toute concurrence !

L'ADRESSE DU JOUR

Pour vous renseigner sur les jours de ces ventes miraculeuses, il suffit d'écrire au service des Douanes, 14, rue Yves-Toudic, 75010 Paris, tél. : (1) 40 40 60 12.

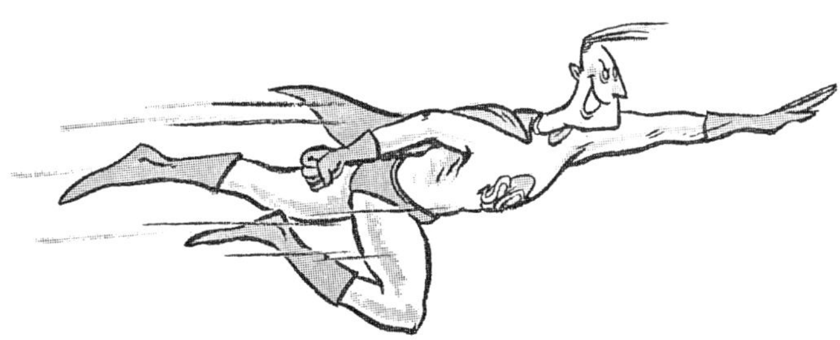

2
JUIN

SAINTE BLANDINE

COMBINE STORY

1740 : naissance à Paris de Donatien Alphonse François, marquis de Sade, qui devait plus tard nous apporter un autre aspect de la philosophie libérale du siècle des Lumières.

VACANCES : PAYEZ-LES À CRÉDIT !

Dans l'absolu, 4 700 F pour dix jours et douze nuits au Maroc dans un hôtel des plus confortables, ça n'est pas cher. Oui mais voilà : vu l'état actuel de votre compte en banque, mieux vaut renoncer ! C'est d'autant plus regrettable qu'en septembre prochain, vous attendez une prime qui vous remettra largement « à flot ». Mais alors, pourquoi ne pas choisir l'un des organismes qui vous proposent de payer votre voyage et votre séjour à crédit ? Vous réservez deux mois à l'avance en vous acquittant de 5 % à 25 % de la somme totale et vous partez sans avoir réglé un centime de plus. Le reste vous sera débité en douceur, sur plusieurs mois, sans même que votre banquier ne s'aperçoive que vous êtes parti (sauf bien sûr s'il se heurte à votre bronzage éclatant à la sortie de son agence !). L'intérêt des formules de crédit, c'est que votre voyage ne va pas vous revenir plus cher, car la plupart de ces formules offertes par les voyagistes sont des crédits gratuits ; éventuellement, vous aurez 200 ou 300 F de frais de dossier. Certains organismes proposent même des réductions de 8 à 10 % aux clients qui choisissent ces formules et qui réservent suffisamment à l'avance.

L'ADRESSE DU JOUR

Quelques exemples de sociétés qui proposent ce type de crédit : Supermarché vacances au (1) 42 77 10 22 – 42 96 16 06 – 47 20 21 65 avec la formule « Superétalement »; Rêv'vacances (dans toutes les agences de voyage) avec « Rêvétalement ». Renseignez-vous auprès des autres sociétés qui disposent souvent de facilités de paiement.

SAINT KEVIN

3 JUIN

COMBINE STORY

1906 : naissance de Josephine Baker, célèbre grâce à sa ceinture de bananes. Sensible au sort des enfants déshérités, elle crée le « petit paradis » pour les accueillir. Pas vraiment combinarde, elle meurt, ruinée, en 1956 !

AUTO : REFUSEZ LES ABUS DES GARAGISTES !

Lorsque vous récupérez votre auto après un séjour chez le garagiste, il y a quelques chances pour que la facture vous reste en travers de la gorge ! En clair, si votre garagiste vous a, par exemple, changé les moteurs d'essuie-glace complets alors que vous vouliez juste des balais neufs, demandez-lui de remettre les anciens moteurs et, s'il refuse, faites monter la pression en lui envoyant une lettre en recommandé avec accusé de réception. Menacez de faire intervenir la Direction départementale de la concurrence et de la répression des fraudes (DCRF) : les garagistes en ont souvent peur. Les organisations syndicales de garagistes peuvent également intervenir pour une médiation. Enfin, si le litige ne se résout pas, faites entrer en lice la DCRF, ou bien portez plainte au tribunal d'instance (pour les sommes inférieures à 30 000 F) ou de grande instance (pour plus de 30 000 F). Sachez également que si le garagiste n'a pas respecté le devis qu'il vous avait pourtant soumis, il est préférable de payer car il peut garder en gage votre voiture tant que la facture n'est pas réglée, même en cas de litige. Alors mieux vaut récupérer votre véhicule, régler la facture, et entamer les procédures légales que nous vous avons décrites.

LE CHIFFRE DU JOUR

Vous pouvez contacter les organisations syndicales des garagistes à la Chambre syndicale du commerce et de la réparation automobile au (1) 45 01 52 55.

4 JUIN

SAINTE CLOTILDE

COMBINE STORY

1666 : Molière présente son Misanthrope, *qui décide d'aller vivre loin du monde. Erreur fatale pour le consommateur futé qui, après avoir lu la super-combine du jour, comprendra tout le bénéfice qu'il peut retirer d'une certaine promiscuité...*

VIE QUOTIDIENNE : ABONNEZ-VOUS MOINS CHER DANS LES CLUBS DE SPORT !

Le mois de juin, c'est votre dernière chance avant l'été de faire du sport. L'épreuve du maillot de bain, si cruelle pour le bourrelet inesthétique qui pendouille ici ou là, c'est presque demain ! Mais vous êtes peut-être effrayé, à juste titre d'ailleurs, par les tarifs exorbitants pratiqués par les salles dites de « multi-activités ». Pour faire du sport en même temps que des économies, vous devez suivre un principe très simple : groupez-vous et obtenez de grosses réductions. En effet, les astucieux responsables de ces clubs de sport pour citadins stressés-pressés préfèrent vendre six abonnements annuels avec 30 % de réduction que pas d'abonnement du tout. Si vous êtes tout seul, ils ne vont pas être très chauds pour faire passer le forfait de 3 500 à 2 500 F. En revanche, si vous débarquez à cinq ou six en disant : « soit vous nous faites un bon prix, soit on va voir le club d'à côté », ils seront soudainement beaucoup plus compréhensifs (nous en avons fait l'expérience pour vous).

LE CHIFFRE DU JOUR

Près de 15 millions de Français n'ont jamais pratiqué de sport !

SAINT IGOR

COMBINE STORY

1883 : naissance de l'économiste anglais John Keynes, dont la philosophie économique (la relance de la consommation) a inspiré toute la première partie du siècle.

5
JUIN

REVENUS : ADHÉREZ À UN CLUB D'INVESTISSEMENTS !

Si notre combine-story du jour ne vous interpelle pas quelque part, si vous auriez parié que Keynes était un joueur de foot du *Manchester United*, si vous n'êtes pas ému en pensant que, sans ce grand penseur économique, l'Amérique de Roosevelt n'aurait pas connu le *New deal*, vous êtes mal parti pour tenter votre chance dans la jungle boursière où la connaissance des marchés et des mécanismes économiques, la culture financière (comme on dit à *L'Expansion*) et une bonne dose de flair sont autant d'armes qui vous évitent d'être le dindon de la farce ! Heureusement, vous tenez dans vos mains l'ouvrage qui vous donne chaque jour une solution pour combler ou pallier vos lacunes. Si le monde boursier vous intéresse et si vous avez quelques sous à placer (ce qui serait la moindre des choses après toutes les économies que vous avez réalisées depuis cinq mois et cinq jours !), nous vous conseillons d'adhérer à un club d'investissements. C'est la structure idéale si vous souhaitez dépasser le stade de la Sicav achetée via votre banque, dont le rendement est sûr mais sans surprise. Un club d'investissements regroupe entre cinq et vingt personnes qui constituent un portefeuille de placements en valeurs immobilières, qui échangent leurs points de vue, leurs expériences et leurs connaissances et qui choisissent un intermédiaire financier (une banque ou une société de placements boursiers) pour investir en commun, en partageant les risques et les bénéfices.

L'ADRESSE DU JOUR

Pour tous renseignements sur ces clubs, adressez-vous à la Fédération nationale des clubs d'investissements (la FNACI), au 22, boulevard de Courcelles, 75017 Paris, tél. : (1) 47 63 19 02.

6 JUIN

SAINT NORBERT

COMBINE STORY

1830 : aux USA, Joseph Smith fonde l'Église des mormons et s'installe à Salt Lake City. Les mormons doivent connaître les vertus, notamment financières, du mariage car, rappelons-le, ces bienheureux sont polygames !

VOYAGES : FAITES DES ÉCONOMIES GRÂCE À VOTRE MOITIÉ !

Mariés ou concubins, faites-le savoir ! Les couples bénéficient en effet de réductions importantes (de 40 à 60 %) pour l'avion, à condition évidemment de voyager ensemble. Pour tous ceux et toutes celles qui ont un peu la bougeotte, un petit détour par la mairie avec leur Julie ou leur Jules – le temps de dire « Oui » ou d'établir le certificat de concubinage – peut donc être tout à fait rentable et économique. Vous faites établir un certificat de concubinage en bonne et due forme à la mairie (pour la procédure, voir notre chapitre « l'Administration »). Puis, quand vous voulez partir ensemble en voyage par l'avion, vous demandez au guichet ou à l'agence un billet couple. Ceux-ci sont en effet beaucoup moins chers que les billets individuels.

L'ADRESSE DU JOUR

3615 code VOS DROITS, pour tout savoir sur vos droits (justement !) dans tous les domaines...

La combine du radin

Certains radins ont l'esprit de famille et ils adoreraient vivre en pays mormon car ils aiment les mariages et les agapes gratuites qui s'ensuivent ! Mais comme ils n'en ont pas beaucoup dans leur propre famille, ils s'invitent aux fêtes des autres. ils s'informent grâce à la publication des bans ou aux rubriques spécialisées dans Le Figaro, Le Monde *et les quotidiens locaux pour connaître les dates et les lieux une fois dans la fête, ils évitent de trop se faire remarquer, ils s'informent discrètement sur les héros du jour et expliquent, quand on leur demande, qu'ils sont ami de l'un des deux (de préférence celui qui ne fait pas partie de la famille du questionneur !).*

SAINT GILBERT

COMBINE STORY

1877 : Georges Leclanché invente la pile qui dure six mois. Un siècle plus tard, Bernard Tapie inventera, avec le rachat de Wonder, l'entreprise qui dure six mois !

7 JUIN

CONSOMMATION : REMETTEZ LE TROC À LA MODE !

Depuis quelques années, on assiste au retour en force du troc, un mode de consommation autrefois très en vogue et qui avait pratiquement disparu depuis plusieurs décennies. Au lieu d'acheter d'une part, et de vendre d'autre part, vous échangez en une seule fois. C'est pratique, économique et convivial et vous n'avez même plus à sortir d'argent (ce qui est plutôt intéressant par rapport au fisc, avouez-le...). Pour troquer il y a, bien sûr, les annonces dans les journaux, mais la preuve du grand retour à la mode de l'échange, c'est qu'un serveur minitel s'est créé pour accueillir tous les troqueurs de France et de Navarre. Ce serveur permet désormais d'échanger tout ce que vous voulez avec vos correspondants télématiques : vous voulez vous débarrasser de votre machine à laver ? Échangez-la contre un lot de vaisselle ou dix caisses d'un excellent bordeaux. Vous ne savez plus quoi faire de cette vieille gravure qui a appartenu à votre grand-père ? Troquez-la, selon sa valeur, contre une jolie robe griffée Gaultier ou encore contre un aller-retour à la Martinique !

L'ADRESSE DU JOUR

3615 code TELTROC, un serveur intelligent pour vous débarrasser de ce qui vous pèse et vous encombrer de tout ce qui vous manque !

Ils sont fous, ces combinards !

Certains fanas de jeux télé se sont associés pour échanger les différents lots en double qu'ils ont gagnés. « Je te refile l'un de mes aller-retour Paris/Ibiza contre l'un de tes aspirateurs ! »

8 JUIN

SAINT MÉDARD

COMBINE STORY

1936 : Léon Blum, les syndicats et le patronat signent les « accords de Matignon » qui instaurent la semaine de 40 heures et octroient 15 jours de congés payés. Royal !

VOYAGES : SOYEZ BIEN ASSURÉ... MAIS PAS TROP ASSURÉ !

Avant de partir, surtout à l'étranger, mieux vaut vous assurer que vous êtes bien... assuré. Mais inutile de multiplier les contrats et de faire couvrir plusieurs fois le même risque. Un simple coup de fil à votre assureur vous permettra de savoir si vous êtes suffisamment garanti hors de nos frontières, pour les activités auxquelles vous (ou les vôtres) souhaitez vous livrer, mais également pour votre automobile. Si vous partez en voiture, n'oubliez pas d'emporter votre carte verte d'assurance, obligatoire si vous voulez conduire hors de l'Hexagone. Pratique : vous trouverez au verso de cette carte les coordonnées du bureau ou du correspondant de votre assureur dans le pays où vous allez séjourner. En cas d'accident hors de la CEE, vous devez avertir à la fois ce correspondant local et votre compagnie en France, et ce dans un délai de cinq jours. Attention : avant de partir, vérifiez que votre contrat concerne bien le territoire sur lequel vous souhaitez conduire : certains pays de l'Est, par exemple, ne sont pas couverts par la plupart des assureurs auto français.

LE CHIFFRE DU JOUR

L'an dernier, 35 000 Français ont eu un accident de voiture à l'étranger !

SAINTE DIANE

9 JUIN

COMBINE STORY

1348 : le pape Clément VI veut faire d'Avignon le siège de la papauté... pas de problème, il rachète la ville à Jeanne 1re, reine de Sicile. Décidément, le Vatican ne connaît pas la crise !

PTT : ÉCONOMISEZ LA RECHERCHE D'UN ABONNÉ AU TÉLÉPHONE !

Cela vous arrive souvent : vous possédez un numéro, mais vous ne savez pas à qui ou à quoi il correspond. Alors vous appelez les renseignements qui, grâce à leur service de « recherche d'abonnés », vous trouveront les coordonnées exactes de celui qui vous intéresse, et vous rappellent quelques minutes plus tard. Cette recherche coûte 13,20 F (qui s'additionnent à votre facture téléphonique), ce qui n'est pas rien lorsqu'on sait que les préposés du « 12 » peuvent avoir à leur disposition ce que l'on appelle un annuaire inversé (il s'agit d'une simple manipulation informatique...) qui permet de connaître un nom et une adresse à partir d'un numéro. Cette tarification est d'autant plus illégitime que les PTT, on ne le sait pas assez, commercialisent l'annuaire à des sociétés qui vous harcèlent au téléphone ! Pour éviter de payer ces 13,20 F, voici une combine simple comme bonjour : il vous suffit de faire cette « recherche d'abonné » à partir... d'une cabine téléphonique ! Vous donnez à l'opérateur le numéro de la cabine dans laquelle vous vous trouvez et le tour est joué : France Télécom facturera 13,20 F à la cabine... et donc à lui-même !

LE CHIFFRE DU JOUR

Le service des renseignements (le 12 au téléphone et le 11 au Minitel) enregistre plus de 20 millions d'heures de consultation par an !

La combine de l'escroc

En Moldavie, le téléphone rose ça marche aussi ! Alléchés par une publicité qui leur promettait de leur faire découvrir, grâce à un numéro de téléphone, les fantaisies sexuelles les plus torrides, de nombreux Moldaves se sont retrouvés avec une facture téléphonique pharamineuse (atteignant jusqu'à 10 fois le revenu moyen national !). L'escroc à l'origine de l'opération avait oublié de préciser dans sa réclame que son service était basé... en Australie !

10 JUIN

SAINT LANDRY

COMBINE STORY

1496 : Léonard de Vinci expérimente ses premières machines à voler à Milan et à Florence. Il s'agit d'engins qui fonctionnent à l'aide de la force musculaire. Aujourd'hui, c'est plus cher mais c'est moins fatigant !

VOYAGES : PROFITEZ DES SOLDES DES GRANDES COMPAGNIES !

Depuis moins de deux ans, certaines grandes compagnies ont décidé de ne plus laisser aux seuls soldeurs le bénéfice de vendre leurs places disponibles. Elles vous proposent donc directement des billets à prix « cassés », quelques jours (ou quelques heures) avant le départ, comme par exemple un Paris/Milan AR sur Alitalia à 990 F au lieu de 2 200 F en plein tarif. Évidemment, ces bons plans sont moins fréquents en juillet-août, où la demande est la plus forte, que pendant le reste de l'année.

L'ADRESSE DU JOUR

– Air France solde ses places avec les billets « coup de cœur », tél. : (1) 44 08 24 24 pour les infos ; (1) 44 08 22 22 pour la réservation.
– Air Inter : également des billets « coup de cœur » pour l'Europe, réservation : tél. : (1) 45 46 90 00.
– American Airlines : offres « coup de cœur » pour les États-Unis, tél. : (1) 42 89 05 22.
– Alitalia : offre « fortissimo », promotions ponctuelles tout au long de l'année, tél. : (1) 40 15 01 40.
– TWA : offres ponctuelles sur les États-Unis, tél. : (1) 40 69 70 00.

SAINT BARNABÉ

COMBINE STORY

1905 : le premier autobus à essence roule dans les rues de Paris à 14 km à l'heure ! Les resquilleurs peuvent facilement descendre en marche !

11 JUIN

VACANCES : NE PERDEZ PAS DE TEMPS ET D'ARGENT SI VOTRE LOCATION NE VOUS PLAÎT PAS !

Le 3 mai, nous vous avons expliqué qu'il valait mieux verser des arrhes et non un acompte lorsque vous réserviez votre location d'été, car ce dernier est considéré comme définitif et non remboursable. Vous serez d'autant plus heureux d'avoir pris cette sage précaution si, en arrivant sur place, vous vous apercevez que la « terrasse » n'est pas assez grande pour déplier un transat et que la « vue sur mer » n'est accessible qu'en grimpant sur le toit. Si vous avez loué par l'intermédiaire d'une agence, vous pourrez alors exiger d'être installé dans une autre location, à condition que vous puissiez prouver que le logement ne correspond pas à ce qui vous avait été décrit. Si aucune alternative n'est possible ou si votre interlocuteur est un particulier, vous devez au minimum être indemnisé (réduction sur le prix de la location ou remboursement avec dommages et intérêts). S'il s'agit d'un organisme qui vous a loué un logement à l'étranger, vous pouvez généralement être aidé par le service d'assistance juridique que proposent de nombreux contrats d'assurance auto ou habitation.

L'ADRESSE DU JOUR

En cas de litige persistant, portez l'affaire devant le Syndicat national des agents de voyages, le SNAV, au (1) 42 67 61 20, ou de la Direction départementale de la concurrence, de la consommation et de la répression des fraudes du département où a eu lieu le différend.

12 JUIN

SAINT GUY

COMBINE STORY

305 : l'empereur romain Dioclétien fait construire des thermes de 140 000 m², pouvant accueillir 3 000 baigneurs ! Si ces bains existaient toujours, vous pourriez en profiter grâce à notre combine du jour...

SANTÉ : PARTEZ À L'ÉTRANGER GRÂCE AU FORMULAIRE E 112 !

Connaissez-vous le formulaire E 112 ? C'est la manifestation la plus utilisée et pourtant la moins connue de la construction européenne. Ce formulaire magique permet à tous les habitants de la Communauté d'être pris en charge par la Sécurité sociale du pays qui les reçoit, que ce soit pour des vacances ou pour une période plus longue. Imaginez, maintenant, que vous désiriez faire une cure thermale mais que l'idée de passer trois semaines dans une station française vous ennuie : vous pouvez alors, grâce au fameux E 112, demander, et obtenir, une cure en Bavière, en Grèce ou en Espagne... Il fallait y penser, et vive l'Europe !

L'ADRESSE DU JOUR

Les Français qui séjournent pour des raisons professionnelles à l'étranger peuvent adhérer à la caisse des Français de l'étranger : Rubelles, 77951 Maincy Cedex. Renseignements au (1) 60 68 01 62.

Ils sont fous, ces combinards !

En février 1990, la société Perrier décide de retirer du marché 160 millions de bouteilles vendues dans 750 000 points de vente dans le monde. Cause : certaines de ces bouteilles contenaient 8 à 17 microgrammes de benzène, alors que la norme est de 5. Résultat de cette manœuvre de « salubrité publique » : Perrier fait encore plus parler de lui et ses ventes « explosent » dans les mois qui suivent !

SAINT ANTOINE

13 JUIN

COMBINE STORY

1231 : en Italie, le franciscain Antoine de Padoue meurt. Aujourd'hui, vous pouvez continuer d'évoquer ce saint pour retrouver vos objets perdus...

VIE QUOTIDIENNE : ASSUREZ VOS APPAREILS PHOTO POUR ÊTRE REMBOURSÉ EN CAS DE VOL OU DE PERTE !

Dans une quinzaine de jours, chers lecteurs avides d'économies, vous gambaderez sur une plage de sable doré, vous chasserez les papillons dans une verte campagne ou vous écumerez les boîtes de nuit de la côte espagnole à la recherche de l'âme sœur... en un mot : vous serez en vacances ! Et vous ferez, comme tout le monde, des montagnes de photos avec votre bel appareil, double focus et 5 vitesses d'ouverture, que tous vos neveux vous envient. Eh, oui... même si vous n'êtes pas l'Helmut Newton des plages ou le Robert Doisneau des excursions en bus, vous aimez figer ces moments inoubliables qui vous feront de bien jolis souvenirs de vacances. Mais imaginez un instant le pire : que votre cher appareil disparaisse un matin, à la plage ou à l'arrière de votre voiture... Finis les souvenirs, effacées les scènes désopilantes de vos vacances, disparus les magnifiques portraits de votre belle amie, et, plus grave que tout, définitivement perdu le montant dépensé pour votre petit bijou qui faisait clic-clac avec tant d'entrain ! Sachez que fort peu de compagnies acceptent d'assurer les appareils photo, caméras ou caméscopes. Heureusement, il y a une bonne adresse que nous pouvons vous conseiller...

L'ADRESSE DU JOUR

Celle de cet assureur insolite que nous avons déniché pour vous : J-L Pinon, 8, rue de Liège 75009 Paris, tél. : (1) 48 78 95 30. Demandez Marie-Christine de notre part !

14 JUIN

SAINT ÉLISÉE

COMBINE STORY

1865 : en France, le paiement par chèque est légalisé. La vie va être beaucoup plus belle pour les combinards !

BANQUE : CHANGEZ DE CRÈMERIE AVANT L'INTERDICTION BANCAIRE !

Les chèques sans provision sont depuis longtemps la bête noire des banquiers, et donc de l'État ! Ces derniers ont donc pris des mesures draconiennes à l'encontre de ces mauvais payeurs, même si ceux-ci ne sont pas toujours des escrocs, mais plutôt des gens « tête-en-l'air », un tantinet dépensiers, ou qui traversent une mauvaise passe... C'est dire si donner une combine pour éviter les terribles sanctions de l'interdiction bancaire (qui dure 10 ans !) est un acte de santé publique ! sachez qu'en cas d'incident bancaire, votre banque vous donne un délai de 30 jours pour régulariser. Il suffit donc, pour échapper à l'interdiction, de payer votre dette bien sagement pendant ce mois de grâce qui vous est offert, puis de solder définitivement votre compte. Il faut savoir que cette opération annule purement et simplement toute trace de l'incident. Il ne vous reste plus qu'à ouvrir un nouveau compte dans une autre banque et de repartir de zéro !

LE CHIFFRE DU JOUR

Plus de 5 millions de chèques sans provision sont émis chaque année en France !

La combine de l'escroc

Si vous faites une erreur sur votre chèque en transcrivant la somme en lettres et en chiffres, sachez que comme ce sont les lettres qui font foi, même si ce sont les chiffres qui sont plus faciles à lire, et si c'est sur eux que se basera le destinataire du chèque ou peut-être même l'employé de banque. Exemple : 6 660 F peut fort bien s'écrire « six mille soixante francs ». Certains petits malins sont des « habitués » de cette combine... cela leur fait 600 F de gagnés lorsqu'ils contestent la somme débitée !

SAINTE GERMAINE

COMBINE STORY

1963 : à Sainte-Geneviève-des-Bois (dans l'Essonne) le premier hypermarché français est inauguré à l'enseigne de Carrefour. Les petits commerçants font grise mine…

15 JUIN

CONSOMMATION : FAITES VOS COURSES DANS LES MAGASINS LES MOINS CHERS !

Vous le savez, tous les supermarchés, hypermarchés et grandes surfaces ne se valent pas. De l'un à l'autre, les prix peuvent varier de plus de 20 %, soit quand même près de 200 F d'écart pour un gros marché hebdomadaire. N'hésitez donc pas à comparer attentivement. Il peut être rentable de ne pas faire toutes ses courses au même endroit : ainsi, d'après notre enquête, Leclerc et Carrefour sont les plus économiques pour les surgelés et les produits d'entretien, alors que Auchan et Mammouth méritent davantage le détour pour leur rayon épicerie et Intermarché pour la crèmerie. Intéressant également : les éléphants de la distribution se font actuellement marcher sur les pieds par de nouveaux venus, les *discounters*, chaînes proposant les produits les plus nécessaires entre 10 et 30 % moins cher que la moyenne des autres grandes surfaces ! Les plus connus : Ed l'Épicier, Europa Discount, Lidl, Aldi ou encore Leader Price. Pour les rayons épicerie, boissons ou laitages, vous y serez gagnant. Enfin, sachez que *Que Choisir ?* publie une fois par an un classement des grandes surfaces : les plus mal classées dans sa dernière enquête sont Timy, Les Nouvelles Galeries, Prisunic, Shopi et Uniprix.

L'ADRESSE DU JOUR

Pour demander le numéro spécial « test comparatif super et hypermarchés »… ou pour vous abonner : UFC/*Que choisir ?*, tél. : (1) 43 48 55 48.

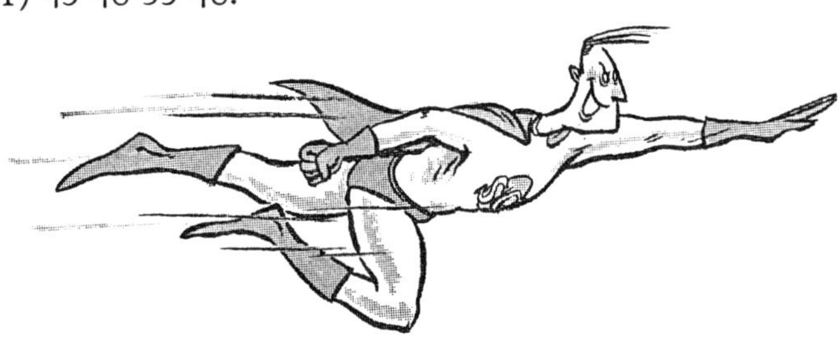

16 JUIN

SAINT JEAN-FRANÇOIS RÉGIS

COMBINE STORY

1881 : en France, adoption de la loi sur la gratuité de l'enseignement, voulue par Jules Ferry, ministre de l'Instruction publique. Il eut beaucoup moins de chance avec sa politique coloniale au Tonkin, qui lui valut sa chute !

REVENUS : AIDEZ VOTRE CHER... UBIN À TROUVER UN JOB !

C'est la fin de l'année scolaire et il serait temps que l'estomac sur « Pump Air » dont vous êtes l'infortuné parent songe à rentabiliser ses congés d'été en trouvant un job ! S'il n'est pas allergique aux enfants et si les touristes ou les vacances en club ne lui tapent pas sur les nerfs, votre ado peut choisir le secteur de l'animation, grand pourvoyeur de jobs devant l'éternel. Il ne sera pas très bien rémunéré (entre 4 000 et 5 000 F par mois) mais c'est toujours mieux que votre argent de poche. S'il a plus de 16 ans, il peut, par exemple, devenir animateur dans les centres aérés municipaux. Il peut également devenir guide ou agent d'accueil dans les services de tourisme. Les mairies et les syndicats d'initiative cherchent en effet des agents saisonniers pour accueillir les touristes ; il suffit d'envoyer un CV, accompagné d'une lettre de motivation, à tous ces organismes. Autre piste : faire la mouche du coche sur ces drôles de navires qui sillonnent la Seine. Les compagnies qui gèrent ces bateaux ont souvent besoin de jeunes gens qui assurent le commentaire pendant la durée de la croisière sur la Seine. Enfin, il peut devenir « GO » au Club Méd. Beaucoup de célébrités (show-biz ou politique) ont fait les « signes démentiels » (les « GM » comprendront de quoi on parle) et des milliers d'animateurs sont engagés chaque année par le plus grand organisme de vacances de la planète.

L'ADRESSE DU JOUR

– Adressez-vous aux compagnies de bateaux-mouches comme les Vedettes du Pont-Neuf, tél. : 46 33 98 38, les Bateaux parisiens, tél. : 47 05 50 00, Paris Canal, tél. : 42 40 96 97, les Bateaux-mouches de Paris, tél. : 42 25 96 10 ou encore les Vedettes de Paris-Ile-de-France, tél. : 47 05 71 29.
– Club Méditerranée : service recrutement, place de la Bourse, 75002 Paris, tél. : 42 61 85 00.

SAINT HERVÉ

COMBINE STORY

1915 : le ministre de la Guerre français souhaitant limiter le nombre des blessures des soldats équipe chaque homme d'un casque en métal. Les protéger mieux pour qu'ils servent plus... voilà un principe digne d'un ministre combinard !

SANTÉ : OFFREZ-VOUS UN CHECK-UP GRATUIT AVANT L'ÉTÉ !

Peu de gens le savent, mais le fait de cotiser à la Sécurité sociale vous donne droit à un bilan gratuit tous les cinq ans. Toutes les analyses et les radios habituellement ruineuses vous sont alors gracieusement offertes. Il serait tout à fait stupide de ne pas en profiter, d'autant que ce bilan est également un geste civique. Il permet en effet à votre caisse d'assurance maladie de détecter d'éventuelles maladies, et donc de faire des économies ! Vous n'êtes pas du genre malade imaginaire, et vos visites chez le médecin se comptent sur les doigts d'une main ? Il est d'autant plus impératif que vous profitiez des bilans de santé gratuits accordés par la Sécurité sociale à ses affiliés. Tous les assurés sociaux de 16 à 60 ans, tous les membres de leur famille : conjoint, enfant de plus de 16 ans, parents, pourvus qu'ils habitent sous le même toit que l'assuré, peuvent bénéficier de ce check-up gratuit; et, plus fort encore, sachez que vous pouvez même effectuer ce bilan pendant vos heures de travail : généralement, les employeurs ne retiennent pas de demi-journée sur le salaire. Au cas où vous auriez un patron particulièrement mesquin, sachez que vous avez droit à une indemnité de salaire de la part de la sécu, et même au remboursement des frais de déplacement occasionnés !

L'ADRESSE DU JOUR

Il vous suffit de prendre votre téléphone pour appeler le service des bilans de santé de votre centre de Sécurité sociale : à Paris, par exemple, appelez le (1) 40 19 73 00 ou le (1) 40 19 73 31) et fixez avec eux un rendez-vous.

18
JUIN

SAINT LÉONCE

COMBINE STORY

1940 : le général de Gaulle lance son fameux appel aux Français, en direct de Londres, sur la BBC, deux jours après l'armistice demandé par Pétain. Un futur chef de l'État qui fait appel à ses concitoyens, cela nous a donné des idées pour cette combine du jour...

PV : RÉSISTEZ EN APPELANT SOS-ÉLYSÉE !

Vous êtes à deux doigts d'être saisi ? Implorez Dieu en personne, autrement dit, écrivez à Tonton ! Expliquez-lui que vous êtes fort dépourvu, que vous avez cinq loyers de retard, que votre patron est dans l'obligation de vous licencier, que vous n'avez même plus de quoi acheter de la viande à vos enfants... Devant tant de misère, le dix-neuvième secrétaire de l'Élysée transmettra votre demande au service des grâces du ministère de la Justice qui, quelques semaines plus tard, vous répondra que « malheureusement, et après avoir imaginé toutes les solutions pour régler dans les meilleures conditions votre cas douloureux, le Ministre ne peut donner une réponse favorable à votre recours... » On se moque de vous, évidemment, mais vous avez gagné un sursis et la manœuvre stoppe les voraces huissiers qui n'ont pas le droit de vous saisir et qui sont condamné à gémir sur votre paillasson, aussi incapables de faire un pas de plus vers votre porte qu'une armée de vampires face à une gousse d'ail... pas pour longtemps, hélas, car les services chargés de traiter ces recours sont rodés à ce genre d'exercice, très prisé par les combinards qui connaissent la loi. Votre lettre arrive et le formulaire type est généralement déjà sur le départ... Heureusement, votre courrier met encore beaucoup de temps pour passer d'un service à l'autre !

L'ADRESSE DU JOUR

Celle de Tonton que vous pouvez appeler à la rescousse : Monsieur le Président de la République française, Palais de l'Élysée, 55, rue du Faubourg-Saint-Honoré, 75008 Paris.

Ils sont fous, ces combinards !

Le manuscrit de « l'appel à tous les Français », rédigé par le général de Gaulle en juin 1940, a été vendu, en privé, en décembre 1970... 300 000 F !

SAINT ROMUALD

19 JUIN

COMBINE STORY

1623 : naissance de Blaise Pascal, auteur du célèbre « pari ». C'est à l'âge de 32 ans que ce savant génial connut une nuit d'extase (mystique !), à la suite de laquelle il décida de consacrer sa vie... à la religion!

JEUX : JOUEZ LES 6 CHIFFRES QUI VONT VOUS FAIRE GAGNER « GROS » AU LOTO !

Contrairement à une idée reçue, le Loto ne serait pas complètement un jeu de hasard. Certains calculs très savants ont démontré que vous aviez beaucoup plus de chances de gagner le gros lot si vous cochiez certaines cases de votre grille. En effet, parmi les 49 numéros proposés chaque semaine, certains d'entre eux sont plus joués que d'autres : les joueurs choisissent, par exemple, le plus souvent des numéros qui correspondent à des dates de naissance (de leur mari, de leur petit-fils ou de leur secrétaire...), il est donc préférable pour gagner « gros » de ne pas cocher ces numéros de 1 à 30, et encore moins ceux qui vont de 1 à 12, qui sont sur-représentés. Selon les mêmes calculs, la combinaison la moins souvent cochée serait le 26, le 38, le 41, le 43, le 44 et le 46. Alors vous savez ce qu'il vous reste à faire lors du prochain tirage.

LE CHIFFRE DU JOUR

Au début était le Code pénal qui interdisait les jeux d'argent et de hasard. Mais une loi dérogatoire fut votée en 1907... fort heureusement pour l'État qui prélève 49 % des sommes jouées par les Français qui dépensent plus de 25 milliards de francs chaque année dans l'achat de tickets de Loto !

Ils sont fous, ces combinards !

Space Travel Services Corporation, une compagnie américaine, a mis en jeu le plus gros « gros lot » du monde : elle a offert aux gagnants d'une loterie une semaine à bord de la station orbitale soviétique Mir !

20 JUIN

SAINT SILVÈRE

COMBINE STORY

1790 : l'Assemblée constituante décide l'abolition des titres de noblesse après avoir aboli les privilèges le 4 août 1789. Après la célébration du bi-centenaire de la Révolution, où en sont les privilèges ?

VOYAGES : PAYEZ MOINS CHER À LA DERNIÈRE MINUTE !

Si vous n'êtes pas un obsédé de l'organisation, profitez de l'excellente formule des « promos de dernière heure », également appelées « BDM » (billets de dernière minute). Ceux-ci consistent en des places soldées quelques semaines, quelques jours ou quelques heures avant le départ, par des organismes spécialisés dans l'écoulement des billets invendus. Un exemple parmi d'autres : un Paris/Los Angeles AR sur British Airways à 3 957 F au lieu de 15 947 F au prix fort ! Un très bon moyen de partir pour très peu cher à l'autre bout du monde. Alors consultez nos adresses du jour...

L'ADRESSE DU JOUR

– 3615 Allovoyage : truffé d'astuces, de conseils et de bonnes affaires.
– 3615 Charter : le minitel soldeur de « Jumbo ».
– 3615 Degrif'tours et 3615 Selectour : beaucoup de « bons plans ».
– 3615 Go : les promos de la société Go voyages.
– 3615 Reductour : promos sur vols, séjours ou locations.
– 3615 Sos charters : les places disponibles sur de grandes compagnies.
– Any way : formule « J moins 7 » ou « J moins 15 » avec 20 à 50% de réduction.
– Nouvelles frontières : tous les lundis, sélection de « bons plans » vols et séjours.

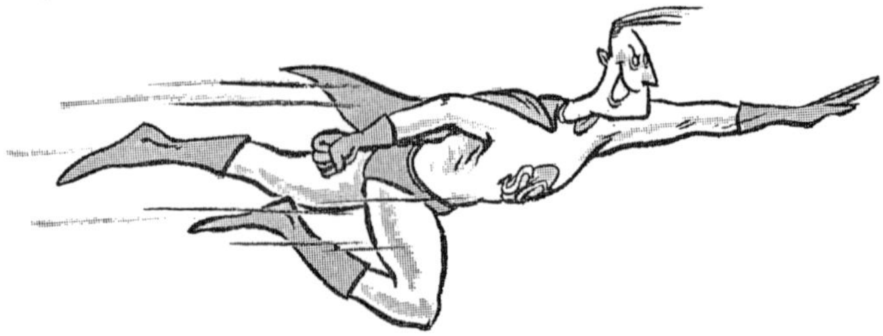

SAINT RODOLPHE
L'ÉTÉ

21 JUIN

COMBINE STORY

1992 : l'impopularité d'Édith Cresson est une super-combine pour entrer (enfin !) dans le Bêbête Show sous le nom de Didi la Teigne.

CAFÉ : PAYEZ VOS CONSOMMATIONS AU PRIX NORMAL APRÈS 22 HEURES S'IL N'Y A RIEN D'AFFICHÉ !

Le tarif des consommations doit obligatoirement être affiché de façon visible dans l'établissement ainsi qu'à l'extérieur s'il existe une terrasse. Les changements de prix (au bar ou en salle) doivent également être clairement indiqués ainsi que les majorations de tarif survenant après 22 heures. Si ces conditions ne sont pas respectées, rien ne vous empêche de prendre un cognac à 23 heures en exigeant de le payer 25 F, tarif de la journée, alors que le serveur veut vous le facturer 50 F. Vous devez également réagir si l'on refuse de vous servir un café ou un chocolat après 22 heures en invoquant la loi du 1er août 1905 sur le refus de vente.

LE CHIFFRE DU JOUR

Il faut 3 heures de marche pour éliminer un simple whisky, 5 biscuits apéritif, 40 noisettes et 10 chips... alors souvenez-vous-en à l'heure de l'apéro !

La combine du radin

Le radin a remarqué qu'à chaque fois que le serveur lui apporte un Martini, il a délibérement mis beaucoup de glaçons et très peu d'alcool. Alors, comme il connaît la loi, il exige que ses glaçons soient servis à part. C'est un droit qu'un bar ne peut en effet refuser. Et si il y a encore un doute sur la quantité d'alcool, le radin n'hésite pas à demander la mesure de sa boisson par des volumes en étain, obligatoires dans un bar. Et toc !

22 JUIN

SAINT ALBAN

COMBINE STORY

1527 : mort de l'écrivain italien Machiavel, dans le dénuement le plus complet. Celui qui a écrit Le Prince *et a connu les honneurs des plus grandes cours européennes finit ses jours dans le plus grand dénuement, déchu des ses droits civiques.*

VOYAGES : PROFITEZ DES 25 % DE RÉDUCTION GENTIMENT OFFERTS PAR LA SNCF !

Comment voyager moins cher par le train grâce à la SNCF ? Sachez que tout salarié, chômeur ou retraité peut obtenir, une fois par an, une réduction de 25 à 50 % sur le prix d'un billet de seconde pour lui et toute sa famille (les célibataires peuvent en faire profiter leur père et mère s'ils partagent le même domicile). Cette réduction est valable à l'occasion d'un congé payé et pour un parcours aller-retour d'au moins 200 km, sur n'importe quel trajet et à n'importe quel horaire. Il suffit d'aller retirer le formulaire de « billet congé annuel » dans une gare et de le faire viser par votre employeur, par votre caisse de retraite ou par votre ANPE. Vous achetez ensuite vos billets à tarif réduit pour toute la famille en présentant le formulaire au guichet. Avantage supplémentaire : tout le monde n'est pas obligé de voyager au même moment. Si certains membres de la famille n'ont pas profité de la réduction lors d'un premier trajet, ils peuvent en bénéficier une prochaine fois. Inutile de souligner, évidemment, que si le mari et la femme, ou le concubin et la concubine sont tous deux salariés ou chômeurs ou retraités, ils peuvent chacun demander un billet de congé annuel !

LE CHIFFRE DU JOUR

2 millions de francs, c'est ce que coûte à la SNCF le vol dans les trains (voir ci-dessous pour les détails...).

La combine de l'escroc

Chaque année, les Français empruntent quelques objets à la SNCF : 50 000 couvertures, 100 000 taies d'oreiller, 300 000 draps, 2 000 échelles de couchette, 16 800 marteaux brise-vitres, 2 000 savonniers, 400 rideaux de voiture Corail et même... 1 200 cadres-photos !

SAINTE AUDREY

23 JUIN

COMBINE STORY

1946 : à la piscine Molitor à Paris, apparition du premier maillot de bain deux pièces. A partir de cette date, on peut dire que plus les maillots seront petits, plus ils seront chers !

VOYAGES : EXIGEZ DE PARTIR AU PRIX POUR LEQUEL VOUS AVEZ SIGNÉ !

On vous a vendu un séjour à Rhodes pour 5 420 F. Mais, au moment de partir, on vous annonce que le prix est soudainement passé à 5 980 F. Pour se justifier, le vendeur invoque le fameux arrêté du 27 juillet 1983, autorisant les voyagistes à pratiquer de telles hausses par rapport à leurs catalogues, « en cas d'augmentation du dollar ou des carburants ». Refusez et menacez de porter plainte en expliquant à votre interlocuteur ce qu'il sait d'ailleurs très bien : l'arrêté de 83 a été annulé par un arrêt du Conseil d'État (datant du 6 juillet 1988), stipulant que le prix du voyage ne peut pas être supérieur à celui annoncé par la brochure de l'année en cours et sur la base duquel a été établie la réservation.

LE CHIFFRE DU JOUR

En fonction de votre destination et de la durée de votre séjour, l'avion peut représenter de 40 à 70 % du prix de votre « forfait » (vol + séjour). C'est donc sur ce poste que les voyageurs futés réalisent les économies les plus flagrantes.

24 JUIN

SAINT JEAN-BAPTISTE

COMBINE STORY

1901 : première exposition de Pablo Picasso à Paris, dans la galerie d'Ambroise Vollard. En 1989, son tableau Les Noces de Pierrette *fut acheté chez Drouot par un un PDG japonais... 300 millions de francs !*

VIE QUOTIDIENNE : FAITES EXPERTISER VOS ŒUVRES D'ART GRATUITEMENT !

Il existe un service très intéressant pour tous ceux qui possèdent un objet ou un meuble ancien mais qui n'en connaissent pas la valeur exacte. Il s'agit du service d'estimation de l'Hôtel Drouot. Les responsables de la célèbre salle des ventes vous proposent, en effet, de vous dire combien vaut cette malle-cabine découverte dans votre grenier ou ces chandeliers qui étaient enfouis dans la cave de votre maison de campagne. Bonne nouvelle : le service est gratuit !

L'ADRESSE DU JOUR

Le service des Estimations gratuites de l'Hôtel Drouot, 9, rue Drouot, 75009 Paris, tél. : (1) 48 00 20 20.

Ils sont fous, ces combinards !

La toile Un coucher de soleil sur l'Adriatique, *signée JR Boronali, remporta un très grand succès en 1910, et fut vendue un bon prix. Il aura fallu quelques années à l'heureux propriétaire de la toile pour apprendre qu'elle avait été en fait peinte par... un âne, à la queue duquel une bande de joyeux peintres de Montmartre avait, par jeu, fixé un pinceau !*

SAINT SALOMON

25 JUIN

COMBINE STORY

1858 : naissance de Georges Courteline qui s'attachera à tourner en ridicule les fonctionnaires de son époque. S'il avait vécu à la nôtre, gageons qu'il n'aurait pas manqué de sources d'observation et d'inspiration !

ENFANTS : ENVOYEZ-LES AU VERT SANS VOUS METTRE DANS LE ROUGE !

Et si vous décidiez d'envoyer vos charmantes têtes blondes ou brunes respirer l'air frais, le purin, la paille et le fromage de chèvre ? Non, non, il ne s'agit pas de les envoyer passer leurs vacances et renouer avec la tradition baba sur le plateau du Larzac, mais tout simplement de leur organiser des vacances pas chères et intelligentes à la ferme ! Certaines familles reçoivent, en effet, les petits citadins en mal de vert pour un séjour très sympa où ils découvriront les animaux, les activités pratiques et d'éveil, tout en s'amusant et en se reposant du stress urbain.

L'ADRESSE DU JOUR

Pour connaître la liste de lieux de vacances à la ferme, contactez le Centre d'accueil familial, tél. : (1) 45 54 73 93. Appelez également la Maison des gîtes de France, tél. : (1) 47 42 20 20.

Ils sont fous, ces combinards !

L'été dernier, Le Canard Enchaîné *révélait que le président de la Caisse nationale d'assurance maladie (la CNAM) avait licencié son chauffeur car ce dernier lui réclamait le paiement de 350 heures sup' destinées à ramener de son bureau parisien à Laval (chez lui) son président de patron qui disposait pourtant de plus de 14 TGV quotidiens pour rentrer dans ses pénates. Un autre président de la sécu (celui de l'ARRCO) a fait mettre au pilon 10 000 exemplaires du luxueux journal de son organisme au motif que son nom était cité en troisième position, plutôt qu'en deuxième, page 5 de la revue ! La Sécu n'est pas un « trou » pour tout le monde !*

26 JUIN

SAINT ANTHELME

COMBINE STORY

1787 : suite aux conseils des experts, la fusion du Conseil royal des finances et du Conseil royal du commerce est décidée. Résultat : les prix flambent et la disette fait rage... parfois, on se demande si l'économie n'est pas une chose trop importante pour la laisser aux économistes !

VOYAGES : CHANGEZ VOTRE ARGENT AU MEILLEUR TAUX !

Le mois de juin, c'est déjà un peu les vacances... il fait beau, les oiseaux chantent, et il y a dans l'air un parfum d'évasion. Vous sentez déjà la douceur du sable sous vos pieds et savourez à l'avance les moments de plénitude... Rêveur mais prévoyant, vous songez aussi à changer de l'argent afin de ne pas vous trouver démuni en arrivant au paradis. Sachez-le, les meilleurs taux sont ceux pratiqués par les succursales de la Banque de France, mais il faut payer en liquide. Si par hasard, vous avez un ami qui travaille dans une banque, demandez-lui de changer l'argent pour vous ; les employés des banques bénéficient en effet de réductions pouvant aller jusqu'à 5 % sur les espèces. Une fois sur place, comparez bien les cours pratiqués dans les différentes banques. S'il s'agit d'une grosse somme, il vous sera toujours possible de négocier le taux dans un bureau de change. Enfin, ne changez jamais dans un hôtel, c'est toujours plus cher.

LE CHIFFRE DU JOUR

50 000 F, c'est la somme maximale que vous pouvez emporter à l'étranger en espèces, sans problème. Au-delà, vous devrez faire une déclaration en douane.

La combine du radin

Pour manger moins cher, quelques petits futés fréquentent les restaurants d'entreprise. Réservés aux membres des sociétés adhérentes, ils sont en fait peu surveillés. Il suffit seulement de connaître une personne qui a le droit d'y déjeuner, d'y aller avec elle la première fois, et de se faire remarquer par une caissière, afin qu'elle vous reconnaisse les fois suivantes quand vous reviendrez seul ! Après quelques repas, personne ne songera plus à vous demander quoi que soit. Par ailleurs, si l'on exige votre carte à la caisse, vous pourrez toujours affirmer que vous venez juste d'arriver dans le département « Études et développement » et que le service du personnel ne vous l'a pas encore donnée...

SAINT FERNAND

27 JUIN

COMBINE STORY

1712 : naissance de Jean-Jacques Rousseau, pour qui « l'homme est naturellement bon » et c'est la société qui joue un rôle corrupteur sur sa façon d'être. On est bien d'accord : les combinards sont naturellement bons !

LOGEMENT : LOCATION OU ACHAT, SOYEZ TRÈS VIGILANT !

La plupart des clients font confiance aux agences et aux propriétaires avec qui ils vont traiter. Or, une récente enquête de *50 millions de consommateurs* révèle que, autant à Paris qu'en Province, le nombre de fraudes est extrêmement élevé. La plus répandue concerne évidemment la superficie louée ou vendue. Elles portent en moyenne, tenez-vous bien à votre centimètre, sur plus de 15 % de la surface totale des logements. Sachant le prix actuel du m^2, la différence coûte fort cher ! Alors, rebellez-vous et ne soyez plus victime des arnaqueurs de l'immobilier : si vous cherchez à acheter un logement, ne prenez jamais le métrage annoncé pour argent comptant et vérifiez systématiquement avec votre mètre la superficie de l'habitation que l'on vous propose. Pour faire votre calcul, sachez que la largeur des murs, les embrasures de portes et de palier, les vérandas, les placards, les greniers et autres dépendances ne sont pas à inclure dans la surface utile du logement. Plus globalement, méfiez-vous de toutes les informations non prouvées, du métro ou du RER qui sont paraît-il à cinq minutes (oui, mais à pied ou en voiture ?), des écoles à proximité (vérifiez sur un plan), des charges annuelles (demandez les justificatifs de l'année dernière), de l'âge de la chaudière (regardez le carnet d'entretien), etc. Si vous avez signé avant de vous rendre compte qu'on vous a trompé sur la superficie ou les qualités du logement, vous pouvez évidemment porter plainte et obtenir réparation.

L'ADRESSE DU JOUR

12 500, c'est le nombre d'agences immobilières en France. Contrairement à une idée reçue, les prix (commission incluse) sont la plupart du temps moins élevés en agence que de particulier à particulier. C'est surprenant mais vrai !

28 JUIN

SAINT IRÉNÉE

COMBINE STORY

1882 : Carmen est joué pour la première fois à Londres. Cet opéra de Bizet est l'une des œuvres les plus jouées dans la capitale anglaise puisqu'elle tiendra l'affiche 468 jours à la plus grande joie du trésorier de Covent Garden...

PTT : PROFITEZ DE LEURS SERVICES PENDANT VOTRE ABSENCE !

Dans quelques jours, vous partez en vacances et vous devriez prendre quelques précautions pour éviter de faire de votre maison vide une proie facile pour les cambrioleurs. C'est d'autant plus facile que les PTT proposent des services d'été, auxquels on ne pense pas toujours. Ainsi, comme il est imprudent de laisser s'entasser pendant plusieurs semaines votre courrier dans votre boîte aux lettres (pour les cambrioleurs, c'est la meilleure indication de votre absence), vous pouvez faire garder votre courrier en « instance » pendant un mois dans votre bureau de poste, ou le faire réexpédier à l'endroit de votre choix (coût de chaque formule : 85 F). Si vous êtes fou du téléphone, n'hésitez pas à utiliser le «transfert d'appel » qui vous permet de recevoir sur un autre numéro toutes les communications qui aboutissent à votre domicile (coût : 10 F par mois avec abonnement de 6 mois minimal). Votre ligne vous suit où que vous soyez, ce qui vous permet là encore de ne pas vous inscrire aux abonnés absents si chers aux voleurs...

LE CHIFFRE DU JOUR

Pendant vos vacances, les 450000 agents des PTT continuent (service public oblige !) de s'occuper de vous.

SAINT PIERRE ET SAINT PAUL

29 JUIN

COMBINE STORY

1990 : la première voiture « volante » est construite. La M 400 roule à 112 km à l'heure et vole à 650 km à l'heure. Elle coûte la bagatelle de 1,5 million de francs !

AUTO : LORSQUE VOUS ACHETEZ DU NEUF, CHOISISSEZ LE BON MILLÉSIME !

Si l'envie vous prend de changer de voiture à partir d'aujourd'hui, faites bien attention au millésime de votre bolide ! A partir du 1er juillet, les véhicules sont en effet millésimées de l'année suivante et non plus de l'année en cours. C'est une différence de taille puisque elle influe de façon importante sur la valeur qui sera accordée au véhicule quand vous désirerez le revendre, ou encore sur la somme qui vous serait remboursée en cas de vol. Quand on sait qu'une voiture perd en moyenne 25 % la première année et 12 à 15 % par an ensuite, on comprend que ce changement de millésime puisse coûter cher au nouveau propriétaire.

A partir d'aujourd'hui, donc, vous devez exiger un véhicule du millésime de l'année prochaine, ou négocier avec le vendeur une éventuelle ristourne... Il faut noter enfin que « la tromperie sur le millésime » se produit plus souvent qu'on ne le pense. Mais la loi punit ce type d'arnaque d'une peine allant de 1 000 à 250 000 F ou de trois mois à deux ans de prison !

LE CHIFFRE DU JOUR

Le poste « automobile » vient en troisième position dans le budget familial des Français, derrière le logement et l'alimentation. Question plaisir, 61 % des Français déclarent en ressentir lorsqu'ils conduisent...

30 JUIN

SAINT MARTIAL

COMBINE STORY

1792 : le divorce est institué en France... les avocats se frottent les mains !

IMPÔTS : MARIEZ-VOUS AVEC LES BEAUX JOURS !

C'est l'été, les affaires marchent bien, vous êtes amoureux et la vie est belle, surtout que votre fiancé(e) n'attend qu'un signe de votre part pour dire « oui ». Pas de précipitation ! Ne vous laissez pas emporter par des débordements qui seraient ensuite amèrement regrettés. Le mariage est une chose trop sérieuse pour se tromper sur la date et il permet de faire de très belles économies sur les impôts, l'année où vous convolez en justes noces. L'année de votre mariage, vous remplissez chacun deux déclarations : une tout seul, pour la période de l'année où vous aurez été célibataire (par exemple de janvier à juin, si vous vous mariez début juillet), et l'autre à deux pour les mois qui suivent la date du mariage (donc, dans notre exemple, de juillet à décembre). Toute l'astuce va donc consister à calculer la date du mariage de façon que, sur chacune des déclarations, votre impôt soit le plus faible possible. En général, cette date se situe entre fin juin et fin août, mais cela dépend de plusieurs facteurs : l'ampleur des revenus, mais aussi la différence entre ce que gagne chacun des deux futurs conjoints. Il est donc encore tout à fait temps de faire des petits calculs dans tous les sens. Ça vaut vraiment la peine : un couple gagnant environ 300 000 F à deux peut ainsi économiser plus de 15 000 F d'impôts l'année de son mariage. De quoi offrir une jolie petite bague ou se payer une méga-fête pour le jour J !

LE CHIFFRE DU JOUR

Les statistiques démontrent que les Français ont parfaitement compris la combine ci-dessus, puisque plus de la moitié des mariages sont célébrés entre juin et septembre ! Ajoutons également que 80 % des mariages ont lieu le samedi.

JUILLET

Excusez-moi, j'ai failli être en retard à notre rendez-vous mensuel en tête de chapitre, mais j'ai dû passer à la pharmacie pour soigner mes premiers coups de soleil... J'avais en effet enfilé mon maillot de bain de Supercombinard le week-end dernier afin de répondre à l'invitation de l'un d'entre vous, qui voulait me montrer la superbe piscine qu'il a fait construire dans son jardin, grâce aux économies et aux gains réalisés avec ce livre depuis le 1er janvier. Et j'ai oublié de mettre de la crème solaire... Comme me l'a aigrement fait remarquer tante Adélaïde, qui du coup m'a privé de bourbon-fraise, « c'est tous les ans la même histoire, dès qu'arrive l'été, Supercombinard se transforme en Superhomard ! ».
Enfin, tout ceci pour vous expliquer, au cas où vous ne l'auriez pas remarqué, que, pour certains, c'est déjà les vacances et qu'il est doux de ne rien faire quand tout s'agite autour de vous... A condition toutefois que la villa que vous avez louée ne donne pas directement sur la décharge municipale, que l'avion charter que vous deviez prendre n'ait pas eu trois jours de retard, que le club dans lequel vous aviez réservé ne soit pas 50 % plus cher que prévu... Car les vacances peuvent parfois être un excellent moyen de se retrouver sur la paille sans jamais avoir pour autant dormi dans une grange.
Donc, dès que mes brûlures se seront apaisées, je vous indiquerai comment ne pas perdre d'argent pendant vos congés et même comment en gagner – presque – sans rien faire.
Et, si vous n'êtes pas plus riche le 31 juillet qu'aujourd'hui, je vous le jure sur la tête de tante Adélaïde, je ne bois plus une goutte de bourbon-fraise... au moins jusqu'au 1er août.
Mais, sincèrement, ça m'étonnerait !

Supercombinard

SAINT THIERRY

COMBINE STORY

1901 : la loi sur les associations dites « 1901 » (à but non lucratif) est promulguée. Une aubaine pour certains combinards, comme les responsables de l'association « Carrefour du développement » qui ont utilisé ce statut pour détourner des fonds publics !

AUTO : FAITES LE PLEIN MOINS CHER EN REFUSANT LE MONOPOLE DES STATIONS D'AUTOROUTE !

Si, pour vous, le 1er juillet rime avec départ en vacances, si vous faites partie de ces millions de gens qui vont passer, en short, sandales et maillot de corps, quelques heures torrides derrière leur volant... cette super-combine est pour vous ! Les autres, tous les autres, vous n'aurez qu'à vous en souvenir lorsque vous prendrez, à l'occasion, l'autoroute. Vous le savez, les tarifs affichés par les compagnies pétrolières sur les autoroutes de France, monopole oblige, ne sont pas des plus intéressants. La concurrence entre les différentes stations est évidemment « arrangée » et c'est le consommateur automobiliste qui paye le prix fort son litre de super ou de gasoil. Pourtant, faire des économies d'essence n'est pas si compliqué : il vous suffit de connaître la liste des stations situées près des péages et hors de l'autoroute, d'emprunter les sorties et de faire le plein là où c'est moins cher. Cette liste vous est gracieusement fournie chaque année par le serveur minitel de notre excellent confrère *50 millions de consommateurs*. Pour quelques centaines de mètres en plus, et l'obligation de tronçonner votre billet de péage, vous économiserez jusqu'à 50 ou 70 centimes par litre ! Le jeu en vaut la chandelle également lorsqu'il s'agit de déjeuner ou d'acheter des provisions : tout est plus cher sur l'autoroute et généralement moins bon ! Là encore, sortez et profitez des petits restos provinciaux.

L'ADRESSE DU JOUR

Le 3615 code 50 MILLIONS permet de consulter la carte de France des stations-service économiques. Procurez-vous également le Guide auto-moto des 3 000 restaurants aux sorties d'autoroute, édité par la Prévention routière : renseignements au (1) 43 56 59 59.

2 JUILLET

SAINT MARTINIEN

COMBINE STORY

1926 : mort du docteur Émile Coué de la Châtaigneraie qui, à partir de 1910, prescrivait « l'autosuggestion consciente » pour guérir certaines maladies. Aujourd'hui, la méthode Coué est surtout utilisée par les hommes politiques et les publicitaires !

VOYAGES : FAITES DU STOP ORGANISÉ, C'EST FACILE ET PAS CHER !

Digne héritier de Kérouac, le *Guide du routard* en poche, l'odeur du bitume dans les narines, l'œil rivé sur l'horizon lumineux des files ininterrompues de voitures, vous aimez « faire la route »... Mais voilà, tendre le pouce pour qu'un véhicule s'arrête et vous prenne à son bord, cela ne vous dit rien qui vaille. Votre rêve, ce serait de pouvoir conjuguer l'esprit d'aventure du stop sans en avoir les inconvénients : l'attente souvent bien longue, l'incertitude toujours stressante et les dangers parfois réels de cette pratique. Heureusement, il existe des organismes qui transforment l'auto-stop en partie de plaisir : ils centralisent les demandes et les offres et mettent en contact toutes les personnes qui veulent faire du stop ou prendre un stoppeur. La seule contrepartie, c'est un petit abonnement annuel et une participation aux frais du voyage.

L'ADRESSE DU JOUR

Si le « stop organisé » vous intéresse, nous vous recommandons un organisme particulièrement sérieux : Provoya, 84, passage Brady, 75010 paris, tél. : (1) 42 46 00 66. Également sur minitel, 3615 code PROVOYA.

La combine du radin

Un lecteur de 50 millions de consommateurs *a récemment fait remarquer que sur l'Autoroute A7, entre Vienne et Montélimar-Nord, la distance indiquée sur le ticket de péage était miraculeusement passée de 112 à 127 kilomètres en un mois ! Réponse de la société concessionnaire interrogée sur l'élasticité kilométrique du même tronçon d'autoroute : L'État nous a autorisés à nous rattraper à cause de nouveaux frais dus à la construction de la bretelle de détournement à l'est de Lyon »... Qui a dit qu'il n'y avait pas de petits profits ?*

SAINT THOMAS

3 JUILLET

COMBINE STORY

1883 : naissance de Franz Kafka. Après avoir travaillé dans les assurances, il écrira quelques chefs-d'œuvre tourmentés comme Le Procès *ou* La Métamorphose. *Existe-t-il un rapport de cause à effet entre l'assurance et le tourment?*

VOYAGES : REFUSEZ DE VOUS FAIRE PLUMER AVEC LE 36 15 CODE SNCF !

Décidément, le service public ne rend pas toujours service au public ! Le serveur minitel de la SNCF, qui permet de réserver et d'acheter ses billets, est incohérent, il se déconnecte facilement et on a bien du mal à obtenir ce que l'on veut. Une enquête de notre confrère *Que Choisir ?* a démontré que la consultation des horaires via le minitel vous coûte entre 2,20 F et 4,40 F selon votre dextérité, entre 5,10 F et 8,80 F si vous désirez commander votre billet et jusqu'à 13 F si vous voulez réserver ! Et c'était sans compter les éventuels déboires qui sont encore dus au système Socrate ! Alors en attendant que la SNCF mette enfin en place un service digne de ce nom, il faut rappeler que l'on peut, tout simplement, demander des renseignements et réserver ses billets par téléphone... Cela ne coûte que 73 centimes les 6 minutes et c'est moins fatigant pour les nerfs !

LE CHIFFRE DU JOUR

Le 3615 SNCF a reçu près de 22 millions d'appels en 1990 (soit 60 000 par jour), ce qui représente un revenu de plus de 100 millions de francs par an !

La combine de l'escroc

Certains petits malins ont eu l'idée lumineuse de créer l'an dernier un 3615 code Coucou afin de récupérer une partie des appels destinés au 3615 code TF1, rubrique Coucou (celle de l'émission de Christophe Dechavanes). Bien joué, mais les services juridiques de la première chaîne ont rapidement eu vent de l'affaire et ont obtenu que ce serveur soit interrompu !

4
JUILLET

SAINT FLORENT

COMBINE STORY

1776 : déclaration d'indépendance des États-Unis d'Amérique par le président Jefferson. La guerre de l'Indépendance durera huit ans et la France perdra, dans cette affaire, la Louisiane et le Canada.

VACANCES : AVANT DE PRENDRE POSSESSION D'UNE LOCATION, FAITES TOUJOURS ÉTABLIR UN ÉTAT DES LIEUX !

Vous avez trouvé le nid idéal pour vos vacances, une jolie petite villa entourée d'arbres et à 200 m de la plage. Vous voilà comblé, mais attention, ne laissez pas de mesquines considérations matérielles gâcher votre merveilleux séjour ! Un lavabo qui fuit, la moquette tachée ici et là, la machine à laver qui a des ratés et la porte du garage qui ferme mal... tout ceci existait déjà quand vous avez pris possession des lieux. Malheureusement, faute de l'avoir fait constater à ce moment-là, on risque aujourd'hui de vous demander de rembourser tout ou partie de ces dégradations, alors que vous n'en êtes pas responsable. Aussi, dès votre arrivée, exigez immédiatement un état des lieux et un inventaire, et vérifiez que l'un comme l'autre soient précis et fidèles. De la même manière, refaites l'état des lieux au moment de votre départ, car c'est à partir de celui-ci que l'on saura ce qui a changé par rapport au premier. N'oubliez pas que le document doit être signé par vous et le propriétaire. Autre recommandation : assurez-vous que le prix de la location inclut les charges, sinon, faites relever les compteurs dès votre arrivée.

LE CHIFFRE DU JOUR

82 % des Français passent leurs vacances en France. La région touristique la plus prisée demeure la Provence-Côte d'Azur.

SAINTE ANTOINE MARIE ZACARIA

5 JUILLET

COMBINE STORY

321 : dans tout l'empire romain, le dimanche est déclaré « jour férié »... par chance, le Virgin Mégastore n'existait pas encore !

VOYAGES : EMPORTEZ LES FACTURES DE VOS OBJETS DE VALEUR !

On y pense pour l'appareil photo, moins souvent pour les bijoux et pas du tout pour les vêtements. C'est une erreur, non seulement en cas de vol, mais aussi parce que vous pouvez perdre du temps à la douane et vous voir réclamer des sommes importantes pour un collier, un blouson de cuir ou un caméscope dont vous n'avez pas les justificatifs. Pensez donc à emporter des photocopies des factures des objets de valeur que vous placez dans votre valise. Une solution plus simple, si vous voyagez souvent : vous réunissez les factures, quittances ou certificats de ces objets et vous vous rendez au bureau de douane le plus proche en demandant une carte de libre circulation. Celle-ci est délivrée pour dix ans, gratuitement.

L'ADRESSE DU JOUR

Centre de renseignements des douanes, 238, quai de Bercy, 75012 Paris, tél. : (1) 40 01 02 06.

La combine de l'escroc

Chaque année, il disparaît à bord des avions d'Air France plus de 1 000 petites cuillères en inox, 250 000 couvertures, 120 000 salières (qui ont d'ailleurs été carrément supprimées en 1988 !) et plus de 500 000 écouteurs, bien que ces bouts de plastique soient totalement incompatibles avec les walkmans. Coût de ces vols en 1990 : 60 millions de francs pour 35 millions de voyageurs !

6 JUILLET

SAINTE MARIETTE

COMBINE STORY

1901 : en France, une loi limite la vitesse des automobiles à 10 km à l'heure ! Les radars n'existent pas encore...

PV : ÉVITEZ LES RADARS EN CONNAISSANT LEUR EMPLACEMENT !

Autant il ne nous semble pas judicieux de vous inciter à commettre des excès de vitesse en plein mois de juillet, alors qu'une allure tranquille vous permettrait de bien mieux profiter du paysage, autant il peut être utile de vous aider à vous défendre un peu contre les mille et un tracas que subissent les automobilistes vacanciers qui sont attendus, comme des vaches à lait, par les services de police des départements traversés en juillet et en août. Il faut réagir contre cet « impôt de l'été » aussi injuste que ruineux ! Notre excellent confrère le magazine *Auto Hebdo* a eu la brillante idée de créer un serveur minitel où figure en permanence la liste des radars placés sur les différentes autoroutes et nationales françaises. Comme la police et la gendarmerie varient leurs implantations, les lecteurs du magazine et les utilisateurs du serveur minitel communiquent continuellement les nouvelles coordonnées des radars qu'ils ont repérés, ce qui permet à cette liste d'être remise à jour en permanence et d'être la plus précise possible.

L'ADRESSE DU JOUR

Si vous souhaitez éviter les radars, il vous suffit donc de consulter le serveur 3615 code AHD, pour connaître la liste de ceux susceptibles d'être présents sur vote itinéraire.

Ils sont fous, ces combinards !

Les peines encourues par les chauffeurs qui conduisent en état d'ivresse diffèrent suivant les pays. En Californie, on oblige les jeunes conducteurs pris en état d'ivresse à visiter la morgue. Dans l'État de New York, un récidiviste peut-être condamné à 15 ans de prison ferme. Au Japon, les chauffards sont incarcérés dans des prisons spéciales pour délinquants routiers, où on leur projette des films d'horreur automobiles. Au Danemark, l'amende peut être égale à 4% du salaire annuel, et en Suisse elle peut atteindre 250 000 F.

SAINT RAOUL

7 JUILLET

COMBINE STORY

1974 : la majorité est ramenée de 21 à 18 ans. Jolie manœuvre du nouveau président élu, Valery Giscard d'Estaing, qui espère bien profiter électoralement de ce petit cadeau fait aux jeunes...

VOYAGES : PRENEZ LA ROUTE EN ÉVITANT TOUS LES PÉAGES !

La France, on le sait, est le pays où les péages sont les plus chers d'Europe ! Si vous en avez assez d'enrichir les sociétés concessionnaires des autoroutes, surtout si vous pouvez faire autrement, sachez qu'il existe un service intelligent mis en place par la prévention routière où sont recensés tous les itinéraires où vous ne rencontrerez pas l'ombre d'un péage !

L'ADRESSE DU JOUR

Il suffit de faire le (1) 36 70 18 18 pour connaître, en quelques secondes le chemin le plus court et le moins cher !

8
JUILLET

SAINT THIBAUT

COMBINE STORY

1839 : naissance de John Davidson Rockefeller qui fonda la Standard Oil Company.

REVENUS : COLLECTIONNEZ LES ACTIONS !

Le jour de l'anniversaire de la naissance de Rockefeller himself, voici une excellente combine pour s'enrichir grâce à la Bourse : il suffit de collectionner les titres d'action. Depuis 1984, ces titres sont, en effet, « dématérialisés » en France. En clair, cela signifie que toutes les opérations sont aujourd'hui informatisées et sans réelle représentation écrite ; du coup, les beaux documents que constituaient souvent les actions ont pris de la valeur. Alors devenez scriptophile pour vous enrichir en même temps que vos connaissances sur l'histoire du capitalisme...

L'ADRESSE DU JOUR

Si les vieilles actions vous intéressent, contactez l'Association des collectionneurs de titres anciens, 11, rue Théodore-de-Banville, 75017 Paris.

Ils sont fous, ces combinards !

Certains amateurs aiment tellement les titres boursiers qu'ils sont prêts à se ruiner pour acquérir l'un de ces vestiges du passé. 23 000 F, c'est le prix auquel a été vendue une action de la Compagnie des Indes qui datait de 1770 ! Vous êtes bien sûr de ne pas vouloir devenir scriptophile ?

9 JUILLET

SAINTE AMANDINE

COMBINE STORY

1991 : une nouvelle loi transforme nos relations avec les huissiers. Désormais, ceux-ci peuvent s'attaquer à votre compte en banque et même à votre voiture ! L'article 58 leur permet de venir, en bas de chez vous ou de votre bureau, poser un sabot de Denver sur votre bolide !

HUISSIER : EN CAS DE SAISIE, NE LE LAISSEZ PAS VOUS DÉPOUILLER !

L'article 592 du Code de procédure pénale empêche l'huissier de vous laisser sur la paille ! Ainsi, votre linge ne peut être saisi en vertu de cet article, mais également la literie, tous les objets et produits utiles pour vous faire beau, pour vous chauffer, pour prendre vos repas, pour poursuivre vos études, pour exercer votre activité professionnelle à la maison; ainsi que les objets nécessaires aux handicapés, à vos enfants et même les objets qui ont un caractère de « souvenirs ».

LE CHIFFRE DU JOUR

Les huissiers travaillent beaucoup, au grand désespoir des combinards : on enregistre chaque année en moyenne 13 millions d'actes délivrés et 5 millions de consultations.

La combine de l'escroc

Certains habitués des saisies et des combines malhonnêtes n'hésitent pas à transformer une visite d'huissier en véritable aubaine. Lorsque leur appartement a été ouvert par un serrurier et vidé par l'homme de loi, ils font une déclaration de cambriolage à leur assurance (avec constat policier à l'appui) et récupèrent ainsi pas mal d'argent !

10 JUILLET

SAINT ULRICH

COMBINE STORY

1964 : invention de la mini-jupe en Angleterre. Dans la foulée, les collants ne vont pas tarder à détrôner les bas. Belle réussite commerciale mais échec sur le plan de l'érotisme...

VOYAGES : ASSUREZ VOS BAGAGES !

Perdre ses bagages, cela n'arrive pas qu'aux autres et cela gâche les vacances ! Sachez que, théoriquement, la perte d'une valise sous la responsabilité d'une compagnie aérienne est remboursée sur la base d'environ 110 F par kilo : ce qui n'est pas mal si vous transportez des haltères, moins bien si votre bagage est bourré de chemisiers en soie ! En réalité, chaque compagnie applique des dispositions particulières. Par prudence, veillez donc à prendre une garantie spéciale, adaptée au contenu de vos bagages, auprès de votre assureur ou de votre agent de voyages.

LE CHIFFRE DU JOUR

Neuf bagages égarés sur dix sont retrouvés grâce, notamment, au *Bag trac*, un système informatisé de recherche au niveau international auquel adhèrent plus de 150 compagnies.

La combine du radin

Le radin prévoyant part en vacances en Andorre ou au Groenland afin de ne pas se ruiner lorsqu'il vous envoie des cartes postales puisque ce sont les deux seuls pays du monde où l'on ne met pas de timbre sur les enveloppes !

SAINT BENOÎT

COMBINE STORY

1533 : le pape ayant refusé de reconnaître sa liaison avec Anne Boleyn, le roi d'Angleterre Henri VIII est excommunié. C'est le schisme, le roi se proclame « chef suprême de l'Église d'Angleterre ». Qui a dit que ce sont les histoires de c...œur qui mènent le monde ?

11 JUILLET

REVENUS : DEMANDEZ UNE PENSION ALIMENTAIRE AVANT LE DIVORCE !

Peu de gens le savent, mais on peut demander et obtenir une pension alimentaire avant même d'avoir divorcé ! Si les ressources de l'un des conjoints sont insuffisantes pour assurer sa subsistance, celui-ci peut obtenir que son ex-future-moitié lui assure une rente mensuelle dès que la procédure de divorce est entamée, même si celui-ci n'a pas été prononcé par le juge.

LE CHIFFRE DU JOUR

Selon une étude de l'Institut national d'études démographiques, près de 75 % des demandes de divorce sont faites par les femmes !

Ils sont fous, ces combinards !

Fous... et machos ! Le saviez-vous ? Si un mari divorcé peut se remarier immédiatement, une femme doit obligatoirement observer un délai dit de « viduité » de 300 jours avant de convoler de nouveau en justes noces. Cette mesure permet, selon le législateur, d'éviter toute incertitude sur l'éventuelle filiation d'un enfant qui viendrait à naître !

12 JUILLET

SAINT OLIVIER

COMBINE STORY

1900 : 30 000 exemplaires du nouveau Guide Michelin *sont vendus. Aujourd'hui, avec le développement du tourisme, le vénérable guide se vend à plus de 700 000 exemplaires chaque année !*

VACANCES : ATTENTION, VOS CONGÉS PAYÉS NE SONT PAS « PAYABLES » !

Vous n'allez pas prendre toutes vos vacances cet été et vous vous demandez si votre « boss » est obligé de vous payer les jours que vous ne prendrez pas ? Sachez que les vacances se calculent de juin à mai. C'est donc au 31 mai de chaque année que vous devez avoir pris tous vos congés. Comme il arrive que l'on ait un peu plus encore besoin d'argent que de repos, nombreux sont les salariés qui ne prennent pas tous leurs congés afin de gagner un peu plus. C'est une erreur : l'employeur n'est obligé de payer les congés non pris que s'il est responsable de cet état de fait, si c'est lui qui a demandé au salarié de raccourcir ses vacances ou de ne pas partir. Mais si le salarié, de sa propre initiative, a encore un solde de jours fériés le 31 mai au soir, l'employeur n'a aucune raison de les payer.

LE CHIFFRE DU JOUR

4, c'est le nombre de jours de congé prévus par la loi si vous vous mariez !

Ils sont fous, ces combinards !

« Celestis », une société de pompes funèbres américaine, a proposé en 1985 d'envoyer pour 4 000 dollars les cendres de ses « clients » en orbite ! Le satellite aurait transporté les restes de plus de 10 000 personnes dans des petites gélules de 1x5 cm sur lesquelles auraient été inscrites les coordonnées et la religion des défunts ! Avec une bonne paire de jumelles, les familles auraient pu suivre les circonvolutions de leur parent pendant plus de 60 millions d'années !

SAINT HENRI

13 JUILLET

COMBINE STORY

1967 : création de l'ANPE. Vingt ans plus tard, cet organisme devient le premier « employeur » de France !

MAISON : POUR VOS TRAVAUX, EMPLOYEZ DES GENS « AU NOIR » LÉGALEMENT !

L'été, c'est la saison des bonnes résolutions question bricolage et petits travaux. La peinture décrépie se voit comme le nez au milieu de la figure, le chien s'enfuit tous les jours à cause de la clôture qui n'est pas terminée, les déjeuners au soleil sur la terrasse vous rappellent que du carrelage serait plus esthétique... Oui, mais les travaux coûtent cher et vous n'êtes pas ce que l'on peut appeler un « roi de la bricole ». Alors comment faire des économies substantielles lorsque vous avez des travaux à effectuer ? C'est facile, il suffit de faire travailler des professionnels du bâtiment, de la plomberie ou de l'électricité, « au noir » et en toute légalité bien sûr ! Plutôt que de faire appel à une entreprise spécialisée qui pratiquera des prix élevés puisqu'elle doit prendre en compte ses charges et son bénéfice, il vous suffit, en effet, d'embaucher pour la durée des travaux un demandeur d'emploi qui « pointe » à l'ANPE. Il est tout à fait légal de faire travailler des ouvriers ou des artisans qualifiés dans leur domaine et qui sont momentanément chômeurs. Il vous suffit d'adresser une demande précise et détaillée aux ASSEDIC des travaux pour lesquels vous proposez du travail à ses inscrits... Cela vous coûtera vraiment moins cher, et en plus c'est très moral puisque cela vous permet de faire travailler un chômeur !

LE CHIFFRE DU JOUR

29 % des Français souhaitent qu'on abolisse le travail au noir... Ceux qui n'en profitent pas ?

14 JUILLET

SAINT CAMILLE
FÊTE NATIONALE

COMBINE STORY

1789 : A Paris, le peuple « prend » la Bastille, c'est le début de la révolution française. Ce jour-là, Louis XVI écrit : « rien », sur son cahier intime... Le serrurier n'avait pas trouvé les clefs de l'histoire !

BANQUE : PROFITEZ DES COMPTES RÉMUNÉRÉS EN EUROPE OU EN FRANCE !

En France, depuis octobre 1992, les comptes rémunérés sont interdits par la loi. Mais, en même temps, depuis le 1er janvier 1990, les particuliers ont le droit d'ouvrir un compte bancaire en dehors des frontières de l'Hexagone... Or, la législation sur ce type de compte est plus souple dans certains pays d'Europe, comme l'Espagne par exemple, qui proposent une rémunération intéressante pour les fonds que vous leur confiez. Renseignez-vous, donc, sur une possible ouverture de compte dans une banque étrangère, d'autant que la récente libéralisation des activités bancaires a ouvert la porte aux succursales d'établissements étrangers en France : en 1970, on en comptait moins de 60, aujourd'hui plus de 200 sont installés sur le territoire national. Ces derniers obéissent évidemment à notre législation, mais leur présence est un gage de proximité et permet de transmettre bon nombre d'ordres à leur maison-mère. Si la formule vous intéresse, faites tout de même attention que les éventuels frais de gestion (parfois élevés dans certaines banques) n'invalident pas une partie de la rentabilité de votre opération.

LE CHIFFRE DU JOUR

5 000 F, c'est le montant de l'amende que vous encourez si vous « oubliez » de déclarer à l'Administration l'ouverture d'un compte en banque à l'étranger.

Ils sont fous, ces combinards !

Même ce soir, les mauvais coucheurs peuvent vous faire débourser de l'argent ! Si vous organisez une fête chez vous, sachez que le seuil des 22 heures n'est qu'une tolérance. Le tapage nocture est réprimé par les articles R 34-8, R 35-5, et R 37 du Code pénal et, en cas de plainte, les policiers, après une première mise en demeure, peuvent vous dresser un procès-verbal qui pourrait vous valoir une amende de 600 F !

SAINT DONALD

COMBINE STORY

1914 : le Parlement français vote une loi qui instaure l'impôt sur le revenu. Une minute de silence, s'il vous plaît !

15 JUILLET

LOGEMENT : TROUVEZ UN STUDIO GRÂCE AUX BDE DES GRANDES ÉCOLES !

Si vous cherchez un studio ou un petit deux pièces, ne négligez pas la mine que constituent les offres pour étudiants. Les bureaux des élèves des grandes écoles ont presque toujours des propositions très intéressantes : par l'intermédiaire d'un élève fréquentant ces établissements, vous pouvez avoir accès à ces bonnes affaires, même si vous avez dépassé l'âge ! Sur présentation de sa carte d'étudiant, votre complice obtiendra les listes dont vous pourrez extraire les meilleurs plans...

L'ADRESSE DU JOUR

IEP de Paris : 27, rue Saint-Guillaume, 75007 Paris.
ENA : 13, rue de l'Université, 75007 Paris.
École normale supérieure : 45, rue d'Ulm, 75005 Paris.
École des Mines : 60, boulevard Saint-Michel, 75006 Paris.

16 JUILLET

SAINTE ELVIRE

COMBINE STORY

1965 : ouverture du tunnel du Mont-Blanc, long de plus de 11 km, qui relie la France à l'Italie. Les combinards sont heureux, ils vont pouvoir accéder plus vite aux multiples marchés de la contrefaçon qui prospèrent de l'autre côté des Alpes !

AUTO : SI VOUS LOUEZ, ATTENTION AUX INÉGALITÉS RÉGIONALES !

Aussi étrange que cela puisse paraître, les tarifs de location, pour une même catégorie de voiture et dans une même société, peuvent varier d'une région à l'autre. Ne vous laissez donc pas surprendre et, si vous prenez l'auto dans une ville et que vous la rendez dans une autre, vérifiez avant de partir sur quelle base la prestation vous sera facturée. Il n'y a aucune raison pour que l'on vous compte le prix fort si vous avez loué la voiture dans une région où les tarifs étaient plus raisonnables.

L'ADRESSE DU JOUR

La plupart des grands proposent d'intéressantes formules de location à la carte afin de fidéliser leur clientèle. Le principe est simple : vous achetez une carte annuelle et vous payez moins cher chaque location. Parmi les loueurs qui vous proposent des cartes de réduction (non exhaustif), Avis : 30 % avec la carte « Avis Club » (450 F par an), et Hertz : 30 % avec la « Carte Horizon », (450 F par an).

La combine de l'escroc

Certaines sociétés n'hésitent pas à imposer des conditions beaucoup trop restrictives et des franchises élevées à leurs clients en ce qui concerne le contrat d'assurance. Pour avoir imposé des franchises trop chères à leurs clients, plusieurs loueurs ont été condamnés pour clauses abusives. Il faut dire que c'est un bon moyen pour le loueur de récupérer le maximum d'argent en cas de sinistre. Mais, dans ce cas, à quoi sert le principe même de l'assurance ?

SAINTE CHARLOTTE

17 JUILLET

COMBINE STORY

1793 : une loi abolit les droits féodaux des nobles et précise que ces derniers ne seront pas indemnisés. Et toc !

SANTÉ : SI VOUS ÊTES MALADE EN VACANCES, PROFITEZ-EN ET GAGNEZ DES JOURS DE CONGÉ !

S'il vous arrive d'être malade en vacances, faites-vous arrêter par un médecin, comme si vous étiez au boulot ! Il vous suffit d'envoyer le certificat médical à votre employeur et à la Sécu sans même interrompre votre séjour. Ces journées de maladie se transformeront plus tard en journées de congé. Une seule fausse note au tableau : vous devez reprendre votre travail dès la fin de votre maladie... Et attendre pour prendre les jours de congés ainsi récupérés. Mais attention aux abus : la Sécu peut très bien vous envoyer un contrôleur...

L'ADRESSE DU JOUR

En Amérique du Nord, les frais de santé sont hors de prix. Pour prévenir un accident ou une maladie, et pour ne pas cumuler le désagrément de vous ruiner en soins et en médicaments à celui de gâcher votre séjour, nous ne saurions trop vous conseiller d'acheter la « Carte Santé Amérique » avant votre départ. Elle vous coûtera 23 F par jour (20 F pour les moins de 25 ans et 33 F pour les plus de 65 ans) pour une couverture de 450 000 F en cas de problème. Téléphonez à AVA au (1) 48 78 11 88 pour tous renseignements.

Ils sont fous, ces combinards !

Aux USA, le système de santé est ainsi fait qu'au même moment où certains ne peuvent pas encore se payer les soins les plus élémentaires, quelques charlatans proposent à des clients aussi fortunés que déprimés des cassettes pour suivre une psychotérapie... en voiture ! Plus la peine de se déplacer chez son « psy », il suffit d'allumer son auto-radio.

18 JUILLET

SAINT FRÉDÉRIC

COMBINE STORY

1900 : à Paris, la première ligne de métro entre la porte Maillot et la porte de Vincennes est inaugurée. Les 10 km sont parcourus via seize stations en 30 minutes ! Les poinçonneurs font déjà la guerre aux resquilleurs...

AUTO : NE PAYEZ PAS LES PLAQUES ET LA MISE À DISPOSITION DE VOTRE VOITURE NEUVE !

Vous qui avez toujours préféré la patine et le charme de l'expérience à la fougue et l'éclat de la jeunesse, vous venez de craquer pour un bolide tout nouveau, tout neuf... Si c'est le cas, votre concessionnaire va peut-être vous demander de payer les plaques d'immatriculation et les frais de mise à disposition. Est-ce normal ? Non, bien sûr ! Si vous achetez une voiture neuve, vous devez juste payer la carte grise et la vignette, mais en aucun cas vous ne devez débourser un centime pour vos plaques d'immatriculation; et encore moins pour le simple fait de pouvoir partir au volant de votre nouvelle auto. En effet, les prix affichés par les constructeurs sont des prix « clés en main », qui ne doivent faire l'objet d'aucun supplément, sauf bien sûr si vous prenez des options. La préparation du véhicule, souvent nommée « mise à disposition », doit être parfaitement gratuite ; de même, les plaques doivent vous être offertes par le vendeur.

L'ADRESSE DU JOUR

L'Annexe de Drouot, c'est le lieu idéal pour faire une bonne affaire si vous désirez acheter une jeune occasion qui est ici vendue aux enchères les mardis et jeudis environ 10 % sous le prix de l'argus. Renseignez-vous au 17, rue de Montjoie, 93210 La Plaine-Saint-Denis, tél. : (1) 48 20 20 81.

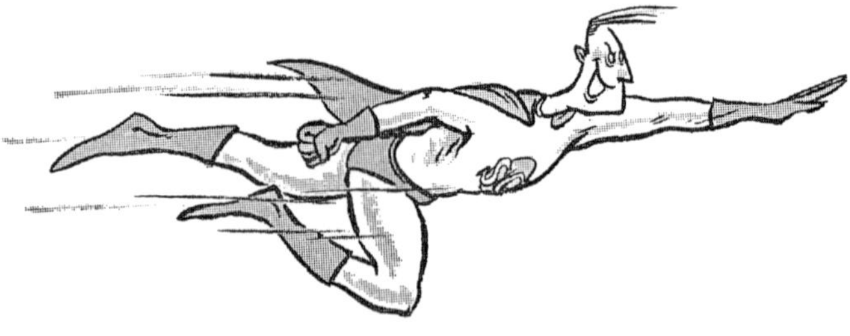

SAINT ARSÈNE

COMBINE STORY

1990 : un cabinet florentin du XVIIIe siècle est vendu à Londres 85 millions de francs. C'est le record absolu des ventes de meubles anciens.

19 JUILLET

CULTURE : DEVENEZ UN AMI DES MUSÉES POUR PAYER MOINS CHER !

Les musées et les grandes expos, c'est génial... dommage qu'il faille parfois attendre des heures dans une file d'attente digne d'une queue soviétique devant un supermarché à l'époque de Brejnev ! Si vous voulez visiter sans attendre, entrer gratis, profiter du demi-tarif dans les musées nationaux et de réductions dans les expos et librairies d'art, ou encore profiter du tarif « groupe » au Centre Pompidou, devenez un « Ami du Louvre ». Cela ne coûte que 220 F par an (330 F pour deux). Alors si vous voyez le mot culture, sortez votre porte-monnaie !

L'ADRESSE DU JOUR

Appelez la Société des amis du Louvre au (1) 40 20 53 34. Vous pouvez vous déplacer ou envoyer un chèque afin de recevoir la carte.

Ils sont fous, ces combinards !

Le marché de l'art est fou ! C'est assurément dans ce secteur que les plus beaux bénéfices ont été effectués. Un Toulouse-Lautrec a fait 12 230 % (oui, vous avez bien lu !) de plus-value en 71 ans !

20 JUILLET

SAINTE MARINA

COMBINE STORY

1912 : le fer à friser les cheveux est inventé par un astucieux industriel qui vient de comprendre qu'une femme n'est qu'un porte-monnaie géant qui ne demande qu'à maigrir !

RESTAURANT : SOYEZ INTRAITABLE ET FAITES-VOUS REMBOURSER SI CE N'EST PAS BON !

Dans votre quartier ou sur votre lieu de villégiature, si vous décidez d'aller au restaurant, sachez que la carte qui vous est proposée est une sorte de contrat entre vous et le restaurateur : si les plats servis ne correspondent pas à leur dénomination sur la carte, si vous avez des doutes sur la fraîcheur des produits servis, n'hésitez pas à traîner en justice l'infâme cuistot. De nombreux clients ont entamé des procédures et ont gagné leur procès en vertu de la loi du 1er août 1905 sur la publicité mensongère et la loi interdisant de tromper un consommateur sur la nature du produit. Si vous êtes victime d'un problème de ce genre, plaignez-vous auprès du restaurateur et demandez-lui soit une diminution de l'addition, soit un autre plat en échange. S'il n'est pas conciliant, vous pouvez exiger une indemnisation en portant plainte auprès de la Direction de la concurrence et des prix du département dans lequel cette histoire vous est arrivée.

L'ADRESSE DU JOUR

Sachez que vous pouvez également réagir face à une cuisine où l'hygiène n'est pas de mise ou devant un accueil détestable dans un restaurant. Un service spécialisé du ministère du Tourisme est là pour recevoir les plaintes des consommateurs mal traités. Le Service de l'hôtellerie, Direction des industries touristiques, ministère du Tourisme, est situé au 2, rue Linois, 75740 Paris.

La combine de l'escroc

Les machines qui distribuent la bière dans les bars et les restaurants se règlent avec une facilité étonnante. Certains patrons, peu scrupuleux, arnaquent leurs clients et économisent jusqu'à 20 % de leur fût en servant simplement une bière... mousseuse !

SAINT VICTOR

21 JUILLET

COMBINE STORY

1969 : l'astronaute américain Neil Armstrong pose le pied sur la Lune. L'événement sera suivi, en direct, par plus de 500 millions de téléspectateurs. En bon fils de l'Oncle Sam, Neil s'empressera de planter la bannière étoilée sur le sol lunaire...

VOYAGES : PROCUREZ-VOUS RAPIDEMENT DE L'ARGENT À L'ÉTRANGER !

En vacances, surtout si vous êtes à l'étranger, il peut arriver que vous manquiez cruellement d'argent liquide. Voici quelques moyens pour vous en procurer rapidement :
– Rapide mais risqué et interdit : faites-vous envoyer directement des billets (glissés dans une feuille de papier à lettres et dans une enveloppe épaisse), en deux courriers distincts (pour diviser les risques).
– Plus lent mais plus sûr : le transfert de banque à banque. Si votre banque est importante, cela peut se faire en quelques jours. Pour ne pas perdre de temps, mémorisez les coordonnées de votre agence (adresse et téléphone).
– En cas de grande urgence, contactez le consulat de France le plus proche. Ce dernier peut vous avancer de l'argent, mais uniquement après avoir obtenu de vos proches l'assurance d'être remboursé. Votre famille ou vos amis doivent d'abord déposer la somme en question au ministère des Affaires étrangères. Ayez donc toujours en mémoire les coordonnées d'une personne joignable (c'est facile...) et solvable (c'est plus dur !) rapidement.
– A éviter absolument : les mandats-poste, qui se perdent beaucoup trop souvent !

LE CHIFFRE DU JOUR

En voyage à l'étranger, vous avez le droit d'emporter 50 000 F par personne ; vos enfants peuvent, eux aussi, emporter une telle somme. Un couple avec un enfant pourra donc sortir de France avec 150 000 F en poche sans avoir besoin de le déclarer aux douaniers. Attention : vous devrez faire une déclaration si la somme dépasse ce plafond. Le fisc trouverait, en effet, étrange que vous emportiez 12 millions de francs en petites coupures dans une valise pour passer un simple week-end en Suisse !

22 JUILLET

SAINTE MARIE-MADELEINE, PATRONE DES PARFUMEURS

COMBINE STORY

1987 : des fans de Brigitte Bardot achètent l'un de ses bonnets 16 000 F !

BEAUTÉ : SUIVEZ LES ÉTRANGERS DANS LES GRANDES PARFUMERIES !

Marie-Madeleine a beau être la patronne des parfumeurs, il faudrait un miracle divin pour que ces derniers vendent leurs exquises essences moins cher ! Le problème, c'est que lorsqu'un parfum est bon, de bonne qualité et qu'il porte une griffe prestigieuse, l'étiquette comporte systématiquement un zéro de trop par rapport à votre budget du moment. Alors comment acheter vos parfums entre 25 et 35% moins cher que dans les boutiques que vous fréquentez d'habitude ? Ce moyen est tout simple et très « estival » : ils suffit que vous suiviez les touristes ! Ces derniers ont le droit d'acheter des articles de luxe sans payer de fortes taxes. Il leur suffit pour cela de se rendre dans une boutique spécialisée dans les produits détaxés (on en trouve notamment à Paris dans le quartier de la rue de la Paix et de l'avenue de l'Opéra, mais aussi dans les aéroports des grandes métropoles régionales). Alors, pour profiter vous aussi de ces tarifs imbattables, demandez-donc à l'un de vos amis étrangers de passage dans notre charmant pays si joliment fiscalisé d'aller acheter à votre place les parfums dont vous rêvez. Sur présentation de son passeport, il obtiendra la détaxe légale. Il ne vous restera alors qu'à lui racheter l'objet, en bénéficiant du même coup, à votre tour, de cette très intéressante réduction.

LE CHIFFRE DU JOUR

Chaque Français consommait en moyenne 71 F par an en produits de parfumerie en 1971, 133 F en 1980 et plus de 700 F en 1990 !

La combine du radin

Certains combinards profitent des offres d'échantillons des marques de cosmétiques (qui servent à convaincre le public de les acheter) : ils en demandent dans les parfumeries et sur les stands des magasins ou ils écrivent directement aux marques… Ils savent que la quantité ne change rien à la qualité, et le petit échantillon de crème antiride ou de lait hydratant s'avère tout aussi efficace que son grand frère en flacon, tellement plus onéreux !

SAINTE BRIGITTE

23 JUILLET

COMBINE STORY

1798 : victoire de Bonaparte en Égypte. L'Empereur, pas chiche, rapportera l'obélisque comme cadeau-souvenir !

BANQUE : CULPABILISEZ LE GESTIONNAIRE DE VOTRE COMPTE !

On ne vous l'apprend pas : les autorisations de découvert se font le plus souvent par accord tacite, sans qu'aucun écrit ne vienne les certifier. Profitez donc de ce fait pour reprocher à votre banquier de vous avoir laissé un découvert trop important, alors qu'il aurait dû intervenir plus tôt, pour vous éviter de tomber dans le rouge foncé ! Il sera pour le coup obligé de vous consentir des facilités pour combler le trou. Vous n'avez négocié – par écrit, c'est important – aucune autorisation de découvert avec votre agence, et le gestionnaire de votre compte vous tire les oreilles parce que vous êtes à –3 000 F depuis plus de trois mois ? Faites-lui remarquer que c'est à lui qu'incombait la charge de vous rappeler à l'ordre au moment où votre compte entrait dans le rouge. Et que son accord tacite le rend, pour le coup, tout autant responsable de vos problèmes que votre fièvre acheteuse du trimestre qui vous a fait dépenser tout cet argent. Il ne pourra en aucun cas vous pénaliser et devra vous aider à vous sortir, en douceur, de cette mauvaise passe. Et si votre banquier durcit le ton et vous somme de le régler sous 24 heures, menacez-le de faire appel à une association de consommateurs car ce type d' attitude a déjà été jugée par des tribunaux et, à chaque fois, ces derniers ont rappelé aux banquiers leurs obligations professionnelles.

LE CHIFFRE DU JOUR

Avec une agence pour 1 300 habitants, la France est au huitième rang mondial pour la densité de son réseau bancaire. Et au premier rang pour la densité de ses combines antibanques !

24 JUILLET

SAINTE CHRISTINE

COMBINE STORY

1957 : mort de Sacha Guitry qui était « contre les femmes... tout contre ! » et qui a réussi toute sa vie (et même après !) à hisser la misogynie au rang de l'art.

PV : CONTESTEZ-LES SI LE PANNEAU N'EST PAS CONFORME !

Il y a plusieurs semaines que cet almanach n'a pas traité des PV. A part quelques super-combines pour éviter les radars de l'été, il y a eu un léger cessez-le-feu sur le front des contredanses ! Pourtant, même si le mois d'août est synonyme de gratuité des parcmètres à Paris et dans quelques grandes villes de province, le mois de juillet a été plutôt chargé en papillons verts... Alors voici une nouvelle méthode pour contester les contraventions : cette fois-ci, il s'agit de vous attaquer aux panneaux de signalisation. En effet, si vous commettez une infraction, par exemple un stationnement illégal ou un léger excès de vitesse, c'est le plus souvent parce que vous n'avez pas respecté les indications d'un panneau. Et, bien sûr, scrupuleux comme vous êtes, si vous n'avez pas respecté ces indications, c'est que vous ne l'avez pas vu. Et si vous ne l'avez pas vu, c'est qu'il n'était pas visible, puisque vous êtes un conducteur attentif, tout le monde le sait. Or, sachez qu'un panneau non visible est un panneau non conforme et que vous pouvez contester une amende infligée dans ces circonstances : par exemple, si celui-ci est tordu, tourné dans le mauvais sens, masqué par des branches d'arbre, maculé par des affiches électorales, etc.
Il suffit pour contester votre PV de vous reporter à l'article R44 du Code de la route qui prévoit que la réglementation n'est opposable aux usagers qu'à la condition qu'elle ait été portée à leur connaissance par la voie des panneaux réglementaires. Notre conseil : envoyez une photo du panneau incriminé. Attention, n'allez pas quand même jusqu'à faire comme ces petits malhonnêtes qui, après avoir pris une amende, collent eux-mêmes des affiches sur le panneau concerné afin de pouvoir contester la contravention !

LE CHIFFRE DU JOUR

1 300 voitures sont enlevées et emmenées en fourrière chaque jour rien qu'à Paris. A 471 F l'enlèvement (plus l'amende), l'État se remplit les poches !

SAINT JACQUES

25 JUILLET

COMBINE STORY

1900 : le comte Zeppelin invente le dirigeable. Les zeppelins, pour faire des économies, étaient gonflés à l'hydrogène plutôt qu'à l'hélium... Résultat : plus de 123 ont explosé en vol. Sauf dans notre combine du jour, il n'est pas toujours bon de vouloir s'alléger !

VOYAGES : FAITES DES ÉCONOMIES EN RÉDUISANT LE POIDS DE VOS BAGAGES !

Un imper ou un pull de plus et vous avez des chances que vos bagages soient en surcharge. Alors réfléchissez-y à deux fois avant de remplir votre valise de vêtements que vous ne mettrez pas, de livres que vous ne lirez pas, d'articles de sport dont vous ne vous servirez pas et plus généralement de toutes ces choses dont on se demande dès l'arrivée ce qui nous a pris de les emporter... Vous pouvez être élégant sans tout emporter en dix exemplaires. Si vous ne partez que 5 jours, rien ne sert de prendre trois pulls (même en voulant être prévoyant...). N'oubliez jamais que beaucoup de choses peuvent être trouvées sur place et abandonnées avant de repartir : les produits solaires en sont sans doute le meilleur exemple, qui nous encombrent trop souvent dès le départ alors qu'on pourrait très bien se contenter de les acheter à l'arrivée.

LE CHIFFRE DU JOUR

En avion, votre billet ne vous donne droit qu'à 20 kg gratuits : au-delà, chaque petit gramme vous coûtera cher. Le kilo supplémentaire est en effet facturé 7,5 % du prix d'une place en première classe, même si vous voyagez en classe économique ! Sur un Paris-Bangkok, cela fait quand même 200 à 300 F par kilo...

La combine de l'escroc

Le 25 juillet 1814 : en Angleterre, la première locomotive à vapeur était présentée au public. Depuis, certains arnaqueurs ont trouvé mille et un moyens pour réduire les frais de transport par le rail. Des petits malins divisent, par exemple, leur trajet en autant de billets qu'il y a de gares où leur train doit s'arrêter. Ils ne compostent aucun de ces billets et ne présentent, au moment du contrôle, que celui qui correspond à la portion de trajet que le train est en... train (!) de parcourir. Moralité : les autres billets, non compostés, sont réutilisables pour le prochain voyage et le restent jusqu'à ce qu'ils aient été poinçonnés.

26 JUILLET

SAINTE ANNE

COMBINE STORY

1451 : le grand argentier de France, Jacques Cœur, est arrêté et accusé par le roi d'extorsion de fonds. Nous n'avons décidément rien inventé !

CONSOMMATION : ACHETEZ VOTRE MATÉRIEL INFORMATIQUE DANS LES MEILLEURES CONDITIONS !

Comme pour la photo ou la hi-fi, vous pouvez trouver de l'excellent matériel informatique en occasion, à des prix très intéressants : un micro-ordinateur de deux ans peut ainsi être vendu à 50 % de son prix d'origine. Vérifiez cela dit l'état de ces matériels, faites-les fonctionner avant de les acheter et préférez évidemment les magasins qui vous offrent une garantie de quelques mois.

L'ADRESSE DU JOUR

Pensez à contacter les sociétés de location de matériel informatique de votre ville : elles revendent souvent leur matériel au bout de quelques mois.

SAINTE NATHALIE

27 JUILLET

COMBINE STORY

1863 : naissance d'Henry Ford, l'un des premiers industriels de l'automobile et « papa » du travail à la chaîne. Les ouvriers ne lui disent pas merci !

AUTO : PAYEZ UNE JOURNÉE DE PARKING MÊME SI VOUS RESTEZ UNE SEMAINE !

Henry Ford, en inventant le travail à la chaîne, a permis la production industrielle des automobiles. Résultat : il y a tellement de bagnoles que vous ne savez plus où vous garer sans vous ruiner ! Alors contribuez à lutter contre la hausse incroyable des tarifs de stationnement. Tout cela grâce à une astuce qui repose sur un principe simple : quand vous stationnez dans un parc souterrain et que vous perdez votre petit ticket, on vous compte systématiquement une amende égale au prix d'une journée entière : soit en moyenne, 75 ou 80 F. Évidemment, si vous n'êtes resté qu'une heure, ça fait un peu cher la minute. Mais, imaginez maintenant, comme ça, juste entre nous, que vous soyiez là depuis quatre ou cinq jours, voire carrément depuis une semaine. Vous avouerez que là, ça devient très rentable ! 75 F pour cinq jours, ça revient à 15 F par jour, une somme qui nous semble parfaitement raisonnable. Pas à vous ? Évidemment, changez de parc souterrain régulièrement, et ne laissez quand même pas votre voiture 10 ou 15 jours en prétendant ne l'avoir stationnée que quelques heures, car ils font quand même de temps en temps un relevé des véhicules stationnés et se rendraient compte de la supercherie. C'est d'ailleurs pour cela qu'il vaut mieux choisir un grand parking : plus il contiendra de voitures, plus la vôtre passera inaperçue.

L'ADRESSE DU JOUR

Si vous habitez à Paris ou dans une grande métropole, vous pouvez demander une carte de résident de façon à stationner en bas de chez vous, sur les places où il y a des parcmètres, pour 250 F en moyenne par mois plutôt que 8 à 12 F de l'heure ! Dans la capitale, appelez le Bureau de stationnement au (1) 43 07 23 88. En province, adressez-vous à votre mairie.

28 JUILLET

SAINT SAMSON

COMBINE STORY

1920 : naissance de Gilbert Trigano, qui a inventé en 1950 le « Club Med » pour « démocratiser les vacances » et qui a réussi le tour de force d'en faire le club des nouveaux riches !

PTT : FAITES JOUER LA CONCURRENCE ET TÉLÉPHONEZ AUX MEILLEURS TARIFS !

Choisir le prix de sa communication téléphonique est désormais possible depuis que France Télécom n'a plus le monopole des télécommunications en France. Désormais, la compagnie américaine AT & T distribue gratuitement sa carte de téléphone « AT & T Calling Card » sur notre territoire. On peut utiliser cette carte de n'importe quel poste sans pièce de monnaie en composant un code, et appeler ainsi plus de 70 pays. Chaque communication est ensuite débitée de façon détaillée sur un compte American Express, Visa ou Eurocard Mastercard, au taux du dollar en vigueur au moment de l'appel. Il vous reste à choisir, comme pour les compagnies aériennes, le tarif qui vous avantage le plus sur la destination souhaitée. Sachez, par exemple, que AT & T est particulièrement compétitive sur tout le continent américain puisqu'elle offre des prix d'environ 30 % inférieurs à ceux de France Télécom : une minute de conversation vers les États-Unis vous coûtera 6,10 F avec votre carte AT & T, alors qu'elle vous est facturée 9,35 F par France Télécom (pour un dollar à 5,70 F) ! La carte permet également l'accès à de nombreux services tels que : service de traduction, fax, messagerie... Alors là, comme partout ailleurs, faites jouer la concurrence !

L'ADRESSE DU JOUR

Pour obtenir tous les renseignements sur cette carte, composez le numéro vert : 05 48 51 11, c'est gratuit !

Ils sont fous, ces combinards !

Rappelons, pour mémoire, la devise du célébrissime homme d'affaires américain Henry Ford : « Ce n'est pas l'employeur qui paye les salariés, c'est le client ! »

COMBINE STORY

1881 : en France, une loi sur la liberté de la presse est promulguée. C'est grâce à elle si, aujourd'hui, des journalistes peuvent écrire des lettres enflammées à des starlettes et se faire offrir des voyages en avion !

CONSOMMATION : LES COMMERÇANTS NE PEUVENT PAS REFUSER VOS CHÈQUES !

Un commerçant, ou un restaurateur, ne peut pas vous refuser un chèque. En clair, il ne peut pas insister pour que vous le régliez en liquide... même si ça l'arrange de manière évidente. Ainsi, les affichettes qui vous expliquent que « la maison n'accepte pas les chèques au dessous de 100 F » sont totalement illégales. Elles servent juste à empêcher nos amis les commerçants de se retrouver avec une multitude de petits chèques. Un détail important : on peut, en revanche, exiger que vous présentiez une pièce d'identité en même temps... Il faut dire très honnêtement ce qui pousse les commerçants à refuser ces titres de paiement. Les chèques ne permettent absolument aucune fraude au fisc, contrairement aux paiements en liquide qui passent totalement inaperçus. Surtout si le commerçant prend soin de faire ses achats « au noir », c'est-à-dire en liquide, lui aussi, et donc sans facture.

LE CHIFFRE DU JOUR

Près de 5 milliards de chèques sont émis chaque année en France et leur traitement coûte près de 15 milliards aux banques, soit environ 3 F par chèque ! On comprend pourquoi nos amis les banquiers aimeraient nous faire payer ce titre de paiement...

La combine de l'escroc

Certains consommateurs malintentionnés ont trouvé une excellente manière de gagner un crédit gratuit de 3 semaines à 1 mois : ils « oublient », de temps en temps, de signer leurs chèques ! Dans la plupart des cas, ces chèques non signés seront renvoyés, soit par le commerçant lui-même, soit par la banque afin qu'ils le signent ! Inutile de dire que, dans les deux cas, ils font traîner les choses...

30 JUILLET

SAINTE JULIETTE

COMBINE STORY

1853 : le ministère des Transports autorise les trains français à rouler à plus de 100 km à l'heure. On est encore loin des 515 km à l'heure, record du monde de vitesse établi par le TGV Atlantique en 1990 !

VOYAGES : NE PERDEZ PAS TOUT SI VOUS AVEZ PERDU VOS BILLETS !

Vous arrivez à l'aéroport juste à temps pour vous rendre compte que vous avez égaré votre billet. Informez aussitôt le guichet de la compagnie : soit on vous délivrera un duplicata, soit vous devrez acheter un nouveau billet qui vous sera ultérieurement (souvent tardivement) remboursé. Un conseil : faites immédiatement une déclaration de perte ou de vol aux services de police de l'aéroport, car si votre billet était utilisé sans que vous ayez déclaré l'avoir perdu, il ne vous serait plus remboursé... Par précaution, notez quelque part ses références au moment de l'achat. Enfin, sachez que si vous êtes titulaire d'une carte bancaire Gold ou Premier et que vous l'avez utilisée pour acheter le billet, vous disposez d'une assurance qui couvre ce type de mésaventure.

LE CHIFFRE DU JOUR

La guerre des tarifs aériens permet en effet de constater des différences de 100 ou même 200 %, sur un même trajet. Des écarts de prix que la qualité de service et de confort ne sauraient justifier, d'autant qu'il s'agit parfois de la même compagnie et du même avion !

SAINT IGNACE DE LOYOLA

31 JUILLET

COMBINE STORY

1727 : mort d'Isaac Newton qui a révélé la gravitation naturelle comme force d'attraction en mangeant une pomme. Comme quoi, il n'y a pas de sottes activités, il n'y a que de sottes personnes !

VACANCES : PRENEZ LA ROUTE EN TOUTE TRANQUILLITÉ !

Peut-être faites-vous partie de ces rêveurs qui imaginent déjà la route à bord du véhicule de l'an 2000 : équipé d'un ordinateur, il se conduit lui-même, détermine les itinéraires, prévoit les embouteillages et la consommation, déniche un petit hôtel, fait faire la pause pipi au chien et joue même avec les gamins ! En attendant l'an 2000, revenez à la dure réalité et utilisez le minitel : le serveur de Michelin vous indique les meilleurs trajets, le prix des péages, les sites touristiques, les possibilités de se loger et de se nourrir. 36 000 communes et plus de 375 000 km de route y sont recensés.

L'ADRESSE DU JOUR

Le 3615 code Michelin pour être bien informé avant de prendre la route.

La combine de l'escroc

Selon une enquête de la Direction générale de la concurrence et des prix, 25 % des pneus changés par les stations-service de l'autoroute Paris-Lille étaient en bon ou en très bon état ! Autrement dit, une large part de ces interventions n'auraient jamais dû être faites et les conducteurs des véhicules en question ont été floués…

AOÛT

SUPER COMBINARD
cher super combinard, Vous êtes formidable,
FACTURE
MIAMI
LAS VEGAS
ACAPULCO
SYDNEY

Aaaaahhhhh ! Quoi de plus merveilleux qu'une super-sieste dans un super-hamac... D'autant que le mois d'août, chez nous, n'incite pas à la super-activité ! Trois commerces et trois sociétés sur quatre sont fermés, mon vendeur de sirop de fraise est en congé (heureusement, j'avais fait des provisions !).
Le pays s'arrête et même le super-héros moyen ralentit le rythme de ses super-interventions. D'ailleurs, notre rendez-vous de ce mois-ci sera plus bref que d'habitude, car j'ai réservé une heure de ski nautique avec une super-monitrice et je ne veux absolument pas rater ça !
Mais n'oublions pas néanmoins que, même si nous avons l'esprit en vacances, la rentrée n'est plus que dans 31 jours ! Je vous en parlerai donc ici et là durant le mois, afin de vous éviter de cruelles déconvenues : rien n'est plus horrible en effet que de revenir de vacances et de se trouver, après quelques jours, enseveli sous les factures impayées, les lettres d'huissier et autres commandements de payer, sans trop savoir où donner de la tête et où trouver l'argent nécessaire pour éponger toutes ces dettes. Grâce à moi, donc, à la fin août, tout ira bien !
Et, si vous n'êtes pas plus riche le 31 août qu'aujourd'hui, je vous le jure sur la tête de tante Adélaïde, je ne bois plus une goutte de bourbon-fraise... au moins jusqu'au 1er septembre.
Mais, sincèrement, ça m'étonnerait !

Supercombinard

SAINT ALPHONSE

COMBINE STORY

1989 : le plus long vol sans escale est réalisé par un Boeing 747 entre Londres et Sydney, soit 17 600 km à 920 km à l'heure !

1er AOÛT

VOYAGES : FAITES-VOUS INDEMNISER EN CAS DE « SURBOOKING » !

Les compagnies aériennes ne sont pas les dernières à courir après le profit ! Il s'agit de le savoir et de ne pas être le dindon de la farce. Le « surbooking » ou, en bon français, la sur-réservation, est une technique couramment utilisée par les professionnels du voyage et qui consiste à vendre un nombre de places plus important que celui de l'avion, en misant sur les défections de dernière minute. Si vous êtes victime de ce type de pratique et que vous ne puissiez pas prendre place dans l'avion prévu, vous avez droit à une indemnisation importante. Si vous souhaitez quand même partir, vous devez savoir que vous êtes prioritaire sur le prochain vol. En ce cas, si l'attente vous oblige à prendre un repas ou même à dormir à l'hôtel, tous vos frais doivent être remboursés.

LE CHIFFRE DU JOUR

Un Français sur deux n'a jamais pris l'avion !

Ils sont fous, ces combinards !

Pour protester contre la place insuffisante qu'avait, selon lui, reçu l'aviation dans le défilé de la Victoire du 14 juillet 1919, Charles Godefroy n'hésite pas un seul instant : il passe sous l'Arc de triomphe avec son avion !

2 AOÛT

SAINT JULIEN

COMBINE STORY

1937 : création de la SNCF. Un an après l'instauration des congés payés... le gouvernement français fait preuve d'un bel opportunisme en prenant le train en marche !

VOYAGES : CHOISISSEZ LES FORMULES DE TRAIN LES MOINS CHÈRES !

Côté économies et pour certaines destinations, il n'y a rien de mieux que le train ! L'amélioration des services proposés et les nouvelles lignes TGV rendent le train parfois plus rapide et avantageux que l'avion. Un exemple : Paris-Lyon de centre-ville à centre-ville, c'est deux fois plus cher et deux fois plus long en avion qu'en train ! Un conseil : ayez le bon ticket ! Voici donc quelques formules pour faire des économies :
– La carte couple : 50% de réduction pour l'un des deux si vous voyagez ensemble. La carte est gratuite sur présentation du livret de vie maritale.
– Le billet de séjour : 25% de réduction pour un aller-retour ou pour un parcours circulaire d'au moins 1 000 km. Chacun des trajet doit commencer en période « bleue ».
– La carte « interrail », réservée aux moins de 26 ans, offre 50% de réduction pendant un mois sur les trajets en France et la gratuité dans 20 pays. Elle coûte 1 490 F.

L'ADRESSE DU JOUR

Grâce au 3615 code EN GREVE, vous serez parfaitement renseigné, en temps réel, sur les conditions de circulation et les bouchons, mais aussi sur les horaires des trains SNCF et des métros ou RER. Espérons que ce serveur ne se mettra pas en grève !

SAINTE LYDIE

3 AOÛT

COMBINE STORY

1347 : après un siège d'un an, la ville de Calais se rend au roi d'Angleterre Edouard III. Ce dernier promet qu'il n'y aura pas de massacre si on lui livre six bourgeois de Calais, en longue chemise blanche et la corde au cou.

VACANCES : SI VOUS LOUEZ UN APPARTEMENT OU UNE MAISON, VÉRIFIEZ L'ASSURANCE !

Tout comme l'hôtel, la location de vacances doit être une partie de plaisir. Il faut donc être prévoyant et mettre tous les atouts de son côté pour pour que tout se passe le mieux possible. Si donc vous louez une maison ou un appartement cet été, contrôlez auprès de votre compagnie que votre contrat multirisques habitation (vous en avez obligatoirement un) couvre également les logements que vous occupez à titre saisonnier. Dans le cas contraire, demandez à votre assureur une extension de garantie ou souscrivez une couverture particulière auprès d'une société d'assistance.

L'ADRESSE DU JOUR

En vacances, dès que vous constatez la disparition de votre carte bleue, téléphonez au centre d'opposition : de l'étranger ou à Paris, composez le (1) 42 77 11 90 et en province, le 54 42 12 12.

4 AOÛT

SAINT JEAN-MARIE

COMBINE STORY

1789 : la « nuit du 4 août » voit la noblesse perdre quelques privilèges. Ce n'est pas la grandeur d'âme, mais plutôt la peur de la « jacquerie » qui lui fera abandonner ses droits féodaux...

HÔTEL : FAITES-VOUS INDEMNISER SI LA CHAMBRE NE CORRESPOND PAS À VOTRE RÉSERVATION !

La chambre dans laquelle vous êtes logé doit correspondre exactement à celle que vous aviez réservée : l'article 1 590 du Code civil permet d'exiger un changement de chambre, une réduction ou même un remboursement avec indemnisation en cas de non-respect de contrat ou de publicité mensongère. Faites-vous donc bien préciser, par écrit, au moment de la réservation, les caractéristiques de l'hôtel en général (piscine, restaurants, équipements sportifs, etc.), et de la chambre en particulier (salle de bains ou douche, wc, balcon ou terrasse, vue sur..., télé, etc.). Il est évident que si la seule modification par rapport au « contrat » réside dans la couleur verte de la chambre (qui avait été annoncée bleue), cela ne vaut pas la peine de faire un scandale, sauf si vous êtes allergique au vert. Mais, en revanche, si vous n'avez qu'une douche au lieu d'une vraie salle de bains, si la vue est cauchemardesque ou si le niveau de confort n'est vraiment pas celui que vous attendiez, n'hésitez pas à faire valoir vos droits. Cela dit, en cas de litige persistant, mieux vaut parfois rester en accumulant les preuves du préjudice (photos, témoignages écrits, etc.), et se faire indemniser ensuite. Car partir signifie devoir trouver un autre point de chute au pied levé, ce qui peut s'avérer difficile en haute saison.

LE CHIFFRE DU JOUR

4 032, c'est le record du monde de nombre de chambres, détenu par le *Casino-Excalibur* dans le Nevada. En Europe occidentale, c'est l'hôtel *Méridien* à Paris qui arrive en tête avec 1 027 chambres.

La combine du radin

Le vacancier radin contrôle toujours l'inventaire du réfrigérateur de sa chambre et la liste des produits qui lui sont facturés : qui empêche la femme de chambre ou le groom de se servir, en passant, un petit scotch, un Perrier-rondelle ou de grignoter ses cacahuètes ?

SAINT ABEL

5 AOÛT

COMBINE STORY

1933 : François Coty, richissime propriétaire du Figaro*, créée la ligue Solidarité française. Il mourra un an plus tard... totalement ruiné et sans personne pour l'aider !*

CONSOMMATION : PRENEZ DES PRÉCAUTIONS AVANT D'ACHETER UN APPAREIL ÉLECTROMÉNAGER !

Si vous désirez acheter un appareil électroménager, prenez un certain nombre de précautions. Vous devez minutieusement :
– Exigez une facture en règle et un bon de garantie.
– Si c'est un appareil « lourd », faites-le installer par votre vendeur. En cas de litige, vous ne vous entendrez pas dire qu'il n'a pas été posé « conformément »...
– Sur le bon de garantie, il y a parfois un volet que vous devez renvoyer au fabriquant, faites-le sans attendre.
– N'essayez jamais de bricoler ou de réparer vous-même un appareil qui est sous garantie. S'il tombe en panne, c'est le vendeur, et lui seul, qui doit assurer la réparation.
– En cas de réparation, faites-vous remettre un descriptif écrit de ce qui a été effectué.

LE CHIFFRE DU JOUR

21,7 % des Français s'endettent à court terme pour acheter des appareils électroménagers.

6 AOÛT

SAINT PASTEUR

COMBINE STORY

1928 : naissance d'Andy Warhol, peintre américain, pape du Pop Art, qui a dit que chacun connaîtrait, une fois dans sa vie, 15 minutes de gloire... Si pour vous c'est aujourd'hui, ne passez pas à côté de votre chance !

AUTO : ACHETEZ UN VÉHICULE D'OCCASION BIEN EN DESSOUS DE SA COTE ARGUS !

Pour acheter une voiture d'occasion à son vrai prix, il existe une filière très intéressante : celle des ventes publiques de matériels saisis (VPMS). Chaque mois, vous y trouverez plus de 500 voitures de tourisme provenant de liquidations judiciaires ou d'impayés de sociétés de leasing. Tous ces véhicules ont subi le contrôle technique et sont emportés, après mises aux enchères, à des prix inférieurs de 30 à 40 % à ceux de la cote Argus. Le calendrier est publié dans le Moniteur des ventes.

L'ADRESSE DU JOUR

Le centre des ventes de VPMS est situé 24, rue Émile-Zola, 93120 La Courneuve, tél. : (1) 49 37 29 29.

La combine de l'escroc

En Chine, ce ne sont pas les voitures d'occasion que l'on vend aux enchères, mais les femmes ! Hé oui, dans certains villages chinois, une femme peut atteindre 5 000 de nos francs !

SAINT GAËTAN

7 AOÛT

COMBINE STORY

1876 : naissance de Mata-Hari, la plus célèbre agent (double et secrète) de la Première Guerre. Son arme principale était sa beauté ! Alors, mesdames, si l'espionnite est votre tasse de thé, cette combine du jour vous rendra plus efficace…

BEAUTÉ : COMPAREZ LES PRIX AVANT D'ACHETER VOS PRODUITS !

Il paraît qu'il faut souffrir pour être belle (et beau !), ce qui est sûr c'est qu'il faut bien souvent casser sa tirelire ! Certaines grandes marques proposent des lignes de soins et de parfums dont la spécificité peut expliquer le tarif, mais beaucoup d'autres articles de l'industrie cosmétique sont, avant tout, des produits de marketing dont le flacon, l'emballage et la publicité coûtent plus cher que le contenu. Il convient d'être, dans ce domaine, particulièrement vigilant et de comparer les tarifs avant d'acheter : certaines sociétés comme Yves Rocher (le géant vert qui se fait du blé en guise de maïs !) et l'américain Avon commercialisent des produits qui sont, la plupart du temps, de qualité égale à ceux des noms plus illustres de la cosmétique. Exemple : le « Soin réparateur » aux liposomes d'Yves Rocher est affiché à moins de 50 F alors qu'il est vendu 200 F ailleurs ! Alors, ne vous laissez pas abuser par l'éclat de la marque...

LE CHIFFRE DU JOUR

Chaque Français consommait en moyenne 71 F par an en produits de parfumerie en 1970, 133 F en 1980 et plus de 700 F aujourd'hui !

Ils sont fous, ces combinards !

Le baron Bic, l'inventeur du stylo bille, du briquet et du rasoir jetable, a bien failli couler sa société, en 1988, en lançant un parfum à 20 F vendu dans les bureaux de tabac… Le baron aurait dû savoir que l'argent n'a pas d'odeur !

8 AOÛT

SAINT DOMINIQUE

COMBINE STORY

1963 : En Angleterre, le train postal Glasgow-Londres est dévalisé en moins d'un quart d'heure par une bande très organisée. Montant du butin : plus de 35 milliards de francs de l'époque !

ASSURANCE : ÉVITEZ LES PIÈGES RUINEUX !

La voracité toujours croissante des compagnies d'assurances n'est plus à démontrer. Pour éviter d'obtenir une piètre couverture en échange de votre argent, choisissez avec soin votre assureur et étudiez à la loupe le type de contrat proposé. Il est inutile, par exemple, d'assurer tous risques votre Ford Escort de 72, dont même un casseur débutant ne voudrait pas ! Il faut également négocier, faire jouer la concurrence, ne pas hésiter à dire que « chez X ou Y on vous propose moins cher... ». Et puis, entre autres pièges à gogos proposés par les vendeurs d'assurance, faites attention aux prestations qu'on essaie de vous vendre en plus de votre prime principale. C'est le cas, notamment, de la garantie « défense-recours » qui rallonge votre addition de 5 à 10 %. Elle est censée vous permettre de ne rien débourser en cas de conflit avec un tiers. C'est votre assureur qui prend en charge les frais de dossier, de justice et qui assure votre défense lors d'une procédure avec une autre compagnie. Or, il faut savoir que les assurances passent des accords officieux pour éviter de s'attaquer entre elles. Résultat : plutôt que de vous défendre, de tenter de prouver que vous n'êtes pas fautif d'un accident, et de perdre leur argent et leur temps en procès longs et incertains, elles préfèrent vous déclarer responsable du sinistre et récupérer les sommes perdues en vous taxant d'un malus !

LE CHIFFRE DU JOUR

48 % des Français s'endettent à court terme pour financer leur automobile.

SAINT AMOUR

9 AOÛT

COMBINE STORY

1930 : premier congrès nudiste en France. Les naturistes ont trouvé la combine pour se rincer l'œil gratuitement. Mais une question demeure : où rangent-ils leur argent de poche ?

HÔTEL : PARTEZ QUAND ÇA VOUS CHANTE !

Si vous êtes en ce moment en vacances, ne vous laissez pas impressionner par les gérants qui refusent de vous louer une chambre sous prétexte que vous ne restez pas assez longtemps. « Ah, vous comprenez, j'ai beaucoup de monde, alors si vous ne restez que deux nuits, ça ne m'intéresse pas... » est une petite phrase connue des vacanciers itinérants. Si cela vous arrive, ne vous laissez donc pas faire et exigez d'avoir l'une des chambres disponibles au nom de la loi qui pénalise les refus de vente : en effet, l'hôtelier n'a pas le droit de subordonner la location d'une chambre à la durée de séjour de ses clients. S'il refuse, vous pouvez donc porter plainte contre lui : le fait de l'en menacer devrait normalement suffire à vous faire admettre dans l'hôtel. Si vous tombez sur un hôtelier récalcitrant, soyez plus malin : prenez la chambre pour une plus longue durée et partez quand vous voulez !

LE CHIFFRE DU JOUR

Six millions de Français partent chaque année en vacances à l'étranger.

La combine de l'escroc

Après le volapuk et l'espéranto, ces langages qui devaient faire disparaître les difficultés de communication entre les peuples, certains arnaqueurs continuent de proposer des cours de langue universelle. La dernière escroquerie en date aux États-Unis : des stages de 15 jours pour apprendre à parler la langue des extra-terrestres ! 3 000 dollars la session, ce n'est pas cher pour avoir le privilège de dialoguer avec les petits hommes verts !

10 AOÛT

SAINT LAURENT
PATRON DES PAUVRES

COMBINE STORY

1801 : par un arrêté, l'État français s'attribue définitivement le monopole sur l'acheminement et la distribution du courrier...

PTT : ÉCONOMISEZ VOS TIMBRES !

Depuis que la poste, ce service prétendument « public » a changé de statut en 1989, il semble qu'il n'y ait plus que la recherche du profit à l'ordre du jour. Le service des télégrammes qui ne fonctionne plus, les « Colissimo » ou l'art de faire payer très cher aujourd'hui ce qui était gratuit hier, les tournées du soir annulées purement et simplement, les recommandés ou les colis qui ne sont plus montés jusqu'à chez vous mais laissés, dans le meilleur des cas, à votre concierge, les interminables files d'attente dans les bureaux... on en passe et des pires ! Aussi, c'est sans aucun remords que nous allons vous expliquer une super-combine pour éviter de vous ruiner en timbres : il suffit de faire payer le destinataire ! Le facteur est tenu d'acheminer le courrier, même s'il n'est pas affranchi. C'est celui qui reçoit votre missive qui doit alors payer le prix du timbre, plus une taxe spéciale de 3,80 F. S'il refuse, c'est son droit, le service postal devra alors vous réclamer, à vous, le coût de l'affranchissement... Une opération compliquée qui reste généralement lettre morte. Vous pouvez également affranchir votre courrier à tarif réduit. Contrairement à ce que l'on croit, le nombre de sacs postaux à trier est tel que les agents des postes ne peuvent pas réellement faire la différence...

LE CHIFFRE DU JOUR

1 : c'est le nombre d'exemplaire qu'il reste du *One cent* magenta d'avril, le timbre le plus rare (et pour cause !) du monde. Venant de Guyane britannique, il a été vendu en 1980 plus de 3,8 millions de francs !

Ils sont fous, ces combinards !

Pour certains, les timbres sont hors de prix, mais il arrive parfois qu'ils ne coûtent rien, ou presque rien : en Indochine française, entre 1922 et 1933, on pouvait affranchir ses lettres avec un timbre d'un dixième de centime !

SAINTE CLAIRE

11 AOÛT

COMBINE STORY

1885 : les premiers biscuits pour chiens sont commercialisés en grande-Bretagne. Aujourd'hui en France, les ménages consacrent environ 3 % de leur budget aux dépenses pour leur animal de compagnie…

VIE QUOTIDIENNE : ASSUREZ VOTRE TOUTOU POUR ÉVITER LA RUINE ET LES ENNUIS !

Imaginez que Prince, votre doberman habituellement si courtois, ait décidé ce matin de rectifier la splendide musculature du puissant avant-bras de votre aimable voisin Lardru... Aussitôt, l'incident tourne à la tragédie, le sang est versé, Lardru vous menace des pires sanctions et votre doberman quitte la scène la queue entre les pattes... Croyez-nous, vous ne serez pas mécontent d'avoir suivi nos conseils et d'avoir contracté une assurance pour votre animal. Devant la loi, vous êtes, en effet, responsable des dommages que votre animal a causé, qu'il soit « sous votre garde, échappé ou égaré ». Or, sachez que les animaux sont responsables de près de 5 % des accidents domestiques et que, chaque année en France, 500 000 personnes se font mordre par un chien. Autre avantage d'une assurance spéciale pour votre compagnon : certaines d'entre elles couvrent, comme le fait la sécu pour les hommes, tous les frais de maladie et d'accident pour moins de 500 F par an. Là encore, il suffit de connaître les tarifs des vétérinaires pour se convaincre que le jeu en vaut la chandelle.

LE CHIFFRE DU JOUR

Le chat, animal apparemment indépendant, grève votre budget de plus de 55 000 F durant ses quatorze ans de vie ! Mais la palme d'or de la dépense revient sans contestation possible au chien. Sachez, en effet, que notre plus fidèle compagnon ne met pas la pédale douce du côté des dépenses : il vous coûte 67 000 F en moyenne de son premier ouah-ouah à son dernier coup de croc à un inoffensif préposé des postes (profession la plus mordue de France !).

12 AOÛT

SAINTE CLARISSE

COMBINE STORY

1908 : Les usines Ford de Detroit lancent leur premier modèle, la Lizzie. Le célèbre constructeur est aujourd'hui au troisième rang mondial, derrière General Motors et Toyota. Une belle illustration du « rêve américain ».

AUTO : LORSQUE VOUS LOUEZ, NE PAYEZ QUE CE QUE VOUS DEVEZ !

L'été, c'est souvent la saison où l'on rencontre le plus de soucis avec les loueurs de voitures. Vous consommez de la location pour partir ou pour vous balader, les loueurs sont débordés, les autos sur-utilisées... c'est l'équation idéale pour créer des problèmes. Un « classique » du litige dans le secteur de la location automobile : vous rapportez la voiture un peu tard,vous la déposez devant l'agence en glissant les clés dans la boîte à lettres et, lorsque quelques jours plus tard vous recevez la facture, cette dernière s'est considérablement alourdie par des frais de carrosserie provenant de soi-disant grosses éraflures constatées sur l'aile et le côté gauche de la voiture ou par un plein qui n'était soit-disant pas fait. Et le loueur de joindre à la facture un constat dûment rempli et signé par ses soins.
Si vous êtes victime de ce genre de pratiques, sachez que vous ne devez pas vous acquitter de cette partie de la facture. Vous n'avez pas à payer (c'est le cas de le dire) les pots cassés des horaires trop stricts de la société de location qui ne met personne à votre disposition lorsque vous rendez tard le véhicule. Rien ne prouve que ces dégats ont été commis par vous ou que vous n'avez pas fait le plein et, comme vous n'avez pas signé de constat contradictoire en rendant le véhicule, vous ne pouvez en aucun cas être tenu pour responsable ! Cette règle est valable pour toute réclamation d'un loueur portant sur des faits que vous n'auriez pas reconnus en restituant la voiture (comme un excédent de kilométrage, un PV ou encore un supplément d'assurance...).

LE CHIFFRE DU JOUR

25 % des pannes sont dues à l'échappement. Hé oui, c'est comme ça quand on n'a pas de pot !

SAINT HIPPOLYTE

COMBINE STORY

1924 : en France, création des premières colonies de vacances. Les parents sont contents, Pierre Perret le sera encore plus quelque cinquante ans plus tard, avec le succès commercial de sa chanson Les jolies colonies de vacances. *Tous les ans il voudrait que ça recommence, youkaïdi aïdi, aïda !*

13 AOÛT

VOYAGES : PARTEZ EN VACANCES, SURTOUT SI VOUS ÊTES SPORTIF, JEUNE ET... FAUCHÉ !

Ce n'est pas parce que vous êtes jeune et sans le sou que vous devez vous passer de vacances, surtout si vous êtes sportif ! Vous pouvez en effet prétendre à l'obtention d'une bourse de la part de la Direction de la jeunesse et des sports. Si vous avez entre 15 et 25 ans, et que vous vous trouviez dans l'une des situations suivantes : travailleur, apprenti, étudiant boursier, chômeur ou appelé au service national, vous pouvez demander une bourse qui vous sera versée sous forme de « chèques plein air ». Cette bourse est destinée à financer les frais de séjour d'un stage sportif d'une semaine. Vous devez évidemment effectuer ce stage dans l'un des centres agrées par le secrétariat. Les activités possibles sont : le ski, l'alpinisme, le raid en montagne, toutes les ativités nautiques, le cyclo-tourisme, l'équitation, le parachutisme et le tennis. Inutile de demander cette aide si vous partez pratiquer le golf en Floride ! Déposez votre candidature auprès de la Direction de la jeunesse et des sports de votre département. Lorsque vous aurez obtenu l'attestation d'inscription à l'association, allez retirer vos chèque « plein air » à la Direction départementale. Cinq associations sont agréées: L'UCPA, La Fédération unie des auberges de jeunesse, la Ligue française des auberges de jeunesse, le Centre nautique des Glénans et la Guilde européenne du raid.

L'ADRESSE DU JOUR

A Paris, le Secrétariat d'État à la jeunesse et aux sports est situé 78, rue Olivier-de-Serres, 75015, tél. : (1) 40 45 90 00.

14 AOÛT

SAINT ÉVRARD

COMBINE STORY

1960 : les dirigeants de La Redoute décident de ne vendre que sur catalogue. Avec ses 10 millions de clients, c'est devenu la première société de VPC en France !

CONSOMMATION : ATTAQUEZ EN JUSTICE UNE SOCIÉTÉ DE VPC QUI VOUS A FAIT CROIRE QUE VOUS ÉTIEZ MILLIONNAIRE !

On ne dénoncera jamais assez les pratiques déloyales et abusives de certaines sociétés de vente par correspondance qui vous font sans cesse miroiter la lune. Tous les quatre matins, vous recevez des courriers où l'on peut lire « bravo, monsieur Supercombinard, vous venez de gagner un superbe cadeau, blablabla... ». A l'intérieur, c'est carrément Noël : on vous explique qu'en plus des sommes astronomiques que vous allez, peut-être, toucher, vous avez de fortes chances de gagner de toutes façons l'un des magnifiques cadeaux du tirage au sort. On vous signale, accessoirement, que vous pouvez aussi commander un ou plusieurs des magnifiques articles présentés sur le catalogue joint, mais que, évidemment, ce n'est pas parce que vous n'aurez rien commandé que vous ne gagnerez pas ! Stop, ça suffit ! Sachez qu'il est tout à fait possible de dénoncer ces pratiques et d'intenter une procédure contre les sociétés de VPC. Plusieurs particuliers ont fait récemment des procès de ce type et ont obtenu des indemnités importantes. Un décret du 22 août 1990 impose en effet, pour ces opérations de loterie, une présentation extrêmement claire et précise des possibilités de gain, sous peine de forte amende.

LE CHIFFRE DU JOUR

Un Francais sur deux achète par correspondance.

Ils sont fous, ces combinards !

Toujours très imaginatives lorsqu'il s'agit de harceler les éventuels clients, les sociétés de VPC ont fait appel à des statisticiens pour déterminer l'âge de quelqu'un à partir de son prénom ! Il existe donc des listes de prénoms, avec, en regard, l'âge probable de son porteur, en fonction des époques et des modes. Ainsi, les toujours actives sociétés de VPC évitent de proposer un vélo de course à une Georgette, ou encore l'intégrale de Charles Dumont à un Jerry !

SAINT ARNOUL

15 AOÛT

COMBINE STORY

1804 : Napoléon Bonaparte, né le 15 août 1769 à Ajaccio, fait de ce jour la Saint-Napoléon. On n'est jamais mieux servi que par soi-même !

TAXES : NE PAYEZ PLUS LA VIGNETTE À PARTIR DE L'ÉTÉ !

Même l'été, nous savons qu'il y a des mots qui vous donent des allergies : facture, PV, radar, impôts, TVA, assurances, garagiste, et parmi ces mots, nous en connaissons un particulièrement douloureux : vignette ! Cela commence comme un souffle d'espoir : VIE. Mais cela se termine comme comme le souffle rauque du fonctionnaire moyen de l'ex-KGB : NIET ! Vous devez savoir que si vous avez acheté votre voiture après le 15 août, vous êtes automatiquement dispensé d'acheter la vignette de l'année en cours... Résultat : si vous avez décidé de changer de voiture pendant l'été, choisissez bien la date de votre achat ou profitez au maximum du délai que vous autorise la loi pour vous faire immatriculer !

LE CHIFFRE DU JOUR

La vignette fut instituée à l'origine, rappelons-le, pour financer la retraite de nos anciens... Elle rapporte aujourd'hui plus de 15 milliards de francs chaque année, c'est à dire 1% du budget annuel de la France ! Des sous, évidemment, dont nos chères têtes blanches n'ont jamais vu la couleur !

Ils sont fous, ces combinards !

A quelques rares exceptions, nous devons tous payer la vignette. A quelques rares exceptions... et c'est ici que réside l'astuce trouvée par certains combinards procéduriers : certains Français bénéficient de l'éxonération totale de la vignette. Les grands invalides et les mutilés de guerre, les pensionnés militaires, les aveugles (eh oui, ils peuvent posséder une voiture !), les sourds-muets et les handicapés mentaux. Or, l'État accepte que la voiture exonérée appartienne à un parent, ou un ami, si l'invalide exige un accompagnement. Vous l'avez compris, il ne reste plus à ces cyniques futés qu'à faire immatriculer leur voiture au nom d'une personne exonérée... et le tour est joué !

16 AOÛT

SAINT ARMEL

COMBINE STORY

1977 : mort d'Elvis Presley, le « King », qui bâtit sa gloire sur le rock'n roll. Aujourd'hui encore, ses disques se vendent par millions et ses fans pleurent en écoutant Love me tender.

CAFÉ : CONSOMMEZ UN SEUL CAFÉ POUR CINQ SI BON VOUS SEMBLE !

Toujours l'article 37 du Code du commerce à la rescousse des piliers de bistrot ! Sachez que lorsque vous êtes nombreux dans un bar, tout le monde n'est pas tenu de consommer. Ceux qui n'ont pas soif ne sont pas obligés de passer commande et, dans la mesure où certains d'entre vous ont pris des consommations payantes, les autres peuvent se contenter d'une carafe d'eau. Alors, la prochaine fois qu'un serveur discourtois vous fait remarquer sans aménité que tout le monde n'a pas commandé, ne vous privez pas du plaisir, ô combien enivrant, de voir la tête de l'arrogant se décomposer lorsque vous lui rappellerez la loi !

LE CHIFFRE DU JOUR

80 % des Français ont pour l'habitude de boire un café le matin... à la plus grande joie des industriels du secteur !

La combine de l'escroc

Les machines qui distribuent la bière dans les bars et les restaurants se règlent avec une facilité étonnante. Certains patrons, peu scrupuleux, arnaquent leurs clients et économisent jusqu'à 20 % de leur fût en servant simplement une bière... mousseuse !

SAINT HYACINTHE

17 AOÛT

COMBINE STORY

1969 : à Woodstock, aux USA, un grand festival de pop music est organisé par un jeune homme de 23 ans, défenseur passionné de la culture hippie. Le festival accueillera plus de 800 000 personnes. Peace, love and... money !

CULTURE : TROQUEZ VOS CONNAISSANCES !

Tout le monde sait que l'on peut troquer les objets (voir notre super-combine sur ce sujet à la date du 7 juin) mais savez-vous que l'on peut appliquer le même principe aux connaissances ? Évidemment, vous vous dites que l'idée est excellente à la condition d'avoir un copain qui a justement envie d'apprendre un petit quelque chose que vous savez faire et qui détient, de son côté, des connaissances que vous lui enviez... Et c'est ici que commencent les difficultés ! Heureusement, il existe un réseau incroyable qui réunit tous ceux qui ont envie d'être à la fois maître et élève et qui n'ont pas envie de dépenser 100 F de l'heure dans des cours particuliers. En clair, vous êtes doué pour la fiscalité et vous pouvez aider d'autres gens à remplir leur feuille d'impôts, mais vous voulez en même temps apprendre le tricot ou le crochet ? Il y a de fortes chances pour que vous trouviez votre bonheur dans votre région si vous faites appel à ce réseau de « troc des formations et des connaissances ».

L'ADRESSE DU JOUR

Pour connaître les coordonnées d'un réseau proche de votre lieu de domicile, il suffit de composer le 16 (1) 60 79 10 11.

Ils sont fous, ces combinards !

Le célèbre savant suédois Alfred Nobel était, entre autres, chimiste (il inventa la dynamite), pionnier des trusts industriels, grand voyageur et pacifiste convaincu. Dans les années 1880, il proposa très sérieusement au préfet de Paris de créer un « hôtel des suicidés » où les hôtes pourraient prendre un bon repas, passer une agréable soirée, puis mourir d'une façon rapide et indolore...

18 AOÛT

SAINTE HÉLÈNE

COMBINE STORY

1908 : naissance d'Edgar Faure, politicien qui affirma que ce n'est pas la « girouette qui tourne, c'est le vent ». C'est bien une devise de politicien !

CONSOMMATION : ACHETEZ LES BIENS DE L'ÉTAT AU SERVICE DES DOMAINES !

Il existe une véritable caverne d'Ali Baba pour les consommateurs combinards : il s'agit de l'Administration des « Domaines » : ce service est le gestionnaire du patrimoine de l'État ; il le gère et peut vendre un grand nombre de choses aux enchères publiques. Chaque année, les Domaines réalisent plus de 1 000 ventes pour une recette totale qui atteint des centaines de millions de francs. Il faut savoir que ces ventes aux enchères sont ouvertes au grand public et qu'on y trouve un choix aussi large qu'étonnant d'objets en tous genres : cela va du tank, dont l'armée ne se sert plus, au lot de sept 4L jaunes de La Poste, en passant par des chaises, des machines à écrire, une école désaffectée, des tapis ou de la vaisselle... le tout (que ce soit du mobilier ou de l'immobilier) ayant appartenu, vous l'avez compris, à nos chères administrations. La plupart du temps la « marchandise » ne se trouve pas dans la salle le jour de la vente pour des raisons évidentes (songez à la difficulté de faire entrer un char d'assaut dans la salle des mariages d'une mairie !... c'est un peu difficile...), mais vous pouvez rendre visite à vos futures acquisitions dans des dépôts avant le jour J de la vente. On peut vraiment faire de bonnes affaires dans ces ventes des Domaines, mais, comme dans toutes les ventes de ce type, cela dépend le plus souvent de la présence ou non de professionnels dans la salle.

L'ADRESSE DU JOUR

Pour tous renseignements, adressez-vous à la direction des Domaines : 17, rue Scribe, 75009 Paris, tél. : (1) 44 94 78 00. Le Bulletin officiel d'annonces des domaines publie le 5 et le 20 de chaque mois les dates et les lieux des ventes.

COMBINE STORY

1883 : naissance de Gabrielle Chanel, plus connue sous le nom de Coco. Elle crée en 1924 une maison de couture qui deviendra l'une des plus célèbres du monde !

LOGEMENT : REFUSEZ DE PAYER POUR UNE « PROMESSE DE LOCATION » !

Si vous devez vous mettre en quête d'un appartement à louer, vous allez vite vous rendre compte que beaucoup d'agences imposent à leurs clients de signer des promesses de location. Le principe est simple : vous cherchez un appartement, l'agence vous en propose un qui vous convient, libre dans un mois, et vous demande de réserver l'affaire en signant un contrat par lequel vous vous engagez à le louer, accompagné d'un chèque d'acompte, en général équivalent à un mois de loyer. Si, entre-temps, vous trouvez un autre appartement et que vous vous désistez sur la première affaire, l'agence garde évidemment votre chèque et vous perdez plusieurs milliers de francs. Sachez-le, ces pratiques tombent sous le coup de la loi du 2 janvier 1970 qui interdit tout versement d'argent avant la signature effective d'un bail. Le 4 août 1989, la commission des clauses abusives a également souligné le caractère illicite des engagements de location. Si vous vous trouvez dans une situation de ce type, jouez le jeu, et, lorsque vous êtes dans les murs, faites valoir à l'agence le caractère abusif de cette pratique et déduisez la somme de vos prochains loyers !

L'ADRESSE DU JOUR

Pour connaître le prix du loyer au mètre carré, fixé tous les ans par décret pour chaque catégorie de logement, adressez-vous aux Journaux officiels, 26, rue Desaix, 75015 Paris.

La combine de l'escroc

Notre combine du jour vous évitera de tomber sur certaines agences qui confondent immobilier et escroquerie et qui proposent leurs logements à plusieurs personnes : elles font signer à chacune une promesse de location accompagnée d'un chèque, en espérant bien sûr que la plupart se désisteront en abandonnant leur acompte. Voilà une bonne façon de gagner de l'argent rapidement et sans se fatiguer le moins du monde !

20 AOÛT

SAINT BERNARD

COMBINE STORY

1940 : au Mexique, Léon Trotski est assassiné à coups de piolet par un agent de Staline. Sibérie ou pic à glace, le petit père des peuples a toujours su trouver les bons moyens pour faire taire les contestataires !

HUISSIERS : VIVEZ EN CONCUBINAGE POUR ÉVITER LES SAISIES !

Il existe une super-combine géniale pour faire reculer ces Dracula de l'avertissement, ces Frankenstein de la poursuite, ces Docteur Petiot de la saisie-arrêt que sont les huissiers ! Comment ? Grâce à un principe de base qui ressemble à une lapalissade : un huissier ne peut saisir que les biens de la personne poursuivie. Imaginez maintenant que vous habitiez à deux dans un appartement... Il suffit alors de prendre quelques précautions, de vous montrer prévoyant dans votre nouvelle installation : si, par exemple, le loyer est à votre nom, faites établir le contrat du téléphone ou de l'électricité au nom de votre compagne ou de votre compagnon. Ainsi, lorsque l'huissier se présentera, selon qu'il vient saisir vos biens ou ceux de votre ami(e) ou conjoint(e), montrez-lui la quittance EDF ou la note de téléphone au nom de celui ou celle qui n'est pas poursuivi. Le pauvre huissier ressemblera à une poule devant un couteau : il sera dans l'incapacité de saisir quoi que ce soit ! Il n'aura plus alors qu'à retourner à son étude, tout piteux !

LE CHIFFRE DU JOUR

Huit, c'est le nombre de jours qui doivent obligatoirement s'écouler entre la saisie et la vente de vos meubles. Ce n'est pas beaucoup, mais cela vous laisse le temps de récupérer les biens auxquels vous tenez en remboursant votre dette.

SAINT CHRISTOPHE
PATRON DES AUTOMOBILISTES

COMBINE STORY

1881 : création, en France, des écoles maternelles.
Avant ils bossaient, désormais ils coûteront de l'argent à leurs parents !

21 AOÛT

VIE QUOTIDIENNE : POUR FAIRE DES ÉCONOMIES, APPRENEZ À VOS ENFANTS À CONDUIRE DÈS 16 ANS !

A partir de 17 ou 18 ans, on brûle de pouvoir prendre le volant, pendant que les parents commencent à économiser de quoi payer le permis de leur futur jeune conducteur. Alors, justement, il existe un moyen de faire plaisir à ceux qui rongent leur frein en même temps qu'à ceux qui se demandent comment ils vont le payer : aujourd'hui, on peut apprendre à conduire dès 16 ans. Le principe est simple : l'adolescent doit d'abord prendre une vingtaine de cours (quinze heures de conduite et cinq heures de code) dans une auto-école agréée et recevoir une attestation qui l'autorise à prendre le volant, à condition d'être accompagné d'un membre de sa famille qui va être son « instructeur ». Cet accompagnateur doit être âgé d'au moins 28 ans, avoir son permis depuis trois ans et posséder un casier judiciaire vierge de toute infraction au Code de la route. Enfin, la voiture « école » doit bénéficier d'un bonus au moins égal à 15 %. La formule présente trois avantages principaux : cet apprentissage anticipé de la conduite permet de ne pas avoir à suivre à nouveau les cours d'une auto-école pour passer le permis définitif. Ensuite, les jeunes gens qui ont suivi cette filière ont plus de 80 % de chances de réussite à l'examen, alors que les candidats classiques échouent une fois sur deux. Enfin, la plupart des assurances n'infligent pas aux personnes qui ont eu cette formation la très forte surprime réservée aux jeunes conducteurs. Cette surprime est en effet moitié moins forte la première année et carrément suprimée dès la deuxième année de conduite. Ce qui vous garantit de substantielles économies.

L'ADRESSE DU JOUR

Celle de votre préfecture : vous pouvez lui demander les résultats des auto-écoles aux examens du permis. C'est un renseignement très utile pour choisir les sociétés les plus sérieuses.

22 AOÛT

SAINT FABRICE

COMBINE STORY

1852 : Aristide Boucicaut fonde le « Bon Marché ». Sans relations ni études, il opéra une véritable révolution commerciale en vendant à prix fixes (et non à la tête du client), en réduisant les bénéfices et en inventant...les soldes !

BANQUE : FAITES DES CHÈQUES SANS PROVISION SANS RISQUES !

Que celui qui n'a jamais fait un chèque alors que son compte était dans le rouge nous lance la première pierre ! Mais voilà, la plupart du temps les banquiers adoptent un comportement « à la tête du client » lorsqu'il s'agit de chèque sans provision. Dans telle agence, un habitué des découverts pourra en faire quand bon lui semble sans courir le moindre risque alors que dans une autre, on interdit (Banque de France) un père de famille smicard pour un chèque impayé de 150 F ! Alors si vous estimez que votre banque a rejeté un chèque de manière abusive (par exemple, en sachant que votre compte serait approvisionné sous peu...) vous devez réagir. Reportez-vous à un jugement de la Cour d'appel de Paris du 26 septembre 1989 : un client avait vu l'un de ses chèques rejeté par sa banque. La Justice, après avoir étudié les mouvements de son compte sur six mois, a décidé que la banque ayant jusqu'ici toléré que ce monsieur soit un habitué du découvert et des chèques sans provision, sans le rappeler à l'ordre, il était injustifié qu'elle devienne soudainement aussi sévère à son égard ! La Cour d'appel a condamné cette banque à régler le montant du chèque (avec les intérêts légaux en sus !) ainsi que 8 000 F à titre de dommages et intérêts.

LE CHIFFRE DU JOUR

Vingt millions de chèques sans provision par an, selon les banques. Combien, parmi eux, sont-ils rejetés sans véritable justification ?

La combine du radin

Il y a quelque temps, le Crédit Agricole de l'Yonne avait pris l'initiative de faire payer à ses clients chaque retrait d'argent effectué dans un distributeur concurrent ! Cette expérience est parfaitement révélatrice de la multiplication des services payants dans les banques. Bientôt, il faudra payer pour entrer, pour adresser la parole à la personne qui gère votre compte ou pour espérer avoir le droit à un sourire du guichetier !

23 AOÛT

SAINTE ROSE

COMBINE STORY

1740 : l'administrateur colonial Pierre Poivre, en mission au Tonkin, revient avec des idées nouvelles sur le commerce entre l'Europe et la Chine. Il favorise la création de vergers d'épicerie qui produiront rapidement des clous de girofle et de la muscade 100 % français !

ENFANTS : PROFITEZ DE L'ALLOCATION DE RENTRÉE SCOLAIRE !

Vous l'avez sûrement remarqué, les enfants n'ont pas un tempérament naturellement économe. Résulat : à côté des ravages provoqués par ces rapaces en culottes courtes au moment de la rentrée sur les comptes en banque familiaux, le krach de 1929 fait figure d'incident mineur ! Pour tous les parents ruinés avant une quinzaine, voici une bonne nouvelle : l'allocation rentrée existe et nous l'avons rencontrée ! Cette allocation que peu de parents « ayants-droit » demandent vise théoriquement à permettre aux familles disposant de revenus modestes de couvrir les frais de rentrée. En réalité, la somme accordée (1 500 F) est largement inférieure au coût moyen d'une rentrée, mais n'hésitez pas pour autant à la demander, ce serait toujours ça d'économisé si vous l'obteniez. Pour y prétendre sans problème, il faut avoir au moins un enfant âgé de six à dix-huit ans allant à l'école ou étant en apprentissage, et qui reste évidemment à votre charge. Vos revenus ne doivent pas être supérieurs à 63 708 F avec un enfant, 82 820 F avec deux enfants et 101 932 F avec trois enfants. Au-delà, le plafond augmente de 19 000 F pour chaque enfant supplémentaire.

LE CHIFFRE DU JOUR

196 milliards de francs, c'est le montant total versé directement aux familles par les caisses d'Allocations familiales en 1991.

24 AOÛT

SAINT BARTHÉLEMY

COMBINE STORY

1837 : la ligne de chemin de fer entre Paris et Saint-Germain-en-Laye est ouverte. Les voyageurs peuvent prendre le premier train de banlieue !

VIE QUOTIDIENNE : NE VOUS DÉPLACEZ PAS POUR DÉCLARER LA PERTE DE VOS PAPIERS !

Perdre ses papiers, c'est une épreuve qu'il serait inhumain de souhaiter à quiconque, fût-il votre pire ennemi ! Pour les refaire, il faut effectuer un incroyable parcours d'obstacles, à côté duquel les épreuves d'un camp d'entraînement pour *Marines* seraient reposantes ! Pour adoucir un peu ce chemin de croix, vous pouvez au moins limiter vos déplacements, notamment quand vous devez effectuer votre déclaration de perte ou de vol afin d'obtenir le récipissé indispensable pour obtenir un duplicata. Prenons un exemple : vous habitez dans le XIVe arrondissement de Paris et vous avez perdu vos papiers à Saint-Lunaire (charmante bourgade de l'Ille-et-Vilaine, son église, son grand hôtel, sa rue commerçante...). Le problème, c'est que c'était le dernier jour de vos vacances... Ne perdez pas de temps : rendez-vous dans le commissariat du XIVe et déclarez que le « lieu probable » de la perte est à Paris. On vous délivrera le même certificat qu'en Bretagne et on ne fera pas plus d'enquête que là-bas...

LE CHIFFRE DU JOUR

En 1989, 23 302 cas de faux papiers ont été traités en France. Il en circule évidemment beaucoup plus, mais les malins ne se font pas prendre !

SAINT LOUIS
PATRON DES COIFFEURS

COMBINE STORY

1976 : Jacques Chirac démissionne de son poste de Premier ministre, et, fait sans précédent, s'explique en direct à la télé. A l'époque, Les « Guignols » s'en seraient donné à cœur joie !

25 AOÛT

BEAUTÉ : FAITES-VOUS COIFFER PRESQUE GRATUITEMENT DANS LES ÉCOLES DE COIFFURE !

Dans quelques jours, c'est la rentrée, et comme tous les autres établissements, les lycées professionnels vont de nouveau ouvrir leurs portes, ainsi que les écoles spécialisées. Alors, profitons de la saint Louis, le protecteur des coiffeurs, pour vous conseiller de prévoir un rendez-vous entre les mains de ces apprentis qui seront, demain, les futurs grands noms de la coiffure. Vous ne paierez qu'une modeste contribution (entre 30 et 60 F), puisqu'il s'agit pour eux de « travaux pratiques ». Et, n'ayez aucune crainte, ils sont déjà rodés, savent parfaitement manier ciseaux et peigne, et sont de toutes manières encadrés par leurs maîtres.

L'ADRESSE DU JOUR

En province, renseignez-vous auprès du rectorat de votre région pour connaître les adresses des lycées professionnels, et dans les pages jaunes pour les écoles privées. A Paris, vous pouvez allez vous faire coiffer gratis dans les écoles suivantes :
– École internationale de coiffure, 76, rue Réaumur, 75002, tél. : (1) 42 33 06 12.
– École de coiffure Cordier, 60, rue Saint-Lazare, 75009, tél. : (1) 45 26 79 73.
– Académie de coiffure Montesantos, 24, rue de Paradis, 75010, tél. : (1) 48 24 18 08.
– École active de coiffure, 66-68, rue René-Boulanger, 75010, tél. : (1) 42 45 65 35.
– École de coiffure, 7, rue Darboy, 75011, tél. : (1) 43 57 18 80.

26 AOÛT

SAINTE NATACHA

COMBINE STORY

1789 : la Déclaration des droits de l'homme et du citoyen est adoptée par l'Assemblée nationale. Son premier article assure que « tous les hommes naissent libres et égaux ». Il paraît que les écrits restent...

CRÉDIT : OFFREZ-VOUS-EN UN GRATUITEMENT !

La fin des vacances est rarement synonyme de richesse et le méga-géant découvert qui creuse votre compte en banque depuis des lustres rend cette fin d'été encore plus douloureuse. Peut-être même votre banquier vous a t-il convoqué pour vous expliquer que si vous ne combliez pas rapidement une partie de ce gouffre à rendre jaloux Padirac lui-même, il se verrait obligé de signaler votre cas à la Banque de France ! Bref, il vous faudrait un peu d'argent et, pour cela, vous allez utiliser une super-combine qui ne fera de mal à personne tout en arrangeant plutôt bien vos affaires en cette fin de mois d'août. Allez faire des achats pour un montant équivalent à celui que vous voulez remettre sur votre compte en banque dans un magasin important qui pratique la merveilleuse méthode du « satisfait ou remboursé », et payez avec votre carte bleue. Le lendemain, vous retournez au magasin et vous rendez la marchandise en expliquant qu'elle ne vous convient pas et vous demandez à être remboursé. On vous mène alors à la caisse où l'on vous fait un chèque du montant exact de votre pseudo-dépense. Il vous suffit alors de porter ce chèque à votre banquier. Et vous revoici créditeur ou, en tout cas, en nettement meilleure posture. Car, cette somme que l'on vous a remboursée ne sera débitée sur votre compte qu'à la fin du mois. Et, dans l'intervalle, vous aurez bénéficié d'un miraculeux crédit gratuit !

LE CHIFFRE DU JOUR

On compte en France plus de 20 millions de porteurs de cartes et environ 100 millions de cartes en circulation.

SAINTE MONIQUE

27
AOÛT

COMBINE STORY

1832 : deux pères supérieurs d'un couvent sont condamnés à un an de prison et leur établissement est fermé. Motif : avoir mis en pratique les thèses du philosophe Saint-Simon qui voulait améliorer les conditions de vie des pauvres et exclure l'oisivité liée aux rentes et aux privilèges !

CONSOMMATION : PRENEZ LE MÉTRO ET ACHETEZ COMME DES PROS !

C'est la fin des vacances, et bientôt toute la famille va se retrouver au complet et reprendre une vie « normale », dont font partie les séances hedomadaires de courses dans les supermarchés le samedi ! A chaque fois votre compte en banque en prend un sacré coup, et vous vous demandez comment vous avez bien pu dépenser tout ça ! Avant que ce ne soit la ruine, il faut réagir et chercher à faire des économies sur le poste important que représente l'alimentation dans votre budget. Or, vous ne le savez peut-être pas, les professionnels de l'alimentation possèdent leur propre supermarché : les magasins Métro. Ces grandes surfaces vendent à des prix « semi-grossistes » tout ce que vous trouvez dans votre supérette de quartier. L'accès aux entrepôts de Métro n'est autorisé que si vous êtes détenteur d'un registre du commerce. Pas de problème, il vous suffit, pour faire vos achats à moitié prix, d'accompagner un commerçant que vous connaissez dans votre famille ou parmi vos amis ou vos relations.

L'ADRESSE DU JOUR

Les magasins Métro en région parisienne :
– à Nanterre (Z.A. Petit-Nanterre, 92000),
– à Villeneuve-la-Garenne (102, avenue de Verdun, 94400),
– à Vitry-sur-Seine (67, rue Champollion, 94430),
– à Chennevières-sur-Marne (2, rue Condorcet, 94430).

28 AOÛT

SAINT AUGUSTIN

COMBINE STORY

1847 : en France est publié le premier Guide des horaires des chemins de fer. Heureusement, Socrate n'est pas encore inventé !

VOYAGES : DANS LE TRAIN, OFFREZ-VOUS UNE PLACE EN PREMIÈRE CLASSE AVEC UN BILLET DE SECONDE !

A la SNCF, vous l'avez remarqué, les contrôleurs ont la fâcheuse manie de vous verbaliser quand ils se rendent compte que vous voyagez en première avec un billet de seconde. Pourtant, cela peut arriver, soit parce que l'on est très distrait, soit parce que l'on a oublié ses lunettes et que l'on n'a pas vu le gros 1 sur le wagon, soit parce qu'on a rencontré un vieux copain qui lui, a un billet de première et que l'on veut juste bavarder un moment avec lui... Bref, ce n'est pas forcément par malhonnêteté que l'on est confortablement installé dans les gros fauteuils des privilégiés. Or, non seulement vous devez acquitter la différence de prix entre première et seconde, mais, en outre, payer une amende plutôt salée (même si vous vous contentiez de stationner dans le couloir, sans occuper de place assise!). Pourtant, il existe une situation dans laquelle vous pouvez vous asseoir en première avec un billet de seconde, et cela bien sûr, en toute impunité : il suffit pour cela qu'il ne reste aucune place libre en seconde. La loi stipule en effet que, pour le prix du billet qui vous est vendu par la SNCF, vous devez pouvoir bénéficier d'une place assise. Autrement dit, si le contrôleur ne peut pas vous trouver un siège dans un wagon de seconde, vous êtes tout à fait en droit d'aller, pour le même prix, vous installer le plus confortablement du monde en première classe, généralement moins prise d'assaut par les voyageurs.

LE CHIFFRE DU JOUR

38 milliards, c'est le montant de la dette qu'avait la SNCF envers l'État après dix ans d'emprunt. Cette dette a été purement et simplement annulée en 1990... Il y a des chouchous quand même !

SAINTE SABINE

29 AOÛT

COMBINE STORY

1619 : naissance de Colbert qui, sous Louis XIV, réformera l'administration, réorganisera l'industrie et développera le commerce et l'artisanat. Son sens de l'économie était tel qu'il tentera de lutter contre les extravagantes dépenses royales... sans succès !

ENFANTS : FAITES DES ÉCONOMIES SUR LES FOURNITURES SCOLAIRES !

Bientôt la rentrée, et, comme tous les ans, vous faites des cauchemars une quinzaine de jours avant ! Il faut dire qu'il y a de quoi être inquiet lorsqu'on voit, en septembre, ces foules d'adultes hagards qui poussent des caddies pleins de marchandises sur lesquels trônent, tel le Prost moyen, ces monstres d'ingratitude qui dévalisent les allées des hypermarchés, qui ruinent leurs géniteurs en trousses « Goldotrak » et autres cartables « Nitenda » ou « Eventror ». Alors, pour ne pas devenir de véritables « pigeons », comparez les prix, évitez les achats inutiles et modérez astucieusement vos dépenses. Avant tout, sachez résister aux exigences cumulées de vos bambins et de leurs professeurs. Certes la trousse qui parle et le sac à dos style Indiana Jones, c'est sympa, mais votre enfant travaillera tout aussi bien avec des articles bien moins onéreux. Méfiez-vous donc des gadgets et des modes : on peut trouver des trousses de 5 F à 70 F et plus, et des shorts de 15 F jusqu'à plus de 100 F. Deuxième conseil : sachez acheter au bon endroit, et préférez les grandes surfaces aux supermarchés et aux magasins de détail.

LE CHIFFRE DU JOUR

Le budget pour une rentrée scolaire peut varier de 1 à 8 : à partir de 350 F tout compris pour une famille très économe, jusqu'à 2 600 F si l'on oublie de regarder les prix !

La combine de l'escroc

Certains parents n'oublient pas qu'ils peuvent récupérer des fournitures de base... dans leur propre bureau ! La plupart des entreprises préparent le « choc » de la rentrée scolaire et commandent, pendant cette période, un nombre plus important de fournitures...

30 AOÛT

SAINT FIACRE

COMBINE STORY

1948 : constitution d'Air France qui prend la suite d'une société anonyme créée en 1933. La compagnie vole si bien de ses propres ailes qu'elle prend les commandes d'Air Inter et d'UTA à partir de 1991.

VOYAGES : NE VOUS RUINEZ PAS DANS LES PARKINGS D'AÉROPORT !

Si Air Inter, « c'est pas du vol », les parkings d'aéroports, c'est en revanche carrément l'arnaque ! Alors comment payer moins cher lorsque vous stationnez pour quelques jours dans les sous-sols d'un aéroport français ? Et, plus précisément : comment ne payer que le prix d'une seule journée alors que vous stationnez deux, trois, dix, ou pourquoi pas trente jours ? En fait, c'est très simple : les sociétés qui gèrent ces parkings sont, heureusement pour les rebelles que nous sommes, aussi cupides que faillibles, et leur faille est un vulgaire problème de poids ! Pour être plus clair, sachez que c'est le poids de votre voiture qui déclenche l'émission d'un ticket de stationnement lorsque vous entrez dans l'un de ces parcs de stationnement... Imaginez maintenant que vous vous rendiez à l'entrée du parking, lorsque vous rentrez de voyage, et que vous demandiez à l'un des automobilistes qui passent devant l'appareil de vous laisser son ticket en sachant qu'il lui suffira de reculer et de se replacer sur la zone de pesée pour avoir de nouveau un ticket... ou encore que vous fassiez le coup avec un chariot à bagages, bien rempli, dont la masse métallique déclenche, elle aussi, le mécanisme du distributeur de tickets... Vous n'aurez plus qu'à vous rendre au monnayeur et ne payer qu'une heure d'utilisation... ou parfois rien du tout puisque certains parkings, une fois n'est pas coutume, vous offrent dans leur grande mansuétude les soixantes premières minutes de stationnement !

L'ADRESSE DU JOUR

21 milliards de francs, c'est ce qu'a coûté le King Khaled International Airport de Ryad en Arabie saoudite, ouvert en 1983 (plus grand aéroport du monde). Au pays des émirs, on ne recule devant rien pour encourager les pélerinages en Terre sainte !

SAINT ARISTIDE

COMBINE STORY

1937 : les droits d'exploitation et de construction des chemins de fer sont confiés, pour quanrante-cinq ans, à une entreprise unique : la SNCF, dont l'État est l'unique actionnaire...

31 AOÛT

ENFANTS : LOUEZ LES JOUETS PLUTÔT QUE DE LES ACHETER !

Le problèmes des enfants c'est qu'ils se lassent très vite de tout, et surtout de leurs jouets ! Le superbe robot *Exterminator* ou le tricycle douze vitesses à double dérailleur pour lesquels vous vous êtes ruiné il n'y pas si longtemps traînent dans un coin de la chambre du petit monstre, abandonnés, en piteux état. Il n'y jette même plus un coup d'œil, mais plutôt des coups de pied lorsque le jouet vient gêner la fermeture de sa porte ! Même les enfants les plus adorables et les plus patients délaissent un jour ce qui a fait leur bonheur il y a moins d'un mois... Pour enrayer ce fléau, et cesser d'investir dans le commerce des sommes astronomiques, nous vous conseillons tout simplement d'emprunter les jouets susceptibles de distraire votre nichée. Il vous suffit de faire appel aux ludothèques, qui fonctionnent exactement comme les bibliothèques ou les discothèques. Vous pouvez vous y inscrire pour un abonnement annuel très modeste (aux alentours de 50 F), et vous payez ensuite pour chaque jouet emprunté 10 F environ.

L'ADRESSE DU JOUR

L'association des Ludothèques de France, 7, impasse Charettière, 75005 Paris, tél. : (1) 43 26 84 62. Elle vous communiquera les coordonnées de la ludothèque de votre ville.

SEPTEMBRE

Ah, ça, je ne veux pas faire le fier, mais j'en étais sûr ! Si, si, je le savais que j'allais vous retrouver dans cet état : malgré toutes les excellentes astuces mises en pratique le mois dernier, j'aurais parié que vous aborderiez la rentrée avec le moral dans les baskets. C'est vrai que ce pauvre mois de septembre trimbale quelques lourds handicaps : c'est la période du troisième tiers provisionnel, celle où tous vos créanciers se rappellent à votre bon souvenir, où vous vous rendez compte que tout a augmenté pendant votre absence (les cigarettes, les transports en commun, l'essence, les timbres, etc.) sauf évidemment votre salaire, et que vous n'avez plus grand-chose sur votre compte en banque, euphorie des vacances oblige !

Sans parler des feuilles qui tombent, des jours qui raccourcissent, des embouteillages qui recommencent, des PV qui pleuvent à nouveau et, bien sûr... de la rentrée scolaire !

Ah, la rentrée scolaire : voilà ce qui achève de vous achever... Entre 1 000 et 3 000 F par enfant, cela peut représenter un sacré boulet et vous entraîner rapidement par le fond si vous ne prenez pas les précautions indispensables.

Alors, au hasard, les conseils de septembre porteront notamment sur tous les moyens d'accomplir une rentrée parfaitement réussie, au moindre coût, en utilisant en même temps tous les bons moyens de gagner un peu plus : par exemple en trouvant un nouveau boulot, car septembre est une époque idéale pour être embauché.

Et, si vous n'êtes pas plus riche le 30 septembre qu'aujourd'hui, je vous le jure sur la tête de tante Adélaïde, je ne bois plus une goutte de bourbon-fraise... au moins jusqu'au 1er octobre.

Mais, sincèrement, ça m'étonnerait !

Supercombinard

SAINT GILLES

1er SEPTEMBRE

COMBINE STORY

1913 : Coco Chanel fait la « une » de la mode en présentant une petite veste à col marin. C'est le style Chanel qui s'affirme : la mode indémodable... et ô combien rentable !

ASSURANCE : ASSUREZ-VOUS RAISONNABLEMENT, MÊME SI VOUS AVEZ UN GROS MALUS !

A bas le malus, cette méchante invention des assureurs pour vous faire payer toujours plus cher votre prime d'assurance ! Un petit accrochage, un chauffard vous rentre dedans et vous n'êtes pas sur la bonne file... et c'est immédiatement 10 % d'assurance en plus ! Au bout du compte, suprême et insupportable cruauté des assureurs, on vous colle l'étiquette de M. ou de Mme « Malus » et vous n'avez plus qu'à aller vous faire assurer ailleurs. Vous avez alors bien de la chance si un assureur charitable vous accepte. Heureusement, il existe un agent d'assurances qui a un peu moins de cruauté que les autres (peut-être devrait-il d'ailleurs exercer une autre profession) puisqu'il a lancé une nouvelle prime : le contrat « SOS MALUS ». Il « récupère » tous les abonnés aux malus qui ne trouvent plus personne pour les accepter sous contrat à des conditions correctes.

L'ADRESSE DU JOUR

Le Cabinet Labalette est situé 45, avenue Montaigne, 75008 Paris.

Ils sont fous, ces combinards !

Parfois, il peut arriver que l'on ait un accident sans être en règle avec son assurance. C'est le cas, par exemple, lorsque c'est le conjoint, le fils ou un ami qui conduit au moment de l'accrochage, alors que vous êtes passager et que votre contrat ne couvre que vous en tant que conducteur. Certains évitent les ennuis en réagissant avec promptitude : profitant de la pagaille au moment du choc, ils changent de place très vite ou sortent du véhicule (ainsi que leur conducteur) en faisant croire qu'ils étaient au volant !

2
SEPTEMBRE

SAINTE INGRID

COMBINE STORY

1952 : naissance de Jimmy Connors, qui a su transformer sa position d'éternel second en place de grand champion !

ENFANTS : CHOISISSEZ BIEN L'ASSURANCE SCOLAIRE !

C'est l'une des choses dont vous devez vous préoccuper à quelques jours de la rentrée : contracter une assurance scolaire pour votre bambin est en effet indispensable. Mais n'oubliez pas de vérifier deux choses : tout d'abord que vos autres systèmes d'assurance ne couvrent déjà pas les risques encourus dans l'enceinte de l'école par votre progéniture. Contrôlez également que les activités extrascolaires de vos bambins, leurs trajets, les dégâts qu'ils pourraient occasionner, mais aussi les dommages ou accidents qu'ils pourraient subir sont pris en charge par l'assurance. Pour avoir une garantie, demandez ces précisions par écrit à votre assureur, afin de pouvoir garder une trace de vos questions et de ses réponses.

L'ADRESSE DU JOUR

Pour vous renseigner, vous pouvez vous adresser à votre compagnie d'assurances, à une association de parents d'élèves ou au Centre de documentation et d'information de l'assurance.

SAINT GRÉGOIRE

COMBINE STORY

1871 : naissance de Ferdinand Porsche, dont vous pourrez vous offrir l'un des modèles à la fin de cette année si vous avez suivi à la lettre tous nos conseils !

3 SEPTEMBRE

AUTO : ACHETEZ CHEZ LES LOUEURS !

Les grands loueurs revendent régulièrement leurs véhicules après quelques mois d'utilisation. Certains proposent en général des garanties, mais cette sécurité se répercute sur les prix. D'autres vendent peu cher, mais sans s'engager... Le seul inconvénient, c'est que ces autos ont parfois été maltraitées par leurs conducteurs occasionnels. Notre conseil : plus encore que pour l'achat d'un simple véhicule d'occasion, faites-vous accompagner par un ami connaisseur. Quant aux points de vente, chaque société se fera un plaisir de vous indiquer les siens.

L'ADRESSE DU JOUR

Voici les coordonnées de grands loueurs, la plupart sur Paris, mais qui vous donneront aussi l'adresse de leurs points de vente en province :
- Avis, tél. : (1) 46 09 92 12.
- Budget France, tél. : (1) 05 10 00 01
- Europ Car, tél. : (1) 30 43 82 82.
- Eurorent, tél. : (1) 05 33 22 10.
- Hertz, tél. : (1) 47 88 51 51.
- Century, tél. : (1) 42 61 68 68.

La combine de l'escroc

L'odeur du neuf existe, nous l'avons rencontrée... en bombe ! En effet, des parfumeurs spécialisés ont réussi à reconstituer l'odeur bien particulière d'une voiture neuve, qu'elle soit « intérieur cuir » ou en tissu. Et ce sont certains marchands de voitures d'occasion qui utilisent ces bombes et vaporisent l'odeur dans les véhicules : ainsi, quand vous montez dans la voiture, vous avez tout à fait l'impression qu'elle est neuve, ce qui vous incite à l'acheter même si elle a déjà pas mal « d'heures de vol »... Pervers, non ?

4 SEPTEMBRE

SAINTE ROSALIE

COMBINE STORY

1677 : en France, une loi décide que tout forçat qui se mutile est condamné à mort... thérapie plutôt radicale ! Soyez plus psychologue avec votre gosse qui, quelques jours avant la rentrée, a déjà mal partout !

ENFANTS : ACHETEZ LES LIVRES SCOLAIRES MOINS CHER !

Les livres scolaires sont chers ! Et cette dépense, déjà lourde, ne prend même pas en compte les besoins en livres de poche (environ 5 à 7 livres par an en moyenne au lycée, soit près de 200 F supplémentaires !). Alors passez à l'économie ! Groupez-vous à plusieurs familles et faites acheter vos ouvrages scolaires par un enseignant de votre connaissance. Les profs ont en effet droit, dans la plupart des grandes librairies, à d'importantes réductions sur leurs propres achats. Ou encore, achetez vos livres dans les grandes librairies proches des établissements scolaires à qui les éditeurs consentent des réductions supplémentaires, dont elles font ensuite profiter leurs clients. Vous y trouverez également un grand nombre de livres d'occasion à des tarifs très avantageux. Enfin, profitez des « grands » qui cèdent, lors de « bourses aux livres » à la rentrée, leurs ouvrages des années passées.

LE CHIFFRE DU JOUR

Chère, très chère rentrée scolaire : elle représente entre 30 et 75 % du budget du mois de septembre pour certaines familles françaises !

Ils sont fous, ces combinards !

Le renouvellement des livres est jugé, par la plupart des professionnels de l'enseignement, bien trop fréquent. Dans certains établissements, la Confédération syndicale des familles a même enregistré, en l'espace de trois ans, un changement de la moitié des manuels. Difficile, dans ces conditions, d'espérer récupérer les livres des grands frères ou des enfants d'amis !

SAINTE RAÏSSA

COMBINE STORY

1585 : naissance d'Armand Jean du Plessis, cardinal de Richelieu, conseiller de Marie de Médicis et de Louis XIII (pour avoir le roi, il faut séduire la mère !)

5 SEPTEMBRE

CONSOMMATION : NE VOUS LAISSEZ PAS GRUGER PAR LES REMISES TROP FORTES !

Septembre, c'est souvent le mois des réductions, des rabais et autres prix cassés, bref de tous ces avantages que vous accordent les commerçants pour vous inciter à acheter chez eux. Une réduction, c'est plutôt sympa, mais il y a ristourne et arnaque. En effet, on constate depuis quelque temps la réapparition de certaines pratiques qui consistent à escroquer les consommateurs : le commerçant affiche un prix plus élevé que la valeur réelle du produit, le client trouve ça trop cher, veut faire baisser le prix, et, après un long marchandage, on lui propose une remise de 35 ou 40 %. Il craque, en ayant le sentiment d'avoir fait une affaire extraordinaire en payant un tiers de moins que le prix ! Sauf que, en l'occurrence, le commerçant fait encore une bonne marge puisque cette réduction de 35 % correspond *grosso modo* à l'augmentation qu'il avait fait subir au tarif indiqué.
Attention donc aux commerçants qui pratiquent des remises fictives. C'est illégal et peut leur valoir jusqu'à deux ans de prison et 250 000 F d'amende ! Alors, comparez systématiquement les prix dans plusieurs magasins avant d'acheter. Ensuite, méfiez-vous des réductions trop fortes. 10 %, 20 % à la limite, c'est compréhensible, mais 35 % de remise, simplement en négociant, hors des périodes de soldes, c'est plutôt bizarre !

LE CHIFFRE DU JOUR

Lors d'une récente enquête auprès de 770 magasins de meubles, la Direction de la concurrence a relevé pas moins de 452 infractions, dont plus de 200 concernaient des remises fictives...

6 SEPTEMBRE

SAINT BERTRAND

COMBINE STORY

1914 : sale coup pour les taxis parisiens qui doivent transporter les troupes jusqu'à la Marne pour combattre les Allemands... Parfois, on a l'impression que certains continuent de se venger !

CONSOMMATION : FAITES-VOUS REMBOURSER LES ACHATS EFFECTUÉS PAR VOS ENFANTS !

Parfois, la rentrée scolaire a du bon ! Pendant qu'ils sont à l'école, vos petits monstres ne font pas de bêtises... comme, par exemple, commander à leur nom, mais à votre adresse, la collection complète des aventures de Michael Jordan illustrées, accompagnée de la paire de baskets, du short et du maillot du champion ! Il arrive, en effet, que des mineurs se livrent à des dépenses démesurées qui les mettent, eux ou leur famille, en situation difficile. Heureusement, le législateur, dans sa grande sagesse, a prévu des parades pour protéger les pauvres parents victimes de la fièvre acheteuse de leurs gamins. L'article 1124 du Code civil prévoit que les mineurs n'ont pas la capacité de conclure des contrats s'ils ne sont pas émancipés : une vente effectuée à un mineur peut donc être juridiquement mise en cause. Comme les commerçants ne sont pas toujours très au courant de la loi et de ses subtilités, il se peut que le vendeur se fasse un peu tirer l'oreille et même qu'il refuse carrément d'annuler la transaction. Dans ce cas, il faudra saisir le tribunal d'instance qui tranchera forcément en la faveur du client. Certains parents peu scrupuleux n'hésitent pas à faire acheter des articles par leurs enfants de façon à pouvoir faire annuler la vente comme bon leur semble ensuite... Mais c'est une autre histoire !

LE CHIFFRE DU JOUR

73 % des 7-14 ans sont heureux d'aller à l'école, mais 44 % des écoliers aimeraient bien être payés pour aller en classe !

SAINTE REINE

7 SEPTEMBRE

COMBINE STORY

1745 : la maîtresse de Louis XV, Jeanne Antoinette Poisson, est faite marquise de Pompadour. La promotion sur canapé, ce n'est pas nouveau !

ENFANTS : SOYEZ CORRECTEMENT ET GRATUITEMENT INFORMÉ SUR L'ÉCOLE !

L'école est devenue un véritable dédale administratif où l'on a parfois bien du mal à retrouver son latin ! Les parents d'élèves ont de plus en plus besoin d'infos, de conseils... et de combines bien sûr ! L'information, c'est capital si vous désirez remplir pleinement votre rôle de parent dans les meilleures conditions. Beaucoup d'organismes vous offrent une assistance et des infos de manière gratuite... À vous de les connaître et d'en profiter. Pensez également aux associations de Parents d'élèves : la FNAP, la PEEP, l'UNAPE. Très politisées à l'origine (lorsque les choix scolaires étaient encore l'objet de grandes crises), elles le sont beaucoup moins de nos jours où un certain calme consensuel règne dans ce domaine.

L'ADRESSE DU JOUR

Voici une sélection de services qui vous proposent une aide efficace.
– Interservice Parents, présent à Paris et dans beaucoup grandes villes de province. Une vraie mine d'infos dans tous les domaines !
– 3615 code EDUTEL, serveur mis en place par le ministère de l'Éducation nationale : adresses des rectorats et des établissements, formalités d'inscription, vie à l'école, rentrée, examens, vacances, fédérations de parents, assurances, santé, sports, séjours à l'étranger, etc.
– 3615 code CIDJ (Centre d'information et de documentation pour les jeunes).
– 3615 Minikid : des infos pratiques, une messagerie inter-parents, des services de garde d'enfants, et une rubrique utile sur les magasins qui soldent pendant le mois en cours (vêtements, fournitures, etc.).

8 SEPTEMBRE

SAINT ADRIEN

COMBINE STORY

1942 : création de l'Ordre des médecins.
En pleine Occupation, les toubibs n'avaient apparemment pas d'autre mission plus urgente !

SANTÉ : ÉCONOMISEZ VOTRE TEMPS EN NE FAISANT PLUS LA QUEUE À LA SÉCU !

Le Minitel est un outil indispensable pour tous ceux que les files d'attente indisposent et à qui les têtes, au demeurant fort sympathiques et chaleureuses, du personnel des guichets de la sécu donnent de multiples allergies. Le serveur de la Sécurité sociale, le 3615 code SEC SOC vous permet de rester tranquillement installé chez vous (ou sur votre lieu de travail, cela vous coûtera moins cher !) et de tout savoir sur cet organisme que l'on dit atteint des plus graves maladies. Pour l'instant, les formalités que l'on peut accomplir via la télématique ne sont pas nombreuses, mais on nous promet que bientôt la majeure partie des démarches pourront se faire grâce au 3615.

L'ADRESSE DU JOUR

Le 3615 code DIAG vous aide à établir un diagnostic médical. Pour 1,25 F la minute, il répond aux questions que se posent les hypocondriaques (le genre malades imaginaires de service) et vous inciter à consulter le spécialiste adéquat. Attention, en aucun cas ce serveur minitel ne peut remplacer une consultation médicale.

La combine de l'escroc

Il y a quelques années, certaines cliniques de la région parisienne (et notamment de Boulogne) ont eu quelques problèmes pour avoir posé des pacemakers à des personnes agées qui n'en avaient absolument pas besoin. Il faut dire que si cela ne leur faisait aucun bien, cela ne leur faisait pas de mal... et que les médecins qui pratiquaient l'intervention étaient grassement remerciés par le fabriquant des petits appareils !

SAINT ALAIN

9 SEPTEMBRE

COMBINE STORY

1668 : présentation de L'Avare *de Molière à Paris... S'il avait écrit à Louis XIV, il aurait obligatoirement utilisé notre combine du jour.*

PTT : FAITES DES ÉCONOMIES DE TIMBRES LORSQUE VOUS ENVOYEZ CERTAINES LETTRES !

Il existe une liste de personnalités et de services administratifs à qui vous pouvez écrire sans coller de timbre sur votre enveloppe. La loi vous dispense de timbrer vos lettres lorsque votre destinataire est, par exemple, le président de la République, le prince de Monaco (à qui il vous prendrait la soudaine et saugrenue envie d'écrire), le gouverneur militaire de Lyon, Le grand chancelier de l'Ordre de la légion d'honneur... nous en passons et des meilleurs ! Ils sont comme ça plus d'une centaine que la République juge si importants qu'on ne leur écrit pas comme au commun des mortels. Mais il y a également un grand nombre d'administrations et de services divers qui bénéficient de cette franchise postale. Alors, profitez-en ! D'autant que cette dispense d'affranchissement reste en vigueur quel que soit le type de courrier que vous expédiez.

L'ADRESSE DU JOUR

Si vous voulez connaître toutes les hautes personnalités de la république à qui vous pouvez écrire une bafouille sans avoir à mouiller le revers d'un timbre de votre langue agile, demandez-en la liste exhaustive à votre bureau de poste.

La combine du radin

Le radin invétéré « oublie » de mettre des timbres sur ses courriers... Ainsi, c'est le destinataire de ses missives qui devra payer le coût de l'affranchissement s'il souhaite lire la lettre !

10 SEPTEMBRE

SAINTE INÈS

COMBINE STORY

1915 : naissance du Canard Enchaîné, *lancé par Maurice et Jeanne Maréchal, sans une ligne de pub !*
Près de 80 ans plus tard, cet exploit dure toujours...

REVENUS : METTEZ DE LA PUB SUR VOTRE MAISON !

Si vous avez la chance de posséder une maison dont une ou plusieurs façades donnent sur un axe routier plutôt fréquenté, vous pouvez contacter quelques sociétés qui commercialisent des espaces publicitaires afin de prêter vos murs, moyennant finance, à la pub. La rémunération dépendra de l'emplacement de votre habitation : vous ne toucherez évidemment pas la même somme si votre jardin donne sur le triangle de Rocquencourt ou sur une départementale de la Creuse ! Enfin, sachez que vous pouvez souscrire un contrat qui stipule que vous refusez de voir s'afficher certaines publicités, comme celles, par exemple, vantant les mérites d'un parti politique.

L'ADRESSE DU JOUR

Plusieurs sociétés commercialisent à l'échelle nationale des emplacements publicitaires. Contactez, par exemple, Avenir, tél. : (1) 40 80 53 00, Dauphin, tél. : (1) 40 82 82 82, Giraudy, tél. : (1) 47 66 51 33.

Ils sont fous, ces combinards !

Certains amoureux transis ont découvert une excellente combine pour épater l'élu(e) de leur cœur : ils louent pour une semaine un seul panneau d'affichage, celui qui est situé en face de l'appartement de leur chéri(e), et déclarent leur flamme en quatre mètres sur trois !

SAINT ADELPHE

11 SEPTEMBRE

COMBINE STORY

1929 : inauguration de la gare de l'Est à Paris. Grande et claire, elle compte quinze quais et trente voies et les contrôleurs ont de beaux costumes neufs...

VOYAGES : VISITEZ L'EUROPE GRÂCE AU BON PLAN « SPÉCIAL JEUNES » DE LA SNCF !

Les facs n'ont pas encore ouvert leurs portes, et certains étudiants souhaiteraient profiter de leurs derniers jours de vacances pour aller faire un petit tour dans une capitale voisine, histoire de voir comment ça se passe ailleurs ! Or, la SNCF s'ouvre à l'europe et, partant du bon vieux principe que les voyages forment la jeunesse, elle met à la disposition des moins de 26 ans son excellente formule « Eurodomino jeunes ». Il s'agit d'un système de coupons valables un mois et offrant 25 % de réduction sur 20 pays européens (en deuxième classe uniquement). Outre cette réduction, le coupon permet ensuite de voyager gratuitement pendant cinq jours consécutifs ou non dans le pays de destination. Le prix du coupon varie bien évidemment selon le pays choisi et la saison. Citons, par exemple, l'italie, qui coûte 831 F grâce à cette formule.

LE CHIFFRE DU JOUR

26 % des Français souhaitent posséder, d'ici vingt ans, la nationalité européenne.

Ils sont fous, ces combinards !

La SNCF sait parfois faire des folies ! Une jeune Bretonne a eu l'excellente idée d'accoucher en décembre 1991 dans le TGV Paris-Rennes. Aussitôt, la société nationale a fêté l'événement en offrant une carte de circulation, à vie en première classe s'il vous plaît, à cette cliente ainsi qu'à sa petite fille. Vous savez ce qu'il vous reste à faire si vous sentez venir les contractions...

12 SEPTEMBRE

SAINT APOLLINAIRE

COMBINE STORY

1577 : l'or devient l' étalon monétaire, et l'écu la monnaie officielle. Les premiers « bureaux des Finances » sont créés. C'est le début des ennuis avec le fisc !

AUTO : ACHETEZ-LA MOINS CHÈRE GRÂCE À UN AMI SALARIÉ DE L'INDUSTRIE AUTOMOBILE !

Les salariés travaillant chez un constructeur automobile ont de la chance : ils peuvent acquérir un véhicule neuf avec 15 à 20% de réduction. Ils en profitent donc pour changer de voiture très régulièrement, en général tous les six mois, et la revendent au prix qu'ils l'ont achetée, le plus souvent dans un état impeccable. Ces occasions presque neuves, que l'on nomme « voitures de collaborateurs », sont d'excellentes affaires. Vous pouvez, bien sûr, contacter directement les centrales de chaque constructeur chargées de vendre ces voitures, mais l'idéal, c'est de connaître un copain travaillant dans l'automobile, pour obtenir une réduction plus conséquente (15 à 20 %) et une voiture qui n'aura pas roulé. Il suffit qu'il achète la voiture, que vous lui remboursiez la somme et qu'il conserve la carte grise à son nom pendant six mois avant que vous ne puissiez en devenir le propriétaire officiel.

L'ADRESSE DU JOUR

Voici la liste des principales centrales de voitures de collaborateurs.
– Peugeot : (1) 45 01 93 62. 14 % sur le prix du neuf.
– Renault : sur minitel 3614 code TOP RENO. De 10 à 15 % sur le prix du neuf.
– Citroën : (1) 45 91 43 77 et (1) 45 91 43 78. Exposition permanente.13 à 16 % sur le prix du neuf.
– Fiat France : (1) 40 55 07 66. 10 % sur le prix du neuf.
– SAAB : (1) 47 83 45 22. Entre 10 et 15 % sur le prix du neuf.
– BMW : (1) 30 21 08 08. De 10 à 15 % sur le prix du neuf.
– Mercedes-Benz France : (1) 34 77 02 03. 12 à 14 % sur le prix du neuf.
Enfin, il existe un serveur minitel de petites annonces de véhicules de collaborateurs. Il suffit de faire le 3615 code APEX.

SAINT AIMÉ

COMBINE STORY
1849 : naissance du physiologiste russe Pavlov qui a découvert le « réflexe conditionné », contre lequel nous devons lutter tous les jours lorsque nous consommons !

13 SEPTEMBRE

VIE QUOTIDIENNE : PRENEZ VOS REPAS DANS LES LYCÉES PROFESSIONNELS HÔTELIERS !

Une bonne combine consiste à fréquenter le restaurant d'un lycée professionnel hôtelier, s'il en existe un près de votre lieu de travail. En effet, ces restaurants sont les laboratoires dans lesquels les élèves de ces lycées s'entraînent à la cuisine et au service. Il est très facile d'y accéder car ces établissements cherchent toujours des « cobayes » qui goûtent à leurs préparations pour une addition qui permet tout juste de payer les ingrédients. Mais n'ayez aucune crainte, les plats servis sont généralement très réussis ! Ils sont préparés par des élèves possédant déjà une certaine maîtrise, et surtout sérieusement encadrés par leurs professeurs. Quant au service, il est effectué dans les règles de l'art et avec un personnel aussi nombreux que dans les meilleurs restaurants. Bref, une cuisine presque irréprochable et un accueil très correct, tout cela pour un prix à côté duquel le coût de votre mauvais steak-frites pris au bistrot du coin vous semblera totalement indigeste...

L'ADRESSE DU JOUR

Pour trouver l'adresse de ces lycées, renseignez-vous auprès du rectorat de votre département. A Paris, rendez-vous à l'École hôtelière, 20, rue Médéric, 75017, tél. : (1) 42 27 63 70, poste 212.

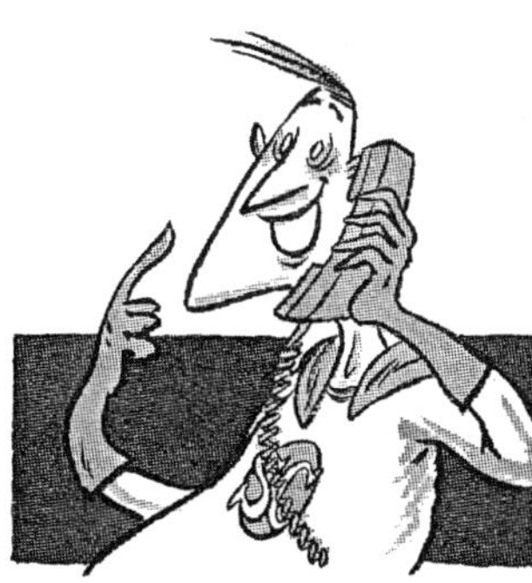

14 SEPTEMBRE

SAINT GABRIEL

COMBINE STORY

1867 : publication du premier tome du Capital *de Marx à Londres, tiré... à moins de 1 000 exemplaires !*

VIE QUOTIDIENNE : ABONNEZ-VOUS À LA PRESSE 25 À 40 % MOINS CHER !

Bon, faisons le point : chaque jour, chaque semaine ou chaque mois, votre appartement se remplit des numéros de *Libé*, du *Nouvel Obs*, de *L'Expansion*, *Globe hebdo*, *Actuel*, *Géo*, *Biba*, *Télérama*, etc. Nous en oublions certainement ! C'est bien d'être ainsi curieux de tout, mais, au bout du compte, cela coûte terriblement cher de s'abonner à tous ces périodiques. Pourquoi donc ne pas profiter des offres de réduction dont vous pourriez bénéficier très simplement grâce à un étudiant de votre entourage ? Ces jeunes gens ont en effet la faculté, c'est le cas de le dire, de s'abonner à des tarifs tout à fait préférentiels représentant une réduction de 25 à 40%. Il leur suffit donc de souscrire à leur nom (mais à votre adresse) les abonnements que vous désirez auprès de l'OFUP (l'Office français universitaire de presse) pour recevoir, sans vous ruiner, tous les magazines dont vous avez envie.

L'ADRESSE DU JOUR

OFUP, service abonnements, 12, rue Jules-César, 75012 Paris, tél. : (1) 43 02 04 44.

SAINT ROLAND

15 SEPTEMBRE

COMBINE STORY

1853 : le Bavarois Oscar Lévi-Strauss taille un pantalon dans la toile de tente qu'il vend aux chercheurs d'or de Californie. C'est le début du blue-jean, qui, à partir de 1950, habillera la plupart des jeunes de la planète !

ENFANTS : HABILLEZ-LES DANS LES STOCKS ET ÉCONOMISEZ DE 30 A 70 % !

Le budget que les Français consacrent à l'habillement des enfants a doublé en dix ans. La vogue des marques a envahi les préaux des écoles... Pour dépenser moins, rendez visite aux adresses où vous pouvez les habiller chic et pas cher. Toutes les marques écoulent leurs collections précédentes dans des « stocks » où vous trouverez des vêtements à moitié prix. Évidemment, plus les marques sont classiques, moins on voit la différence ! De Tartine et Chocolat à Jacadi, de Cacharel à Bon Point, voici nos adresses de stocks de grandes marques pour les équiper sans vous ruiner.

L'ADRESSE DU JOUR

– Cacharel Enfant : 114, rue d'Alésia, 75014 Paris, Z.I du Capitou de l'Estérelle à Fréjus (83), Z.I. Saint-Césaire à Nîmes (30).
– Tartines et Chocolat (sorties d'usine) : 23, route de Paris à Pontchartrain (78), 3, rue Salomon Rachi à Troyes (10).
– Cyrillus : 83 bis, Grand-Rue à Épinay-Sur-Orge (91), 25 rue du Houblon, Z.I. La Pilaterie à Marcq-en-Barœul (59, près de Lille).
– Daniel Hechter : 16, bd de l'Hôpital, 75013 Paris.
– Clayeux : 10, rue Guichard, 75016 Paris, Usine Center à Villepinte (93), avenue du Maréchal-Leclerc à Montceau (71, dans la région de Châlons), 230, faubourg Cronceles à Troyes.
– Tony Boy : 29, avenue Victor-Hugo, à Aubervilliers.
– Bon Point : 82, rue de Grenelle, 75007 Paris.
– Jacadi : Usine Center de Roissy-Charles-de-Gaulle.
– Kiddy Club : 2, rue du Pont-Neuf, 75001 Paris.
– Magic Stock : 5-7, passage Choiseul, 75002 Paris.
– Mini-Club : 13, passage Choiseul, 75002 Paris.
– Le Mouton à 5 Pattes (enfant) : 10, rue St-Placide, 75006 Paris.

16 SEPTEMBRE

SAINTE ÉDITH

COMBINE STORY

1807 : création de la Cour des comptes. Sa mission : contrôler les dépenses des administrations et faire la chasse aux gaspillages. Y'a du boulot !

LOGEMENT : FAITES-VOUS AIDER POUR RÉGLER VOS LOYERS EN RETARD !

Le mois de spetembre n'est pas un bon mois pour les finances. Entre les factures qui se sont accumulées pendant les vacances, la rentrée scolaire, les différents impôts et taxes qui noircissent votre horizon, insomnie et ulcère sont votre futur immédiat ! C'est maintenant que vous devez vous souvenir que toute personne de bonne foi, confrontée à des problèmes matériels importants la mettant en situation de ne plus pouvoir payer son loyer peut se faire aider par le FSL (le Fond de solidarité pour le logement). Selon la loi du 31 mai 1990, cet organisme peut vous accorder un prêt sans intérêts ou une subvention pour vous permettre de régler vos arriérés de loyers.

L'ADRESSE DU JOUR

Le FSL est présent dans chaque département. Adressez-vous à l'ADIL (Association départementale d'information sur le logement) de votre lieu de résidence.

La combine du radin

Certains petits malins profitent des mois d'hiver pour faire attendre leur propriétaire ! Ils peuvent, en effet, payer leur loyer très en retard (et faire de la trésorerie avec les sommes ainsi conservées) car ils savent que la loi interdit d'expulser les locataires mauvais payeurs entre le mois d'octobre et le mois de mars…

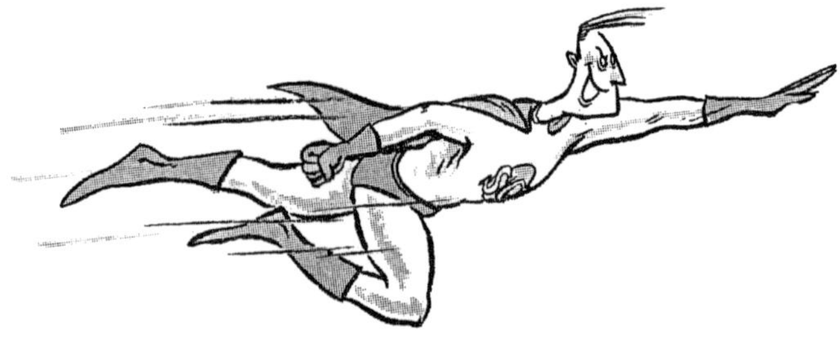

SAINT RENAUD

17 SEPTEMBRE

COMBINE STORY

1854 : naissance de David Buick, fondateur de General Motors (le n°1 mondial de l'automobile). Ça peut rapporter gros de jouer avec des petites voitures !

AUTO : FAITES UNE BONNE AFFAIRE SI VOUS ACHETEZ UNE OCCASION !

Vous voulez acheter une voiture d'occasion et vous avez raison ! Ce n'est pas parce qu'elle a déjà fait quelques milliers de kilomètres que cette jolie Clio ne vaut plus rien. Alors, si vous voulez éviter les canards boiteux et ruineux, connaissez les réflexes indispensables pour éviter de faire une mauvaise affaire :
– recherchez, sur la carrosserie, les traces de peinture récentes ou les débuts de corrosion, notamment sur les bas de caisse et les longerons ;
– vérifiez la concordance du numéro de châssis et de celui qui est inscrit sur la carte grise ;
– contrôlez le fonctionnement des portières, du coffre, du capot ;
– vérifiez l'usure des pneus, l'équipement électrique (faites tout fonctionner) et l'état de l'intérieur du véhicule ;
– essayez la voiture longuement, en ville et sur route ;
– testez les freins et la direction à pleine vitesse et faites tourner le moteur à haut régime pour déceler les bruits suspects.

LE CHIFFRE DU JOUR

5 millions d'autos d'occasion changent de mains chaque année : on vend encore environ deux voitures d'occasion pour une neuve.

La combine de l'escroc

Un utilisateur sur quatre des centres de réparation rapide (comme Midas, Speedy ou Plein-Pot, par exemple) est une femme : autrement dit, une proportion plus élevée que celle des femmes qui conduisent quotidiennement. Alors de deux choses l'une : soit les représentantes du sexe faible tombent plus souvent en panne que les hommes ; soit elles se font plus souvent avoir par les quick-service. A votre avis ?

18 SEPTEMBRE

SAINTE NADÈGE

COMBINE STORY

1367 : le prévôt Hugues Aubriot oblige les « filles de joie » à travailler dans des maisons closes. Infatigable, il fait également construire la Bastille. Décidément, cet homme aimait enfermer les gens !

JUSTICE : SACHEZ COMPARER LES TARIFS ET TROUVER LE BON AVOCAT !

Heureusement pour nous, on n'enferme plus personne à la Bastille pour dettes ! Les problèmes de la vie quotidienne n'en n'ont pas disparu pour autant, et il peut arriver qu'un litige vous amène à consulter un avocat. En ce cas, prenez votre temps et voyez-en plusieurs, sans chercher forcément, surtout s'il s'agit d'un petit litige, les cabinets réputés. Prenez différents rendez-vous de « premier contact » : d'une part, cela vous permettra de comparer les prix et de choisir celui qui vous paraît le plus raisonnable ; d'autre part, deux ou trois avis sur votre affaire vaudront mieux qu'un seul, surtout que tous n'auront pas forcément la même appréciation sur le travail à fournir. Comme vous consulteriez plusieurs plombiers ou architectes, voyez donc, pour des premiers rendez-vous sans engagement, plusieurs avocats avant de faire votre choix. Une fois le procès engagé, si vous n'êtes pas content des services de votre avocat, vous n'avez aucune obligation de continuer à être représenté par lui. Cela dit, changer en cours de route peut présenter des inconvénients et il vaut mieux bien choisir dès le début. Enfin, il peut arriver que votre cas n'intéresse aucun spécialiste, ou que leur emploi du temps ne leur permette pas de vous défendre. Ne restez pas sans représentant, chaque citoyen a le droit d'être défendu.

L'ADRESSE DU JOUR

En vous adressant au bâtonnier de l'Ordre (palais de Justice de votre préfecture), vous pouvez lui demander de désigner un défenseur, qui sera obligé de prendre votre dossier.

SAINTE ÉMILIE

COMBINE STORY

81 : mort de l'empereur Titus Vespasianus, le Jean-Claude Decaux romain qui inventa les vespasiennes !

19 SEPTEMBRE

VOYAGES : ANNULEZ AU DERNIER MOMENT SANS Y LAISSER TROP DE PLUMES !

Grâce à un vrai-faux certificat médical ou à une lettre de votre employeur, vous pouvez éviter de perdre vos arrhes si vous êtes obligé d'annuler votre voyage au dernier moment sans vraie raison valable.
Le séjour en Inde prévu début octobre semblait génialement bien organisé... seulement vous ne pouviez pas prévoir que vous alliez vous disputer avec l'élu(e) de votre cœur et vous séparer moins de deux semaines avant le départ ! Du coup, vous n'avez plus trop envie de partir. Mais voilà : vous pouvez perdre jusqu'à 50 % de vos arrhes, et cela vous est particulièrement pénible à envisager. Il ne faudrait pas qu'à votre peine de cœur s'ajoute un problème d'argent ! Une astuce toute simple peut néanmoins vous permettre de rentrer dans vos fonds : les contrats prévoient en effet des cas de force majeure (maladie, accident, etc.) dans lesquels vous pouvez récupérer tout ou partie des sommes versées. Il vous suffit donc de vous faire établir un certificat médical convaincant par un ami médecin ou de demander à votre patron une lettre attestant que vos congés sont reportés pour pouvoir annuler votre voyage sans risque de pénalités trop importantes.

LE CHIFFRE DU JOUR

0,2 % des Français s'endettent pour les vacances et les voyages.

20 SEPTEMBRE

SAINT DAVY

COMBINE STORY

1946 : création du festival de Cannes. La Palme est décernée à J. Delannoy pour La Symphonie pastorale. *Depuis, Cannes est une affaire qui marche et les starlettes y minaudent plus que jamais !*

IMPÔTS : PAYEZ MOINS GRÂCE AU SERVICE MILITAIRE !

Jeunes gens, le fait d'être militaire pendant un an ne vous apporte pas que des inconvénients ! Si, malgré tous vos efforts, vous n'avez pas réussi à vous faire réformer et si vous venez de recevoir votre ordre d'incorporation, vous vous apprêtez donc à rejoindre les rangs de notre belle armée française pour dix mois. Comme vous le savez sans doute, cette dernière vous versera une « solde » (ne vous leurrez pas, celle-ci n'est pas mirobolante !). Mais, chose appréciable, rien de ce que vous verse l'armée n'est imposable, ni votre solde ni les diverses indemnités. Mieux, la perception de vos impôts sur le revenu peut être différée à l'année fiscale suivant votre retour à la vie civile. Autre avantage, les gains de l'année précédant votre incorporation peuvent être déclarés par vos parents, qui bénéficient ainsi d'une demi-part supplémentaire. Pour différer le paiement de votre impôt lorsque vous effectuez votre service militaire, il suffit d'en faire la demande à votre centre de perception, en lui envoyant un certificat de position militaire qui vous sera délivré à l'endroit où vous effectuez votre service.

LE CHIFFRE DU JOUR

Le savez-vous ? Avec un dossier psychologique solide, crédible et argumenté, les chances de réforme sont de 90 % !

SAINT MATTHIEU
PATRON DES COMPTABLES

21 SEPTEMBRE

COMBINE STORY

1949 : aux USA, le premier calculateur électronique est présenté à des savants. Il donne des résultats 1 000 fois plus rapidement que l'Homme.

PV : CONTESTEZ-LES POUR NON-USAGE DE L'AUTOMOBILE !

La plus évidente façon de contester une amende est de dire que vous n'étiez pas au volant au moment de l'infraction ! Car, s'il existe bien un article du Code de la route (l'article L 21-1) qui stipule que le propriétaire du véhicule est responsable des amendes délivrées à l'encontre de son véhicule, cette disposition est contraire à l'article 530 du Code de procédure pénale, qui n'indique pas que vous devez dénoncer le conducteur qui a commis l'infraction ; de plus, l'article L 21-1 du Code de la route contrevient aux principes de l'article 6-2 de la Convention européenne de sauvegarde des droits de l'Homme qui énonce que toute personne est présumée innocente jusqu'à ce que sa culpabilité ait été établie. Vous êtes donc en droit de former opposition à l'amende sans fournir un coupable pour vous remplacer.

LE CHIFFRE DU JOUR

Chaque année, 200 000 automobilistes sont verbalisés pour avoir « grillé » un feu rouge, et 450 000 pour défaut du port de la ceinture.

La combine du radin

L'État est si près de ses sous qu'ils ne sait plus quoi inventer pour en récupérer : comme plus de 110 000 motos sont vendues chaque année, et que les emplacements destinés aux motos et scooters sont aussi rares que les motards disposés à mettre une pièce de 10 F dans un parcmètre, les contractuelles n'hésitent plus à dresser un PV à une moto garée sur le trottoir ou sur un emplacement payant. Bientôt, elles vous colleront une amende sur le front si vous avez le culot de rester immobile sur le trottoir !

22 SEPTEMBRE

SAINT MAURICE
PATRON DES MILITAIRES

COMBINE STORY

1862 : abolition de l'esclavage aux USA par le président Lincoln. Plus d'un siècle plus tard, on recense environ un million d'enfants d'origine mexicaine travaillant pour les gros fermiers américains !

ENFANTS : ÉQUIPEZ-LES DANS LES CENTRALES D'ACHATS !

Les centrales d'achats sont des lieux privilégiés pour tous ceux qui cherchent à réaliser de substantielles économies. Nous vous avions déjà donné la combine en avril pour ce qui concerne les vêtements d'adultes, et nous la réitérons en ce mois de septembre où les dépenses pour équiper les enfants commencent à vous faire monter la moutarde au nez (ainsi qu'à votre banquier !). Le seul problème avec les centrales, c'est qu'elles sont plutôt situées dans la région parisienne et qu'elles n'acceptent en général que les membres de comités d'entreprises ou d'associations affiliées. Mais vous avez certainement, dans votre entourage immédiat, une copine qui peut entrer à la SERAP, à la SEPI, à la SEDAO ou chez METRO, quatre centrales intéressantes pour les vêtements d'enfants et d'adolescents. Il suffit donc que cette personne vous accompagne dans vos achats pour pouvoir équiper votre petite famille au meilleur coût. Et à vous les giga-économies...

L'ADRESSE DU JOUR

– SERAP : 16, rue Linois, 75015 Paris ou 148, boulevard Masséna, 75013 Paris.
– SEDAO : 39, rue des Grands-Champs, 75020 Paris.
– SEPI : 32, rue de la Convention, 75015 Paris.
– METRO : ZA Petit-Nanterre à Nanterre, ou 104, avenue de Verdun, 92390 Villeneuve-la-Garenne.

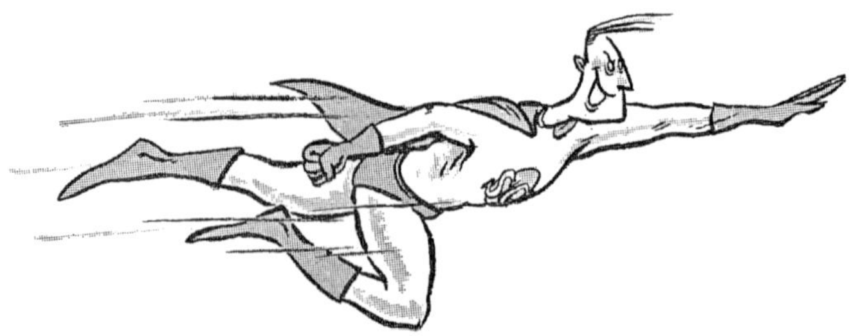

SAINT CONSTANT
AUTOMNE

23 SEPTEMBRE

COMBINE STORY

1939 : mort de Sigmund Freud, un des pères fondateurs de la psychanalyse moderne. Ses théories sont admises par environ 35 % des psys contemporains. Il fit un temps usage de cocaïne, mais il ne faut pas le répéter !

ENFANTS : POUR LEUR DONNER DES COURS PARTICULIERS, PENSEZ AUX ÉTUDIANTS !

Les premières notes vous sont déjà communiquées, et on ne peut pas dire que Juju soit un petit génie en maths ! Vous non plus, d'accord, alors n'attendez pas qu'il soit complètement « coulé » et envisagez dès maintenant la possibilité de lui offrir quelques cours particuliers afin de le faire partir d'un bon pied. Beaucoup d'étudiants donnent des cours particuliers aux enfants (du primaire à la terminale) pour arrondir leurs fins de mois souvent difficiles. Voilà une bonne occasion pour vous de soutenir le travail scolaire de votre enfant sans vous ruiner ! On trouve les petites annonces des étudiants dans les CROUS (les Centres régionaux des œuvres universitaires et scolaires), dans les facs, dans les cités universitaires, dans les centres d'étrangers en France, et dans bon nombre de journaux gratuits et de commerçants de quartier.
Les tarifs varient en fonction du type de cours donné : du soutien aux devoirs du soir, ou du rattrapage en français, en histoire, en langues vivantes, mais aussi de la pratique du violoncelle ou de l'accordéon, particuliers ou en groupe... Il faut compter entre 40 et 100 F de l'heure, selon le type d'enseignement dispensé. Mais vous pouvez faire jouer la concurrence ! Il existe par ailleurs des sociétés de baby-sitting qui proposent également ce type de cours particuliers effectués par des étudiants. Quoi qu'il en soit, rien n'est jamais gratuit, et l'heure de cours se trouve majorée par les frais que vous facture la société en question. Il vaut mieux dénicher vous-même l'étudiant apte à soutenir votre enfant, cela vous coûtera beaucoup moins cher !

LE CHIFFRE DU JOUR

7 % des Français rêvent d'avoir un enfant prix Nobel de médecine... Si vous en faites partie, relisez bien notre combine du jour !

24 SEPTEMBRE

SAINTE THÈCLE

COMBINE STORY

1895 : création, lors d'un congrès à Limoges, de la CGT, qui deviendra, au fil des ans, le premier syndicat français. Elle a encore aujourd'hui le monopole chez les dockers et chez les ouvriers de la presse parisienne.

TRAVAIL : EN CAS DE LICENCIEMENT, JOUEZ LA CONCILIATION POUR OBTENIR PLUS !

Avant d'intenter une action en justice contre votre patron, essayez la conciliation. Ça marche parfois mieux que pour les divorces avec pertes et fracas, et surtout ça peut rapporter gros. Écrivez-lui une lettre recommandée avec accusé de réception, en contestant la méthode et les arguments de votre licenciement et proposez-lui un accord à l'amiable sur une réintégration dans l'entreprise ou une négociation d'indemnités. Pour étayez votre thèse, consultez le délégué du personnel qui sera en mesure de juger aussi bien la procédure que le motif de votre licenciement ; demandez également assistance à l'inspecteur du travail et faites en sorte que votre patron ait vent de vos démarches. Faites le tour des personnes qui vous sont acquises dans la société et demandez-leur de témoigner en votre faveur ; même si c'est faux, n'hésitez pas à dire que X, qui est bien vu par l'employeur, a déjà accepté de vous soutenir : les gens sont plus courageux quand quelqu'un s'est jeté à l'eau avant eux... Muni de ces armes, demandez un entretien à votre patron et signifiez-lui que vous avez les moyens de contester votre licenciement. Si vous le sentez « faiblir », dites-lui alors que vous ne vous opposerez pas à votre licenciement à condition qu'il vous verse une somme plus importante que celle prévue par la loi, afin de vous aider à repartir d'un bon pied face à la dure épreuve du chômage. S'il vous envoie sur les roses, il ne vous reste plus qu'à vous porter courageusement devant le Conseil des prud'hommes, le tribunal spécial chargé de juger les conflits individuels entre employeurs et salariés.

L'ADRESSE DU JOUR

Intenter un procès auprès du Conseil des prud'hommes peut parfois requérir les services d'un avocat. Si vous n'en avez pas parmi vos amis, il suffit de vous syndiquer et d'utiliser celui de votre centrale. Enfin vous pouvez demander un service jurique gratuit en vous renseignant à votre mairie ou au palais de Justice de votre département.

SAINT HERMANN

COMBINE STORY

1792 : la Convention annonce que la République est « une et indivisible ». Mais, comme le démontre encore notre combine du jour, ses citoyens ne sont pas tous égaux devant l'impôt !

25 SEPTEMBRE

AUTO : PAYEZ VOTRE VIGNETTE MOINS CHER EN VOUS FAISANT DOMICILIER DANS UN AUTRE DÉPARTEMENT !

Dans quelque temps vous allez devoir vous acquitter du montant de la vignette. Cette belle invention avait été créée, à l'origine, pour financer la retraite des personnes âgées... on sait maintenant que nos aînés n'ont jamais vu la couleur de cet argent, mais que la vignette rapporte, en revanche, beaucoup à l'État. Vous ne le savez peut-être pas, mais le montant de cet impôt varie du simple au double selon les départements. Les Corses sont privilégiés, puisqu'ils ont la vignette la moins chère, alors que les habitants de l'Aude détiennent le record dans ce domaine ! Vous avez compris ce qu'il vous reste à faire... si, par chance, un de vos amis ou un membre de votre famille habite un des départements les plus favorisés, faites immatriculer votre véhicule dans celui-ci et demandez à la personne que vous connaissez de vous fournir un certificat d'hébergement pour l'établissement de la carte grise.

LE CHIFFRE DU JOUR

1% du budget global annuel de la France, c'est ce que représente la vignette !

La combine de l'escroc

Chaque année, plus de 200 000 voitures finissent leur belle carrière à la casse. Certains combinards récupèrent, au mois de janvier, sur le pare-brise d'une voiture qui vient d'arriver à la casse, la fameuse vignette de l'année en cours. Ils découpent le verre autour du petit papier et il ne leur reste plus qu'à le décoller en baignant le tout dans de l'eau chaude. Une fois la vignette collée sur leur pare-brise, ils courent dans un commissariat et ils font une déclaration de perte de leurs papiers et du récipissé de leur vignette. Ainsi, armés de leur fausse vignette et de leur déclaration de perte, ils ne risquent plus rien en cas de contrôle de police.

26 SEPTEMBRE

SAINT DAMIEN
PATRON DES MÉDECINS

COMBINE STORY

1973 : après la mort de SalvadorAllende, la France reconnaît la junte dirigée par le général Pinochet. Assassinats, tortures, disparitions, expropriations... Heureusement pour les Chiliens, il reste les mines de cuivre !

SOCIAL : PENSEZ À LA RETRAITE AVANT VOTRE SERVICE MILITAIRE !

Si vous n'avez pas réussi à vous faire réformer, ce qui est quand même la solution idéale pour éviter d'aller perdre son temps pendant 10 mois sous les drapeaux, profitez au moins des quelques avantages (ils ne sont pas si nombreux !) de la situation. Nous vous avons déjà expliqué comment payer moins d'impôts grâce au service national. Vous devez également savoir que si vous effectuez votre service sans avoir travaillé auparavant, ce temps ne sera jamais pris en compte lors du calcul de votre retraite. Si, en revanche, vous avez travaillé ne serait-ce que quelques jours (déclarés, bien sûr !), l'année de votre service sera validée dans le décompte des trimestres qui donnent droit à la retraite. Alors, un bon conseil : trouvez-vous un job rémunéré et déclaré avant de partir !

LE CHIFFRE DU JOUR

Selon un sondage du *Point*, 62 % des Français seraient favorables à la création d'une armée de métier.

SAINT VINCENT-DE-PAUL

COMBINE STORY

1825 : l'ingénieur britannique George Stephenson propose, pour la première fois, d'utiliser les chemins de fer pour transporter des voyageurs. Le progrès ne vaut que s'il est partagé par tous !

27 SEPTEMBRE

VOYAGES : FAITES DES ÉCONOMIES DE TRAIN GRÂCE AUX ENFANTS DES AUTRES !

On l'a vu tout au long du mois de septembre, les enfants sont de véritables gouffres financiers, mais ils peuvent parfois apporter quelques avantages, entre autres lorsque vous voyagez en train. La SNCF propose en effet une carte pour les enfants de moins de 16 ans, utilisable en première ou seconde classe, et valable sur l'ensemble de ses lignes en périodes bleue et blanche. Il s'agit de la carte Kiwi, valable un an, qui coûte actuellement 395 F. Là où cela devient vraiment intéressant, c'est que non seulement votre enfant ne paie que 50% du prix de son billet, mais également vous ou toute autre personne qui l'accompagne même sans lien de parenté (une au moins et quatre au plus). Alors, même si vous n'êtes pas parent, arrangez-vous toujours pour voyager avec un enfant de votre entourage. Pour la petite histoire, sachez également que le chien ou le chat qui voyage avec l'enfant ne paie rien du tout ! Au poil, non ?

LE CHIFFRE DU JOUR

4 ans, c'est l'âge au-dessous duquel tout transport en train est totalement gratuit. C'est pas si dur, dur d'être un bébé !

28 SEPTEMBRE

SAINT VENCESLAS

COMBINE STORY

1956 : mise en service de la première centrale nucléaire française à Marcoule. Aujourd'hui, malgré les nombreuses controverses, le nucléaire est devenue notre principale source d'énergie.

CONSOMMATION : ACHETEZ VOTRE ÉLECTROMÉNAGER DANS LES DÉPÔTS DES MARQUES !

Vous avez raison de considérer l'électroménager comme une affaire sérieuse. Des maris ont tué leur femme parce que la machine à laver était trop bruyante, ou parce que le réfrigérateur marchait mal et que le beurre était mou ! Des femmes ont assassiné leur mari parce qu'il n'avait pas su réparer le mixer et que celui-ci était à nouveau tombé en panne juste au moment où elles s'apprêtaient à presser la purée ! Des enfants ont tué leurs parents parce que la cafetière électrique était trop lente et qu'ils n'avaient pas le temps de boire leur café avant de partir à l'école, ou encore parce que leur splendide tee-shirt jaune avait déteint dans la machine à laver où il était mélangé avec du rouge et du noir ! Donc, autant bien choisir, ce qui ne veut pas dire se faire escroquer en payant beaucoup trop cher... La plupart des grands détaillants et des fabricants de matériel électroménager stockent leurs surplus et leurs déclassés. Allez-y faire un tour pour dénicher les bonnes affaires. Les défauts sont parfois extrêmement légers (une légère éraflure sur l'émail par exemple), et les prix chutent de 20 à 40 % !

L'ADRESSE DU JOUR

Le magasin entrepôt de la marque Darty est situé dans la zone industrielle de Mitry-Compans, 1, rue Mercier, à Mitry-Mory, 77290. En province, renseignez-vous auprès des grands détaillants (Darty, Carrefour, Leclerc, etc.).

29 SEPTEMBRE

SAINT MICHEL
PATRON DES BANQUIERS

COMBINE STORY

1837 : en France, création de la commission des monuments historiques. Les propriétaires privés sont contents : ils peuvent déduire de leurs impôts les sommes consacrées à l'entretien et à la restauration d'un monument classé !

VIE QUOTIDIENNE : MANGEZ BIEN ET PAS CHER DANS LES RESTOS UNIVERSITAIRES !

Vous détestez la corvée des courses et de la vaisselle mais vous aimez manger copieusement. Il n'y a rien de plus naturel ! Bien entendu, il est hors de question de vous ruiner en restaurants coûteux... C'est donc le moment de vous rappeler que les étudiants bénéficient d'entrées dans les restaurants universitaires, plus connus sous le nom de restos U. Pour 12 F, on peut s'empiffrer à son aise : cinq plats au total, largement servis car les portions ne sont pas comptées (il faut bien qu'ils mangent, ces petits !). En revanche, ne comptez pas sur le vin, il est prohibé dans ces établissements ! Alors n'hésitez plus à faire la sortie des restos U ou bien pointez-vous à la sortie du Centre régional des œuvres universitaires (CROUS), et achetez des tickets aux étudiants, d'autant qu'il n'y a jamais de contrôle !

L'ADRESSE DU JOUR

Renseignez-vous auprès des rectorats de votre académie ou bien au CROUS (vous pourrez acheter les tickets en sortant!) pour connaitre le resto U le plus proche de chez vous.

30 SEPTEMBRE

SAINT JÉRÔME

COMBINE STORY

1901 : le préfet Lépine annonce la création du concours qui portera son nom et qui récompensera les inventeurs. Grâce à cette manifestation, ceux-ci peuvent se faire connaître et trouver d'éventuels débouchés commerciaux.

MAISON : PROFITEZ DE LA GÉNÉROSITÉ DE L'EDF POUR FAIRE DES TRAVAUX D'ISOLATION !

Bientôt l'hiver avec sa cohorte de problèmes et, notamment, celui du chauffage. Locataire ou propriétaire, même combat : quand il s'agit de faire des économies sur le chauffage tout le monde est d'accord. Or, il existe un bon plan bien souvent méconnu du grand public qui ne s'attend pas à ce que l'EDF l'encourage à moins consommer. Cette dernière, voulant prouver qu'elle est bien un service public, attribue une prime de 1 500 F par logement à ceux qui effectuent des travaux visant à limiter les déperditions thermiques. Sont compris dans cette appellation : la pose de matériaux isolants en façade, pignons, combles, fenêtres, pose de doubles vitrages, etc., et également tous types de travaux pouvant améliorer la régulation du chauffage, comme la pose d'un thermostat, d'une horloge de programmation ou d'une sonde extérieure. La prime est renouvelable d'une année sur l'autre, et elle est tout à fait compatible avec la réduction fiscale accordée lors de travaux visant à économiser l'énergie.

L'ADRESSE DU JOUR

Le service des relations commerciales de votre agence EDF.

OCTOBRE

TÉLÉPHONE
FAX
BAR
GLAÇONS
CHAINE HIFI
CIGARES
PISCINE
SAUNA
CHAUFFEUR
SUPER-NANA

« En octobre, la chance sourit au sobre », m'a méchamment lancé tout à l'heure tante Adélaïde, qui m'en veut depuis qu'au mois d'avril, je vous ai confié qu'elle cousait toujours des manches trop courtes sur mes super-combinaisons en latex de Supercombinard. Sobre, je le suis pourtant, même si ma boisson favorite est interdite par la faculté aux moins de 26 ans (fortes probabilités de coma éthylique) et aux plus de 93 ans (risques d'hémorragie cérébrale fulgurante). Mais, quand ma vieille tante boude, elle boude ! Surtout en octobre, puisqu'elle déteste les voitures et que c'est précisément la période où, oncle Ernest et moi, nous ne parlons que de ça : des bagnoles, des réductions à négocier chez les concessionnaires, des meilleures remises à obtenir sur les accessoires, etc.
Donc, nonobstant (j'adore ce mot, ça veut dire « malgré que », mais c'est plus joli et ça fait intello, ce qui est rare chez les super-héros de la défense du consommateur) la mauvaise humeur de tante Adélaïde qui ne connaît qu'une seule voiture, sa Ferrari Testarossa cabriolet jaune et ne veut entendre parler de rien d'autre, ces journées d'octobre me permettront de vous entretenir longuement des mille et une façons de réduire votre budget auto, qu'il s'agisse de l'achat, de l'entretien, de la location ou de l'équipement.
Mais que ceux qui n'aiment ni les 12 cylindres en V, ni les chromes, ni l'odeur d'essence se rassurent : nous parlerons également d'autres sujets. Par exemple, du logement, puisque l'hiver approchant, il devient pour certains crucial de trouver un toit dans les meilleures conditions.
Et, si vous n'êtes pas plus riche le 31 octobre qu'aujourd'hui, je vous le jure sur la tête de tante Adélaïde, je ne bois plus une goutte de bourbon-fraise... au moins jusqu'au 1er novembre.
Mais, sincèrement, ça m'étonnerait !

Supercombinard

SAINTE MARIE-THÉRÈSE DE L'ENFANT-JÉSUS

1er OCTOBRE

COMBINE STORY

1881 : naissance de William Boeing qui fonde la Boeing Company en 1916. Grand jour pour tous les futurs combinards : grâce au Boeing 747, les billets charters et les places soldées se multiplieront comme des petits pains.

AUTO : ACHETEZ VOTRE VOITURE NEUVE EN FIN D'ANNÉE !

La fin de l'année est une période très propice pour obtenir des concessionnaires des conditions particulièrement favorables. Ceux-ci sont en effet tenus par les constructeurs de réaliser un certain volume de ventes annuel. Or, ces dernières années, les affaires n'ont pas marché aussi bien qu'ils le souhaitaient : les ventes stagnent et les concessionnaires sont donc prêts, plus encore que les années précédentes, à accorder des réductions importantes aux clients sérieux. A vous donc de profiter de ce rapport de force qui est en votre faveur. Premier conseil, ne faites pas reprendre votre ancien véhicule. Vendez-le à un particulier ; vous en retirerez davantage et vous aurez les mains libres pour négocier la remise avec le concessionnaire ; deuxième conseil : demandez une réduction, et non des avantages ou des options gratuites. Une fois que vous serez tombés d'accord sur la remise, il sera toujours temps d'essayer d'obtenir une option supplémentaire, en paraissant un peu déçu par le pourcentage de réduction accordé ; troisième conseil : pour avoir une bonne réduction, faites jouer la concurrence entre les concessionnaires, en faisant monter les enchères. Vous pouvez ainsi sans peine obtenir, en fonction des marques et des modèles, entre 7 et 12 % de réduction sur le prix affiché, pour peu que vous vous y preniez bien.

LE CHIFFRE DU JOUR

De 20 à 30 % : c'est ce que vous perdez, dès la première année, sur la valeur de votre voiture neuve par rapport au prix affiché par le constructeur. Les années suivantes, la décote est de 10 à 15 % par an !

2 OCTOBRE

SAINT LÉGER

COMBINE STORY

1882 : le 2 octobre est, cette année-là, le jour de la rentrée. Pour la première fois, l'école est obligatoire, laïque et gratuite.

ENFANTS : RÉDUISEZ VOS FRAIS DE CANTINE SCOLAIRE !

Si vous avez eu la bonne idée de vous inscrire dans les rangs des familles dites nombreuses, c'est-à-dire, dans notre beau pays, à partir de trois enfants, vous avez le droit de demander une réduction conséquente sur le prix des repas de vos garnements : cette réduction s'élève à 20 % pour trois enfants, 30 % pour quatre, 40 % pour cinq et à 100 % à partir du sixième. Pour réaliser de si belles économies, il vous suffit de présenter, au moment du règlement de la cantine, les certificats attestant que vos enfants sont en cours d'étude et qu'ils ne bénéficient pas d'une bourse. Toute famille française de trois enfants et plus a droit à ces remises. N'hésitez donc pas à les exiger et à réduire ainsi sensiblement votre budget scolaire.

L'ADRESSE DU JOUR

Pour tout renseignement concernant la scolarité, contactez Inter Service Parents, tél. : (1) 43 48 28 28.

La combine du radin

Certains parents qui souhaitent économiser sur leurs repas n'hésitent pas à se faire élire au bureau des parents d'élèves, proposent de prendre leurs repas dans la cantine de l'établissement afin de faire un rapport sur la qualité de la nourriture proposée. Il déjeunent ainsi au même tarif que les élèves !

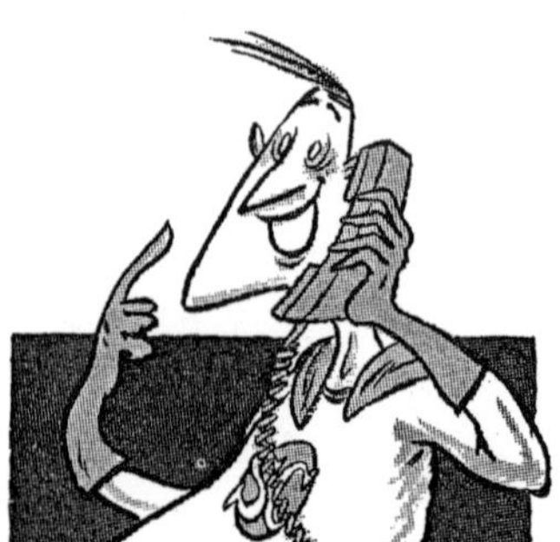

SAINT GÉRARD

3 OCTOBRE

COMBINE STORY

1226 : mort de François d'Assise qui, après une jeunesse dorée, fit vœu de pauvreté et prouva qu'on peut renoncer volontairement à la richesse... Mieux vaut pourtant abandonner de son plein gré la pauvreté !

VIE QUOTIDIENNE : TÉLÉPHONEZ NON AGRÉÉ... C'EST MOINS CHER !

C'est la guerre entre France Télécom et les fournisseurs qui vous proposent des matériels non agréés. La première vous explique que les appareils qui reçoivent le label de l'administration française sont plus fiables, qu'ils sont construits « en conformité » avec les réseaux nationaux et qu'ils bénéficient d'une « vraie » garantie. Arguments étonnants ! Comment imaginer que Sony par exemple, pour ne citer que cette marque internationale, fabrique et diffuse du matériel qui n'est pas aussi performant que les marques françaises et agréées ? En revanche, la différence est réelle lorsqu'on compare les prix : on enregistre entre l'agréé et le non-agréé des écarts de 500 à 1 000 F pour un téléphone sans fil ou pour un répondeur avec interrogateur à distance, et de 1 000 à 5 000 F pour un fax. Alors comparez et faites des économies sans vous laisser impressionner !

LE CHIFFRE DU JOUR

Le minitel rose rapporte environ 2 milliards de francs par an, dont 750 millions vont directement dans les poches de l'État, via France Télécom.

La combine de l'escroc

Pour payer moins cher le téléphone, un petit malin n'avait rien trouvé de mieux que de garder les clefs de son ancien appartement et de venir, régulièrement, rendre visite aux nouveaux occupants (pendant leur absence, bien sûr...) pour passer ses coups de fil à l'étranger !

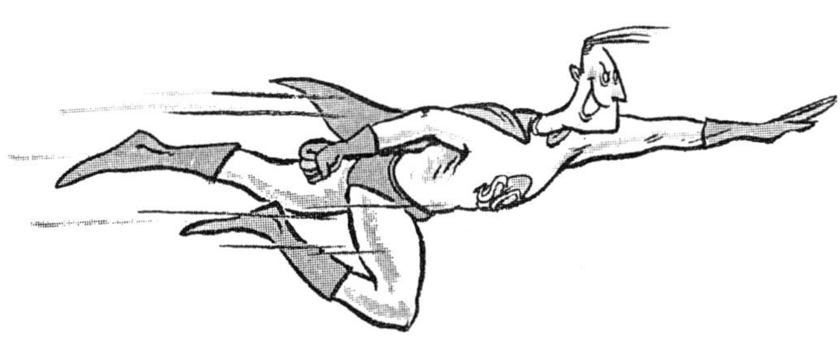

4 OCTOBRE

SAINT FRANÇOIS D'ASSISE

COMBINE STORY

1516 : Maximilien Sforza, duc de Milan, cède le Milanais à François 1er suite à sa défaite à Marignan. Vaincu, il ne perd quand même pas le nord, et récolte un peu de sous lors de la transaction !

VIE QUOTIDIENNE : FAITES GARDER VOS ANIMAUX SANS VOUS RUINER !

Les retraités peuvent garder votre maison (voir notre combine du 26 mars), mais savez-vous qu'ils peuvent également faire du *dog-sitting* ? C'est une super-idée qui a été inventée par une société de l'Essonne : des retraités tiennent compagnie, pendant vos vacances, à votre animal... de compagnie ! Les personnes qui acceptent cette formule peuvent également arroser vos fleurs ou votre jardin, et ils constituent dans votre maison une présence dissuasive pour les cambrioleurs. Le prix ? Cela vous coûtera 850 F par semaine, un tarif modique eu égard aux services rendus.

L'ADRESSE DU JOUR

Un organisme sérieux : Dogsitting, 6, square du Portugal, 91300 Massy, tél. : (1) 69 30 26 92. Vous pouvez également trouver des solutions futées de garde grâce à quatre serveurs minitels qui vous renseignent avec sérieux et détails sur tous les problèmes qui touchent les animaux : 3615 FIDO, 3615 LEZOO, 3615 ANIMO et 3615 FLORANIMO.

SAINTE FLEUR

COMBINE STORY

1895 : Paris célèbre les obsèques de Louis Pasteur, le grand biologiste français, inventeur notamment du vaccin contre la rage et du fameux procédé de pasteurisation.

5 OCTOBRE

SANTÉ : FAITES SOIGNER VOS DENTS À MOINDRES FRAIS !

Cette combine n'est pas un pamphlet contre les dentistes qui sont des gens très bien, gentils, compétents, équipés de façon ultramoderne, possédant en général des salles d'attente particulièrement agréables, avec de la lecture fort intéressante. Quant aux prothèses, on reconnaît volontiers que leurs prix sont tout à fait raisonnables eu égard au grand travail de précision qu'elles requièrent ! Mais le résultat est que tout cela coûte fort cher et qu'outre la peur légendaire d'aller chez le dentiste, le prix de revient global contribue également à la réticence que nous avons à lui rendre visite ! Or il existe un moyen de faire soigner ses dents à moindres frais en se rendant dans les écoles dentaires. On s'occupera gratuitement de votre bouche, les prothèses vous seront vendues à prix coûtant, et les dentistes qui s'occuperont de vous sont tout aussi compétents que ceux qui ont pignon sur rue.

L'ADRESSE DU JOUR

A Paris, vous pouvez vous faire soigner les dents à l'Hôtel-Dieu, 5, rue Garancière, 75006, ainsi qu'au centre Eastman, 11 rue Georges-Eastman, 75013. En province, renseignez-vous auprès de la Direction des hôpitaux de l'Assistance publique.

6 OCTOBRE

SAINT BRUNO

COMBINE STORY

1985 : Alain Prost remporte son premier titre de champion du monde. Le début d'une immense fortune bâtie sur les circuits, mais aussi grâce à la pub, le coureur ne manquant pas une occasion de se transformer en homme-sandwich...

AUTO : RÉSISTEZ CONTRE L'ENLÈVEMENT ET LA MISE EN FOURRIÈRE !

Qui est-ce qui est encore plus rapide qu'un voleur professionnel pour faucher votre voiture en quelques instants alors que vous êtes mal garé ? Vous avez gagné : ce sont les sociétés d'enlèvement qui travaillent pour le compte des fourrières et sévissent de plus en plus malhonnêtement dans la capitale. Alors faites de la résistance ! Sachez d'abord que ces spécialistes de l'enlèvement express ne peuvent emporter votre véhicule si une personne ou un animal se trouve à l'intérieur : n'hésitez donc jamais à laisser votre grand-tante ou votre doberman dans la voiture quand vous vous garez en double file ! De même, en cas d'enlèvement, vous pouvez exiger la présence d'un agent de police sur les lieux. Comme ils sont toujours difficiles à trouver quand on a besoin d'eux, le remorqueur, qui est payé au rendement, risque de se lasser d'attendre et de partir vers une autre proie... moins récalcitrante ! Par ailleurs, si vous n'avez rien pu faire contre l'enlèvement, soyez extrêmement vigilant lorsque vous reprendrez votre véhicule. S'il a été endommagé, même très légèrement, et que vous n'êtes pas assuré tous risques, vous pouvez vous retourner contre la ville ou l'État.

LE CHIFFRE DU JOUR

Près de 1 200 mises en fourrière par jour en moyenne : c'est la statistique qui amuse le plus les Parisiens depuis la création des « axes rouges », en 1990...

SAINT SERGE

7 OCTOBRE

COMBINE STORY

1658 : Blaise Pascal publie un nouveau livre, l'histoire de la roulette, avant d'inventer la machine à calculer, bien utile pour faire le compte des économies et des gains que nous essayons de vous faire réaliser chaque jour.

VIE QUOTIDIENNE : UTILISEZ ASTUCIEUSEMENT LES CARTES DE CRÉDIT COMMERCIALES !

Les cartes de crédit que vous proposent de nombreux grands magasins coûtent cher : on vous incite à venir, grâce aux privilèges que vous accorde la carte ; ensuite on vous fait consommer sans ! Mais vous pouvez profiter au mieux du système... Premier conseil : collectionnez ces cartes, elles sont souvent gratuites, ou ne coûtent qu'un abonnement modique (50 ou 100 F par an). Deuxième conseil : profitez des services et des réductions dont elles vous font bénéficier, tels que stationnement et livraisons gratuits, assurances et garanties pour les articles, réductions sur des voyages, abonnements presse à prix préférentiel, et surtout des réductions (de 5 à 30 %) dans différents rayons, tout cela sur simple présentation de votre carte à la caisse. Troisième conseil : surtout n'achetez rien à crédit ! Les taux (entre 16 et 24 % !) vous coûtent plus cher qu'un découvert sur votre compte en banque. En fait, si vous avez un réel besoin de crédit, adressez-vous à votre agence bancaire ou à un établissement financier : vous y trouverez actuellement des taux de crédit à la consommation variant entre 9 et 13 %.

L'ADRESSE DU JOUR

Quelques cartes à posséder : Auchan : la carte « Accord » ; BHV : la carte « Cofinoga-BHV » ; Bon Marché : la carte « Rive Gauche » ; Carrefour : la carte « Pass » ; Galeries Lafayette : la carte « GL » ; Printemps : la carte « Printemps » ; Samaritaine : carte « Samaritaine-Sofinco ».

8 OCTOBRE

SAINTE PÉLAGIE

COMBINE STORY

1906 : au congrès d'Amiens, la Charte de la CGT proclame la neutralité politique et religieuse des syndicats. Il devait y avoir beaucoup d'absents ce jour-là !

IMPÔTS : N'OUBLIEZ PAS DE DEMANDER VOTRE MENSUALISATION POUR L'AN PROCHAIN !

Chaque année, c'est la même question : « dois-je me faire mensualiser ou continuer de payer au tiers ? ». Préférez la première solution. D'abord, elle vous évite « d'oublier » de payer et donc d'écoper de pénalités. Ensuite, elle vous permet de ne pas avancer trop d'argent à l'État. Si vous avez acquitté 9 000 F d'impôts l'an dernier et que vous devez payer 11 000 F cette année, le montant de vos mensualités sera de 900 F de janvier à novembre et 1 100 F en décembre (pour cause de rattrapage). Si vous décidez de régler par tiers, vous paierez 3 000 F le 15 février, 3 000 F le 15 mai et 5 000 F le 15 septembre : le 30 septembre, vous aurez réglé 11 000 F, contre seulement 8 100 F dans la première formule ! Pour être mensualisé, vous retournez au percepteur l'imprimé fourni par l'administration fiscale avant le 10 octobre. Joignez à votre demande un relevé d'identé bancaire, postale ou un chèque postal annulé. L'option prendra effet au 1er janvier, elle est valable un an, mais se reconduit automatiquement chaque année.

L'ADRESSE DU JOUR

Le ministère des Finances a mis en service un serveur qui vous permet de calculer très précisement le montant de vos impôts. Il s'agit du 3615 code IR SERVICE.

SAINT DENIS

COMBINE STORY

1890 : le Français Clément Ader fait voler son avion pour la première fois : il s'envole de 20 cm sur 60 m !

9 OCTOBRE

VOYAGES : FAITES ACHETER VOS BILLETS D'AVION PAR DES AMIS ÉTUDIANTS OU MARIÉS !

Si vous n'avez pas la possibilité de faire établir un certificat de concubinage et si vous avez malheureusement dépassé l'âge limite de la catégorie « étudiants » (26 ans), il existe néanmoins une astuce pour bénéficier des réductions très importantes accordées par certaines compagnies aériennes aux « jeunes » et aux « familles » : faites acheter votre billet d'avion à tarif réduit par des amis étudiants ou mariés et pouvant donc bénéficier des réductions. Vous pourrez utiliser ce billet sans que personne ne s'aperçoive de rien puisque, sur les lignes intérieures, on ne confronte pas votre identité à celle qui est indiquée sur le billet. Mais attention : il faut absolument que ce soit vos complices qui prennent les billets à l'agence, car, au guichet, on peut vous demander une pièce d'identité avant de vous remettre le billet. En cas de contrôle, vous pouvez toujours invoquer une erreur de l'agence au moment de la production des billets. Au pire, vous pourriez avoir à rembourser la différence entre le prix réduit et le plein tarif, mais vous avez 99 chances sur 100 de ne jamais connaître cette situation désagréable.

LE CHIFFRE DU JOUR

L'Espagne est le pays européen le plus visité par nos concitoyens. En moyenne 10 000 Français franchissent la frontière chaque année.

10
OCTOBRE

SAINT GHISLAIN

COMBINE STORY

1837 : inauguration, en Russie, de la première ligne de chemin de fer de Saint-Pétersbourg à Tsarskoïe, résidence d'été des tsars.

MAISON : N'ACHETEZ PAS N'IMPORTE QUELLE MARQUE D'ÉLECTROMÉNAGER !

On entend souvent dire qu'en matière d'électroménager, tous les matériels se valent, puisqu'ils sont en fait issus des trois ou quatre grands fabricants mondiaux... Par conséquent, si vous achetez une Brandt ou une Miele, la qualité sera, à des détails près, équivalente. En réalité, s'il est vrai que quelques grands constructeurs se partagent la quasi-totalité des marques connues et référencées, il vaut quand même mieux se renseigner ! Mais attention à ne pas tirer ce principe trop loin : mieux vaut essayer de trouver ces grandes marques moins chères dans de bonnes adresses que d'acheter n'importe où des modèles inconnus, sans références, soi-disant hyper économiques et performants, mais en fait mal conçus et terriblement fragiles ! Alors, si on vous propose le Mixomatique, ou la Caféiasse, ou encore le Lavator, méfiez-vous et branchez-vous aussitôt sur une autre... adresse !

LE CHIFFRE DU JOUR

Aujourd'hui, 96 % des foyers français ont un frigo, 82 % une machine à laver, 90 % un aspirateur et plus de 25 % un lave-vaisselle... c'est dire si cette combine intéresse tout le monde !

11 OCTOBRE

SAINT FIRMIN

COMBINE STORY

1977 : construction du super-pétrolier Pierre-Guillaumat *(550 000 tonnes !). Coût : 130 millions de dollars. La baisse de consommation de pétrole entraîna son désarmement après seulement six ans d'exploitation. Il fut revendu 8 millions de dollars à la ferraille !*

IMPÔTS : AMÉLIOREZ VOTRE CHAUFFAGE TOUT EN RÉDUISANT VOS IMPÔTS !

Vous l'avez peut-être remarqué, le fond de l'air est frais... la mauvaise saison approche à grands pas, et si votre appartement ou votre maison n'est pas correctement isolé, vous risquez fort de passer un mauvais hiver et de payer une note salée, quel que soit le type de votre chauffage. C'est donc le moment de vous souvenir que vous pouvez fort bien conjuguer chaleur et économie. Tout un chacun peut en effet déduire une partie des frais entraînés par des travaux visant à économiser l'énergie, ce qui fait que vous pouvez largement augmenter votre confort individuel en réalisant quelques économies. L'abattement prévu est de 8 000 F pour une personne seule, de 16 000 F pour un couple et de 2 000 F de plus par personne à charge. Locataire ou proprio, tout le monde peut en profiter du moment qu'il s'agit de la résidence principale !

LE CHIFFRE DU JOUR

Une maison ou un appartement bien isolé peut vous faire économiser jusqu'à 70% d'énergie !

12 OCTOBRE

SAINT WILFRID

COMBINE STORY

1492 : Christophe Colomb aborde les côtes de San Salvador, il vient de découvrir le Nouveau Monde, mais croit être passé au sud du Japon ! Comme quoi, même les grands voyageurs peuvent ne plus savoir où ils habitent.

REVENUS : LOUEZ VOTRE APPARTEMENT OU VOTRE MAISON AU CINÉMA !

Les professionnels du repérage cinématographique sont toujours à la recherche de décors naturels qui correspondent aux besoins des metteurs en scène. Peut-être ignorez-vous que votre appartement est susceptible d'intéresser l'un deux ? Cela peut être un excellent moyen d'arrondir vos fins de mois. Il suffit de contacter une agence spécialisée qui viendra faire un repérage chez vous, et qui conservera votre nom dans ses fichiers. Votre dossier pourra alors être soumis aux publicitaires et aux producteurs. Il faut évidemment que l'appartement ou la maison en question ait du caractère et que sa superficie soit plutôt importante (pour pouvoir installer un plateau entier). Inutile de proposer votre deux pièces-cuisine de 30 m^2, situé dans la périphérie de Nogent-Le-Rotrou !

L'ADRESSE DU JOUR

Voici les coordonnées d'une agence de casting de décors naturels : Le Repérage français, 105, rue Jules-Guesde, 92300 Levallois-Perret, tél. : (1) 41 27 03 08.

Ils sont fous, ces combinards !

En 1991, Benetton démarre une campagne de pub pas très catholique pour mieux vendre ses pulls : un prêtre et une religieuse s'embrassent tendrement sur les affiches ! Le premier « scandale Benetton » sera suivi de beaucoup d'autres : un enfant mourant du sida, des sexes en gros plan, la famine, un tatouage HIV positif sur un corps humain, etc. Volonté de sensibiliser aux problèmes de notre époque ou vil mercantilisme ? En tout cas, la polémique est vive et les pulls se vendent bien, merci !

SAINT GÉRAUD

13 OCTOBRE

COMBINE STORY

1670 : présentation du Bourgeois Gentilhomme *de Molière, l'histoire d'un marchand de draps parvenu (ce qui ne veut pas dire combinard...).*

LOISIRS : COMPLÉTEZ VOTRE DISCOTHÈQUE À MOINDRE COÛT !

Les disques reviennent parfois un peu cher, surtout si l'on est amateur de musique et que l'on n'aime pas spécialement écouter tous les jours la même chose. Si donc votre budget ne vous permet pas d'acheter toutes les nouveautés dont vous rêvez, voici deux astuces qui vous permettront de posséder ces enregistrements à moindres frais.

La première consiste à vous inscrire dans une discothèque ou dans une bibliothèque qui prête également des disques : vous aurez ainsi la possibilité d'emprunter régulièrement les CD ou les vinyls que vous souhaitez écouter, et de les enregistrer chez vous sur K7, tout cela pour un prix de revient inférieur de deux à trois fois à celui du CD acheté à la FNAC...

Autre possibilité, plus conviviale : vous grouper avec quelques amis amateurs et constituer une discothèque commune, chacun investissant une somme égale chaque mois, les disques étant répartis équitablement entre les uns et les autres et enregistrés par ceux qui ne garderont pas l'original.

L'ADRESSE DU JOUR

L'association Les Discothèques de Paris, tél. : (1) 44 78 80 50, vous indiquera la discothèque la plus proche de votre domicile (45 au total dans la capitale).

La combine du radin

La plupart des FNAC et autres Virgin Megastore proposent de plus en plus de bornes d'écoute à leur clientèle. C'est l'aubaine pour les radins mélomanes qui peuvent s'en mettre plein les oreilles pour pas un rond !

14 OCTOBRE

SAINT JUST

COMBINE STORY

1503 : naissance de Nostradamus, médecin et astrologue français, qui avait évidemment prévu toutes les économies que vous aurez réalisées cette année.

SUCCESSION : LIMITEZ AU MAXIMUM LES DROITS À PAYER !

Vous possédez un ou plusieurs biens immobiliers dont vous souhaitez faire don à vos enfants lorsque vous les quitterez. Pensez dès aujourd'hui à leur assurer la tranquillité matérielle et spirituelle, en utilisant une parade simple : la donation-partage. Celle-ci vous autorise à répartir, de votre vivant, vos biens entre vos enfants, ce qui leur permettra de voir les droits de succession singulièrement allégés. L'abattement sera de 25 % pour chacun des bénéficiaires si le donateur a moins de 65 ans, et de 15% s'il a entre 65 et 75 ans.

LE CHIFFRE DU JOUR

Un Français sur deux meurt sans rien laisser, ou alors si peu qu'il n'est pas nécessaire de faire une déclaration !

Ils sont fous, ces combinards !

Un Américain a décidé l'an dernier de fêter ses 100 ans... en faisant un saut en élastique ! Il avait invité, pour l'occasion, ses deux enfants sexagénaires... Vous imaginez la déprime pour les gens qui lui ont acheté sa maison en viager ?

SAINTE THÉRÈSE D'AVILA

15 OCTOBRE

COMBINE STORY

1748 : Montesquieu publie L'Esprit des lois, *dans lequel il consacre la démocratie comme le moins mauvais des systèmes de gouvernement. C'est vrai qu'on n'a pas encore trouvé mieux !*

JUSTICE : FAITES-VOUS REMBOURSER CE QUE L'ON VOUS DOIT GRÂCE À « L'INJONCTION DE PAYER » !

Il existe une procédure rapide et peu coûteuse pour récupérer votre argent quand vous avez des débiteurs peu pressés de satisfaire à leurs obligations. Il doit s'agir d'une somme aisément déterminable et d'une dette dont vous détenez une preuve : par exemple, une caution que vous avez du mal à vous faire rembourser, ou encore un travail que l'on tarde à vous payer alors qu'il a été accompli en bonne et due forme. Vous devez alors formuler votre requête par écrit au tribunal d'instance du lieu de résidence de votre débiteur en y joignant toutes les attestations de la créance dont vous pouvez disposer. Vous pouvez effectuer cette démarche en personne, sans l'aide d'un avocat. Si le tribunal vous donne raison, il rend une ordonnance d'injonction de payer à l'intention de votre débiteur ; vous devez alors porter cette décision à la connaissance de ce dernier par l'intermédiaire d'un huissier. Si la personne qui vous doit de l'argent ne conteste pas le jugement dans un délai d'un mois, elle sera tenue de vous rembourser dans les meilleurs délais, faute de quoi vous pouvez faire intervenir un huissier pour la saisir, après avoir demandé au greffe du tribunal de faire porter une « formule exécutoire » sur l'ordonnance. Si votre débiteur conteste la décision, le tribunal vous convoque ensemble et statue une nouvelle fois. Enfin, si le tribunal vous donne tort, vous pouvez intenter une réelle action en justice, évidemment plus onéreuse et qui nécessitera un avocat. Renseignez-vous d'abord, notamment auprès d'un organisme de défense des consommateurs.

LE CHIFFRE DU JOUR

Environ 300 F : c'est le coût moyen de l'intervention d'un huissier. Cette somme est classée dans les « dépens » et peut être récupérée si vous gagnez le procès.

16 OCTOBRE

SAINTE EDWIGE

COMBINE STORY

1902 : le criminologue français Bertillon identifie un criminel grâce à ses empreintes digitales. Pour être reconnu innocent, il faudra désormais montrer patte blanche !

BANQUE : BÉNÉFICIEZ D'UN COMPTE COURANT RÉMUNÉRÉ GRÂCE À VOTRE LIVRET D'ÉPARGNE !

En France, les comptes bancaires courants rémunérés (autrement dit sur lesquels l'argent dont vous disposez vous rapporte des intérêts) sont officiellement interdits. Néanmoins, il existe une astuce qui vous permet de rentabiliser une partie de l'argent dont vous avez besoin pour votre vie quotidienne et que vous ne pouvez donc pas immobiliser sur un véritable compte épargne. Il s'agit d'utiliser son livret A comme un compte courant, en y faisant domicilier ses prélèvements automatiques (impôts, EDF-GDF, France Télécom, etc.) et en le faisant créditer par différentes sources (Sécurité sociale, Allocations familiales, salaire, etc.). Vous pouvez même, à la poste par exemple, utiliser une carte de retrait pour obtenir du liquide dans des distributeurs automatiques. Finalement, votre livret vous sert pratiquement de compte-chèque, mais l'argent qui y est placé continue de vous rapporter à raison de 4,5 % par an, ce qui n'est pas si mal, surtout en regard des 0 % auxquels vous donnerait droit un compte normal ! Il suffisait d'y penser...

LE CHIFFRE DU JOUR

Au Royaume-Uni, les comptes de dépôt à vue sont rémunérés en moyenne à 5 % bien que les chèques ne soient pas facturés ; en Allemagne, la rémunération est de 0,5 % et les chèques sont également gratuits ; en Espagne et en Italie en revanche, les chèques sont payants, et les rémunérations des comptes sont respectivement de 6,5 et de 3,5 %.

La combine de l'escroc

Pour optimiser les revenus de l'épargne, il suffit de posséder plusieurs Codevi et autres CEL dans différentes banques et de se moquer ainsi des plafonds (20 000 F pour le Codevi) fixés aux sommes placées sur ce type de compte-épargne. C'est évidemment illégal, mais personne n'ira jamais vérifier si vous avez déjà ouvert un Codevi ici ou là.

SAINT BAUDOUIN

COMBINE STORY

1760 : naissance du comte de Saint-Simon, philosophe et économiste, qui rompt avec sa famille aisée pour préconiser des thèses socialistes.

17 OCTOBRE

MAISON : ACHETEZ TÉLÉ ET VIDÉO À DES SOCIÉTÉS DE LOCATION !

Comme pour les voitures, les sociétés de location de matériel télé, vidéo ou hi-fi changent régulièrement leur matériel et peuvent revendre à des particuliers des appareils encore en bon état, de 30 à 70 % sous le prix du neuf. A condition d'être un peu prudent, de faire évidemment fonctionner le modèle avant de l'emporter et de privilégier des appareils disposant encore de quelques mois de garantie, voici une excellente méthode pour s'équiper nettement moins cher (surtout s'il s'agit d'un complément). Contactez au hasard les agences de sociétés de location voisines de votre domicile ou de votre entreprise et ne soyez pas trop pressé afin de pouvoir profiter des meilleures opportunités.

L'ADRESSE DU JOUR

Les principales sociétés de location sont Locatel et Viséa.

La combine du radin

Achetez un hebdo télé à 2 F au lieu de votre journal habituel à 7 ou 12 F : vous économiserez chaque mois entre 20 et 40 F !

18 OCTOBRE

SAINT LUC

COMBINE STORY

1863 : création, à Lyon, du Crédit Lyonnais. Nationalisé en 1945, il est aujourd'hui, en importance, la deuxième banque française.

CRÉDIT : POUR ACHETER DE L'IMMOBILIER, UTILISEZ LE « 1 % PATRONAL » !

C'est décidé, vous allez d'investir dans l'immobilier ! Vous disposez déjà d'un Plan épargne-logement et de quelques économies, mais vous auriez bien besoin d'un complément... Avant d'aller frapper à la porte de votre banquier pour lui emprunter à 8 ou 10 % la somme qui vous manque, rappelez-vous que le décret 53-701 du 9 août 1953 oblige votre entreprise, si elle compte plus de 10 salariés, à vous prêter de l'argent pour financer l'achat de votre résidence principale. La durée de ce prêt peut varier de cinq à vingt ans, et le taux est particulièrement attractif puisqu'il se situe généralement dans une fourchette de 2 à 3 %. Renseignez-vous donc auprès de votre entreprise avant de signer quoi que ce soit avec votre banquier !

LE CHIFFRE DU JOUR

Près des deux tiers des titulaires d'un PAP (prêt pour l'accession à la propriété) bénéficient de l'APL (aide personnalisée au logement). Celle-ci s'élève actuellement à 10 400 F en moyenne par an.

SAINT RENÉ

19
OCTOBRE

COMBINE STORY

1945 : mise en place du régime de la Sécurité sociale. A partir de 1967, il n'y aura pas moins de 17 plans de redressement différents pour tenter de combler le fameux « trou » de la sécu !

SANTÉ : FAITES CONTRÔLER VOTRE VUE À L'ŒIL !

Depuis quelque temps, vous avez de fréquents maux de tête, votre vue se brouille, et vos yeux sont souvent rouges et irrités... Vous avez certainement besoin de lunettes ou bien les vôtres ne sont plus vraiment adaptées. Avant de vous ruer chez le premier ophtalmologiste dont vous croisez la route et chez lequel vous allez encore payer et faire travailler cette bonne vieille sécu qui n'en peut plus, lisez ce qui suit (malheureusement sans chausser vos lunettes puisque vous ne les avez pas encore !). Pourquoi ne pas faire appel à la compétence et à la bonne volonté des jeunes gens qui se forment aux métiers de la lunetterie dans les lycées techniques d'État ? Vous les aiderez à progresser dans leur technique, et, de plus, il ne vous en coûtera rien !

L'ADRESSE DU JOUR

A Paris, vous pouvez vous rendre au lycée Fresnel, 31, boulevard Pasteur, 75015. Pour la province, renseignez-vous auprès des rectorats concernés.

20 OCTOBRE

SAINTE ADELINE

COMBINE STORY

1931 : Al Capone est condamné à 11 ans de prison... pour fraude fiscale !

JUSTICE : DEMANDEZ À L'ÉTAT DE VOUS AIDER À FAIRE UN PROCÈS !

Ce n'est pas parce qu'on est sans le sou qu'on ne peut pas entreprendre une action en justice, surtout si l'on est sûr de son fait ! D'abord, il faut bien connaître l'appareil judiciaire et savoir que les services d'un avocat ne sont pas toujours nécessaires. Par exemple, pour un litige portant sur une somme inférieure à 13 000 F, une déclaration au greffe du tribunal suffit pour engager un procès. Mais, si vous avez absolument besoin de l'assistance d'un avocat, sachez que l'État peut prendre à sa charge une partie de vos dépenses. Cette contribution peut aller jusqu'à 100 % des frais si vos ressources sont inférieures à 4 500 F par mois, elle n'est plus que de 55 % si vos revenus sont compris entre 4 850 et 5 200 F et elle passe à 15 % si vous gagnez entre 6 100 et 6 600 F. Ces plafonds sont évidemment majorés en fonction du nombre de personnes que vous avez à charge.

LE CHIFFRE DU JOUR

Il y a en france environ 300 000 demandes d'aide judiciaire par an.

SAINTE CÉLINE

21 OCTOBRE

COMBINE STORY

1833 : naissance d'Alfred Nobel qui fonda le prix qui porte son nom : une bonne combine pour rester dans la mémoire universelle et dans celle des pacifistes les plus fervents, même quand on est l'inventeur de la dynamite…

VOYAGES : JOUEZ VOTRE JOKER AUPRÈS DE LA SNCF ET ÉCONOMISEZ LA MOITIÉ DU PRIX DE VOTRE BILLET !

Au mois d'octobre, on peut encore avoir des envies de voyager. Pourquoi ne pas aller faire un tour dans une de ces belles capitales européennes où le soleil est encore chaud, ou, plus simplement, dans une de nos douces provinces de France ? C'est encore plus facile à imaginer lorsqu'on sait que la SNCF accorde des tarifs particulièrement intéressants sur certaines destinations, avec des réductions encore plus importantes si les réservations sont faites de 60 à 30 jours avant le départ ! Ces billets spéciaux s'appellent « joker » et existent en deux formules : le joker simple pour la France, et le joker international. A titre d'exemple, en réservant 60 à 30 jours avant votre départ, un aller et retour Paris/Avignon vous coûtera 215 F et un Paris/Madrid 320 F en couchette, soit pratiquement 50% de réduction sur les prix normaux ! Renseignez-vous auprès du service clientèle de la SNCF… le jeu en vaut la chandelle !

LE CHIFFRE DU JOUR

Un Français sur deux n'a jamais pris l'avion !

22
OCTOBRE

SAINTE ÉLODIE

COMBINE STORY

1988 : adoption du Revenu minimal d'insertion (RMI) destiné à réduire la « nouvelle pauvreté ». Dès son lancement en janvier 1989, le RMI a rencontré une demande largement supérieure aux prévisons des pouvoirs publics. Ce n'était pourtant pas difficile à prévoir !

CHÔMAGE : PROFITEZ DE L'ALLOCATION DE SOLIDARITÉ !

Par les temps qui courent, il vaut mieux connaître tous les droits relatifs au chômage, surtout si vous êtes chômeur de longue durée ayant épuisé tous vos droits aux allocations journalières et que vos ressources déclarées ne dépassent pas un certain plafond. Vous pouvez dans ce cas bénéficier de l'allocation de solidarité spécifique, attribuée par périodes de six mois renouvelables, si, bien entendu, il est avéré que vous recherchez vraiment du travail ! Cette allocation est attribuée d'office aux chômeurs de longue durée âgés de 55 ans et plus, s'ils justifient de 20 ans d'activité salariée, et à ceux de 57 ans et demi, s'ils justifient de 10 années d'activité.

L'ADRESSE DU JOUR

Celle de l'ASSEDIC de votre région, seul organisme compétent pour recevoir la demande d'allocation de solidarité.

SAINT JEAN DE CAPISTRAN

COMBINE STORY

1799 : Napoléon place les membres de sa famille aux places importantes. Lucien, son frère, est « élu » président du conseil des Cinq-cents, le parlement du Directoire.

23 OCTOBRE

SUCCESSION : N'HABITEZ PAS GRATUITEMENT CHEZ VOS PARENTS POUR ÉVITER LES FRAIS !

N'occupez jamais gratuitement un appartement ou une maison que possèdent vos parents car, s'ils venaient à décéder, vous auriez à payer pour cet appartement un droit de succession extrêmement élevé. En revanche, si vous signez avec eux un bail de location, l'appartement n'est plus considéré comme « libre », et les droits de succession sont alors revus nettement à la baisse ! Lorsque l'appartement est soumis à un bail de location, l'abattement sur les droits de succession est en effet de 25 à 30 %, ce qui peut représenter une jolie somme... Ce bail doit évidemment être concrétisé par un loyer, mais celui-ci peut être tout à fait symbolique.

L'ADRESSE DU JOUR

60 %, c'est le montant des droits de succession lorsque le montant d'un héritage dépasse un certain montant, et qu'il n'y a pas de lien de parenté entre le légataire et ses héritiers... Concubins, attention !

La combine du radin

Déshéritez tous vos enfants, vous leur éviterez les frais de succession !

24 OCTOBRE

SAINT FLORENTIN

COMBINE STORY

1929 : « jeudi noir » à Wall Street. Le fameux krach d'octobre mit 4 000 banques en faillite. La crise qui s'ensuivit provoqua le chômage de plus 14 millions d'Américains !

IMPÔTS : FAITES PAYER SES FAUTES À L'ADMINISTRATION !

Vous êtes en droit de réclamer des dommages et intérêts si vous avez subi un préjudice de la part du fisc. Imaginons que le fisc ait ajouté un zéro dans l'addition qu'il vous a adressée. N'hésitez pas à déposer une réclamation auprès des services des impôts, qui doivent vous répondre dans un délai maximum de six mois. Si, à l'expiration de ce délai, vous n'avez rien reçu, ce silence vaut rejet de votre requête. Votre contestation étant fondée, vous pouvez alors saisir le tribunal administratif et demander des dommages et intérêts pour le préjudice subi. En effet, depuis l'arrêt du Conseil d'État du 27 juillet 1990, la responsabilité de l'Administration est engagée dès qu'il y a eu faute simple des services fiscaux (seule la faute lourde était jusqu'alors requise). Le fait d'avoir déposé une réclamation ne change rien à votre obligation de payer la somme demandée. Mais avoir à régler une somme que vous ne pensiez pas devoir, et que vous n'avez donc pas prévue dans votre budget, peut vous poser des problèmes. Dans ce cas, lorsque vous déposez votre réclamation, demandez un sursis de paiement.
En cas d'erreur sur le montant de votre imposition (nombre de parts erroné, charges déductibles du revenu non prises en compte, etc.), vous devez faire parvenir votre lettre de réclamation avant le 31 décembre de la deuxième année qui suivra celle de la mise en recouvrement de votre impôt. Si vous avez fait l'objet d'une procédure de redressement, vous disposez d'un délai allant jusqu'au 31 décembre de la troisième année suivant celle au cours de laquelle vous avez reçu la notification de redressement.

LE CHIFFRE DU JOUR

En France, la part des impôts sur le revenu représente 12 % des recettes fiscales.

SAINT CRÉPIN

25 OCTOBRE

COMBINE STORY

1685 : à Paris, début de la construction du pont Royal pour améliorer la circulation dans la capitale (déjà !).

PV : CONTESTEZ LES AMENDES POUR NON-RESPECT DES ZONES DE LIVRAISON !

Aucune loi n'autorise un usage personnel de la voie publique. Les « zones de livraison » autorisées par les mairies devant certains magasins, ou devant des bars et des restaurants, ne sont pas abusives, mais elles ne peuvent accueillir que des véhicules (de commerçants comme de particuliers) qui chargent ou déchargent et ne restent pas plus de 15 minutes. Vous pouvez donc faire appel si vous êtes verbalisé sur l'une des ces « zones » alors que vous étiez effectivement en train de charger ou de décharger votre voiture et que vous n'avez pas dépassé la durée autorisée. Contestez, comme vous en avez le droit, et faites annuler le PV.

LE CHIFFRE DU JOUR

La création des 27 km d' « axes rouges » à Paris en 1991 a coûté la bagatelle de 24 millions de francs. Il va falloir rembourser !

26 OCTOBRE

SAINT DIMITRI

COMBINE STORY

1916 : naissance de François Mitterrand, locataire élu du palais de l'Élysée de mai 1981 à mai 1995 et premier président de la Ve République française à être réélu et à accomplir deux mandats complets...

LOGEMENT : NE PAYEZ PAS TROP DE CHARGES LOCATIVES !

Il y a ceux qui paient leurs charges locatives sans se poser la moindre question, et il y a les autres qui s'informent sur la nature exacte de ces frais. Connaissez toujours avec précision le montant de vos charges en lisant attentivement les justificatifs qui doivent accompagner chaque demande de règlement. Si vous constatez la moindre anomalie, refusez de payer avant d'avoir une explication. Vous avez le droit de consulter les justificatifs de charges quand cela vous chante. La loi vous autorise à consulter également ceux de l'exercice précédent. Cette comparaison peut vous être extrêmement utile. Si vous avez trop payé de provisions sur charges, qui vous ont été réclamées en début d'année sur la base de la consommation de l'année précédente, vous n'êtes pas du tout obligé d'accepter que le propriétaire ou le gérant vous fasse un à-valoir sur les prochains loyers. En effet, vous pouvez lui demander de vous rembourser immédiatement l'argent trop perçu et il sera tenu de s'exécuter. Si on vous demande un rappel sur plusieurs années, exigez tous les justificatifs correspondants. Il y a toujours une chance pour que certains aient été égarés et que vous puissiez contester le bien-fondé de votre dette !

LE CHIFFRE DU JOUR

Depuis 1985, 70 % des Français se chauffent à l'électricité. L'industrie nucléaire a de beaux jours devant elle !

La combine du radin

Refuser les frais relatifs à l'ascenseur lorsqu'on habite au rez-de-chaussée !

SAINTE ÉMELINE

27 OCTOBRE

COMBINE STORY

1807 : Napoléon et le roi d'Espagne se partagent le Portugal lors du traité de Fontainebleau. L'armée française occupe le territoire, la Cour se réfugie au Brésil, et c'est encore le « petit peuple » qui trinque !

MAISON : ACHETEZ VOTRE MOQUETTE MOINS CHER !

Le week-end prochain, c'est la Toussaint, et plutôt que d'aller fleurir les cimetières, vous préférez rester tranquille à la maison et profiter de ce petit congé pour changer la moquette. Avant de vous rendre au magasin de bricolage, sachez que dans ce domaine, comme dans beaucoup d'autres, on peut négocier le prix, la livraison, la pose, mais également la dimension. Attention, en effet, aux « chutes », qui coûtent cher. Profitez des quelques jours qui vous restent pour mesurer précisément votre pièce, car si vous ne le faites pas correctement, vous risquez de vous retrouver avec des m^2 sur les bras. Sachez donc ajouter (quand le motif ne pose pas de problème) des longueurs à des largeurs. Par exemple, si vous avez besoin de moquetter une pièce de 5 m x 2,5 m (12,5 m^2) et que les rouleaux sont en 2 m seulement de large, le vendeur vous proposera sûrement d'acheter deux fois 5 m de longueur (soit 20 m^2), afin que vous ayez la largeur nécessaire ; mais, si le motif est utilisable aussi bien dans un sens que dans l'autre, il vous suffira en fait d'acheter 7 m (soit 14 m^2) pour moquetter l'ensemble de la pièce : soit une économie de 6 m^2 qui peut représenter plusieurs centaines de francs !

LE CHIFFRE DU JOUR

La moquette est n° 1 au hit-parade français des revêtements de sol. Viennent ensuite le parquet, le carrelage, et, bons derniers... les tapis.

28 OCTOBRE

SAINT JUDE
PATRON DES CAUSES PERDUES

COMBINE STORY

1759 : naissance de Danton, « de l'audace, encore de l'audace, toujours de l'audace ! » : une vraie devise de combinard...

AUTO : ÉVITEZ LES AUTO-ÉCOLES NULLES ET CHÈRES !

Il n'y a évidemment pas de recette miracle pour obtenir son permis de conduire. S'il y en avait une, il n'y aurait pas 55% d'échecs à la première tentative ! Mais il est tout de même possible de limiter les frais en choisissant une auto-école qui ne soit pas bidon. Ce qui n'est pas simple car elles sont légions où l'on vous considère comme une vache à lait, tout juste bonne à payer des leçons à tour de bras et à repasser l'épreuve deux ou trois fois, histoire de laisser au moins 7 000 ou 8 000 F à la caisse avant d'obtenir votre carte rose. Mais s'il est facile de comparer les tarifs pratiqués par les différentes auto-écoles, il est beaucoup plus compliqué de savoir laquelle est vraiment bonne ou carrément nulle. Il existe pourtant un moyen fort simple de choisir une auto-école en toute sécurité : il suffit d'interroger les préfectures. Ces dernières tiennent en effet des statistiques très à jour sur les taux de réussite des différents professionnels de leur département. Un petit coup de fil suffit pour choisir le centre d'apprentissage qui a le meilleur taux de réussite !

L'ADRESSE DU JOUR

La préfecture de police de votre ville.

SAINT NARCISSE

29 OCTOBRE

COMBINE STORY

1925 : l'ingénieur John Baird réalise en Écosse la première transmission télévisée. Dechavanne, Nagui et Foucault le remercient chaque matin en se levant...

CONSOMMATION : ÉVALUEZ VOS BESOINS EN ÉNERGIE POUR DÉPENSER MOINS !

Brrr... Les jours raccourcissent à vue d'œil et il commence à faire frisquet dans l'appartement. Vous avez repoussé jusque-là la remise en route du chauffage (bande de radins !) mais maintenant cela commence à devenir très inconfortable. Vous aimeriez rentrer chez vous et sentir une douce chaleur vous envahir en sirotant votre whisky et en regardant vos Guignols préférés sur Canal Plus... Seulement voilà, vous ne voulez pas vous ruiner en consommant de l'énergie mal à propos. Pour vous, l'Agence de l'environnement et de la maîtrise de l'énergie a mis au point un serveur minitel qui permet de comprendre les problèmes posés par l'énergie, d'évaluer avec précision votre consommation, et de faire un bilan de vos « pertes et profits », ce qui est déjà un grand premier pas vers l'économie.

L'ADRESSE DU JOUR

Pianotez énergiquement 3615 code ADEM INFO pour tout savoir sur les économies d'énergie.

La combine du radin

En se levant avec le soleil et en se couchant avec lui, on fait des économies de bougies (proverbe chinois).

30 OCTOBRE

SAINTE BIENVENUE

COMBINE STORY

1990 : adoption de la Contribution sociale généralisée, un impôt « juste » puisqu'il est directement proportionnel aux revenus.

IMPÔTS : ÉCONOMISEZ GRÂCE À VOTRE AVIS DE NON-IMPOSITION !

Vous n'êtes pas imposable ? Certes, cela veut dire que vous ne gagnez pas beaucoup d'argent, mais aussi que vous allez pouvoir réaliser d'importantes économies, si vous vous souciez de demander les avantages liés à l'avis officiel de non-imposition qui vous sera adressé par le fisc :

– regarder gratuitement la télé, car vous êtes exonéré de redevance ;
– ne pas payer la taxe d'habitation ;
– ne pas payer la taxe foncière ;
– envoyer vos enfants à l'école sans bourse délier. Vous pourrez même, si vous vous en sentez le besoin, reprendre le chemin des écoliers aux frais de la princesse ;
– partir en vacances gratuitement, puisque, en fonction des ressources de chaque famille (il n'y a pas de sommes fixes), la caisse d'allocations familiales accorde des bourses pour pouvoir s'aérer un peu.

LE CHIFFRE DU JOUR

460 F : si le montant de votre impôt net (après tous les calculs) est inférieur à cette somme, bonne nouvelle : vous êtes dispensé !

SAINT QUENTIN

COMBINE STORY

1958 : naissance de la sportive française Jeannie Longo, qui a réussi la prouesse de faire s'intéresser les Français au cyclisme féminin, tout en menant sa carrière d'un guidon de maître !

31 OCTOBRE

VIE QUOTIDIENNE : UTILISEZ LE MINITEL SANS VOUS RUINER !

Le Minitel est une invention fantastique mais qui coûte très cher si vous l'utilisez de manière inconsidérée ! Tous ceux qui possèdent ce coûteux joujou et qui utilisent, notamment, les services de l'annuaire électronique (le 11) ne savent pas toujours que ce service est gratuit pendant les trois premières minutes. Il suffit donc de faire vite pour que l'appel ne coûte pas un sou. Par ailleurs, chaque service (3614, 3615, etc.) possède sa propre tarification clairement indiquée à la minute au début de la connexion ; évitez de lambiner sur ceux qui taxent un maximum ! Enfin, vous pouvez savoir ce que votre le Minitel vous coûte, en simultané, en appuyant simplement sur la touche « sommaire » dès le début de la connexion : le prix s'affiche au fur et à mesure en haut à droite de l'écran pendant l'utilisation du service.

LE CHIFFRE DU JOUR

5 millions de Français possèdent un Minitel... Cela fait beaucoup d'argent dans les poches de France Télécom !

NOVEMBRE

COTISATIONS
CRISE
VIE CHÈRE
COTISATIONS
CRISE
COTISATIONS
COTISATIONS
FACTURE
TRACASSERIES
DETTES
VIE CHÈRE
VIE CHÈRE
CRISE

Brrrr ! Il fait froid, triste et gris, mais, malgré tout, votre super-héros garde un moral en béton : il faut dire que les dizaines de milliers de lettres de remerciement que vous m'avez déjà adressées pour me raconter comment, depuis que vous avez acheté ce livre (certains se sont même débrouillés pour se le faire offrir), vous devenez chaque jour un peu plus riche que la veille et un peu moins que le lendemain, me réchauffent le cœur.

Vous savoir roulant sur l'or, plongeant dans des piscines de lingots, savourant des sandwichs aux billets et ridiculisant Picsou lui-même grâce à votre insolente réussite, voilà qui me donne le sentiment du devoir accompli.

Mais il ne faudrait pas que je me relâche. C'est que l'année n'est pas terminée, et que nous avons encore deux mois périlleux à traverser de concert.

Décembre et son cortège de cadeaux, nous en parlerons dans quelques semaines, mettraient à mal le budget le mieux étudié ; quant à novembre, mois d'austérité et de rigueur, il présente des dangers souvent insoupçonnés mais ô combien redoutables. Ne suffit-il pas, par exemple, d'un léger accrochage en voiture et d'une assurance peu compréhensive, pour que plusieurs milliers de francs s'envolent définitivement ? Ou encore, d'une procédure en justice qui s'avère plus longue que prévu et donc, forcément plus coûteuse ? L'assurance, la justice, voici des thèmes a priori peu réjouissants que nous retrouverons ce mois-ci, parmi beaucoup d'autres évidemment.

Et, si vous n'êtes pas plus riche le 30 novembre qu'aujourd'hui, je vous le jure sur la tête de tante Adélaïde, je ne bois plus une goutte de bourbon-fraise... au moins jusqu'au 1er décembre.

Mais, sincèrement, ça m'étonnerait !

Supercombinard

TOUSSAINT

COMBINE STORY

1914 : les usines du Rhône commercialisent un nouveau médicament, l'aspirine, excellente combine pharmaceutique puisqu'elle a des effets multiples et deviendra l'un des produits les plus utilisés au monde.

1er NOVEMBRE

SANTÉ : SOYEZ COUVERT PAR LA SÉCU SANS PAYER UNE ASSURANCE PERSONNELLE !

Si vous êtes encore étudiant mais que vous avez dépassé l'âge limite pour bénéficier de la sécu de vos parents ou pour relever du régime de Sécurité sociale étudiante, vous pouvez quand même être couvert gratuitement pour vos frais de santé sans avoir à supporter les frais très importants d'une assurance personnelle. Il vous suffit de travailler 120 heures durant un mois (par exemple pendant vos vacances) dans l'année pour que votre couverture sociale soit à nouveau prolongée de douze mois : 120 heures de travail pendant un mois une fois par an, c'est à votre portée, non ?

LE CHIFFRE DU JOUR

800 F : c'est le montant des cotisations annuelles que doit acquitter un étudiant de moins de 26 ans pour bénéficier de la sécu.

La combine du radin

Pour ne pas dépenser trop d'argent pour les fleurs de la Toussaint, certains écument les marchés, la veille, en ramassant ce que les fleuristes ont laissé. Les fleurs sont peut-être un peu défraîchies, mais ce sont toujours des fleurs !

2 NOVEMBRE

JOUR DES MORTS

COMBINE STORY

472 : Olibrius, gouverneur des Gaules, décède sans avoir choisi celui qui devait lui succéder. Résultat : une immense pagaille ! Son nom est depuis utilisé pour qualifier les personnes désinvoltes.

ASSURANCE : FAITES FAIRE UN DEVIS GRATUIT !

Avant d'assurer votre voiture, il est préférable de vous renseigner de manière complète sur les tarifs qui vous sont proposés. Or, pour pouvoir faire le « bon choix », il faut avoir une idée à peu près précise de ce que peut coûter une assurance pour votre bolide. Un simple coup de fil (gratuit !) à ADT Assurance vous permet d'établir un devis assurance auto. Ainsi, vous aurez déjà une idée précise de la base tarifaire sur laquelle vous pourrez négocier avant de faire le tour des compagnies d'assurances. Une fois que vous avez cette base, choisissez bien votre assureur et lisez votre contrat entre les lignes, même si les caractères sont trop petits. Et ce n'est pas parce que le contrat fait quinze pages que vous serez mieux protégé, au contraire !

L'ADRESSE DU JOUR

ADT Assurance, tél. : 05 328 328...

La combine de l'escroc

Certains petits filous dont la voiture a été endommagée par des chocs, rayures et éraflures ne font pas de manières : ils demandent à l'un de leurs meilleurs copains de louer une voiture à son nom, de provoquer un petit choc sur leur véhicule déjà bien entamé et de faire un constat avec eux, le copain en question prenant évidemment les torts à sa charge.

3 NOVEMBRE

SAINT HUBERT

COMBINE STORY

1984 : naissance de la première chaîne à péage française, Canal Plus, à laquelle beaucoup prédisaient une fin rapide et qui vit aujourd'hui largement grâce à ses quelques millions d'abonnés !

LOGEMENT : QUITTEZ VOTRE LOCATION QUAND BON VOUS SEMBLE !

Vous avez beaucoup plus de droits que vous ne le pensez en ce qui concerne le fait de quitter un appartement ou une maison en location. Officiellement, le préavis prévu à la signature d'un bail classique est de trois mois, mais vous devez savoir qu'il existe quelques exceptions à la règle. Vous êtes brutalement muté, vous perdez votre emploi ou vous avez tout simplement trouvé quelque chose de mieux, et vous connaissez déjà quelqu'un qui peut vous remplacer « au pied levé » ? Dans ces trois cas, vous devez savoir que votre préavis de rupture de contrat de location peut être ramené à un mois.

A vous d'en profiter si vous voulez partir de chez vous quand vous voulez ! Par exemple, vous pouvez fort bien « monter » un dossier bidon de mutation (si vous vous entendez bien avec votre employeur). Vous économiserez ainsi des sommes non négligeables !

LE CHIFFRE DU JOUR

Un ménage français sur deux est locataire... c'est dire si cette combine intéresse beaucoup de nos lecteurs !

4 NOVEMBRE

SAINT CHARLES

COMBINE STORY

1826 : inauguration des locaux de la Bourse à Paris, conçus par l'architecte Brongniart.

REVENUS : APPRENEZ À ACHETER DES OBLIGATIONS !

Si vous souhaitez investir un peu d'argent dans des obligations, respectez ces quelques règles qui vous permettront de limiter les risques et d'obtenir les meilleurs rendements possibles :
– achetez de préférence des titres remboursables à la fin de l'emprunt et non par annuité ;
– privilégiez les titres à durée de vie moyenne : 4 à 6 ans ;
– achetez à la fois des obligations à taux fixe et des obligations à taux variable : ainsi, vous limiterez les risques, quelle que soit l'évolution des taux ;
– ne cherchez pas à trop diversifier : n'achetez pas plus d'une dizaine de titres différents ;
– choisissez des titres récents, de préférence à ceux antérieurs à 1980.

L'ADRESSE DU JOUR

Si la Bourse vous intéresse, contactez l'Union des épargnants de France : 61, rue de Malte, 75011 Paris, tél. : (1) 48 05 59 11.

SAINTE SYLVIE

COMBINE STORY

1922 : coup de chance pour l'archéologue Carter qui découvre l'entrée du tombeau de Toutankhâmon en Égypte. La tombe est pleine d'objets précieux… Les morts ne s'embêtaient pas à l'époque !

5 NOVEMBRE

MAISON : ÉQUIPEZ-LA MOINS CHER GRÂCE À L'EUROPE !

Continuez de profitez de l'Europe pour faire des économies ! On ne vantera jamais assez les bienfaits du marché unique européen pour l'équipement de votre maison. Par exemple, vous pouvez rapporter dans le coffre de la voiture un robot multi-fonctions ou un lave-linge (sur la galerie…) si vous rendez visite à nos amis allemands ou luxembourgeois. Au Portugal, vous trouverez de la cristallerie et des étains à des prix défiant toute concurrence communautaire. Enfin, la maison économique et européenne devra habiller ses fenêtres et ses meubles en Grande-Bretagne car, là-bas, les tissus d'ameublement sont 20 % moins chers qu'ailleurs…

LE CHIFFRE DU JOUR

Près de 40 % des petits appareils électroménagers sont offerts en cadeau. « Encore un joli mixer pour mon anniversaire… c'est gentil, chéri ! ».

La combine du radin

Le vrai dur du porte-monnaie oblige sa femme à faire tourner la machine à laver la nuit afin de payer l'électricité au tarif heures creuses !

6 NOVEMBRE

SAINTE BERTILLE

COMBINE STORY

1804 : Napoléon fait ratifier sa nomination comme empereur héréditaire par les Français. L'astuce est payante · plus de 3,5 millions de « oui » contre seulement quelque 8000 « non » !

CONSOMMATION : REFUSEZ LES HAUSSES DE PRIX EN COURS DE LIVRAISON !

Plusieurs consommateurs ont été victimes d'une pratique pour le moins frauduleuse : certaines sociétés n'hésitent pas à augmenter leurs tarifs entre le moment de la commande du produit et celui de la livraison. Si cela vous arrive, sachez que vous devez réagir avec énergie et refuser ces augmentations indues et illégales. Le jour de la livraison, vous ne devez absolument pas vous retrouver devoir payer une somme supérieure à celle que vous aviez envisagée. Le tarif valable est celui qui figure sur le bon de commande que vous avez signé. C'est ce prix, et lui seul, qui peut vous être réclamé.

L'ADRESSE DU JOUR

En cas de litige persistant, vous pouvez faire appel à la Direction de la concurrence, de la consommation et de la répression des fraudes de votre département, située en général dans l'enceinte de la préfecture.

SAINTE CARINE

7 NOVEMBRE

COMBINE STORY

1933 : un grand bonheur pour M. Bonhoure !
Il gagne 5 millions de francs au premier grand tirage de la Loterie nationale !

ASSURANCE : EN CAS DE VOL DE VOTRE VOITURE, CONTESTEZ LE MONTANT DU REMBOURSEMENT !

Se faire piquer son véhicule, ce n'est déjà pas drôle, mais si, en plus, on doit attendre des mois avant d'être (mal) remboursé par son assurance, cela devient un véritable cauchemar ! Si donc, votre auto a effectivement disparu et qu'elle n'a pas été retrouvée dans un délai de trente jours, votre assureur ne doit pas traîner pour vous rembourser. Or, s'ils en sont capables au moment de l'établissement de la prime, beaucoup trop d'assureurs ne font plus la différence entre une R5 et une Golf GTI cabriolet lorsqu'il s'agit de dédommager la victime du vol. Résultat : lorsque vous recevez le chèque d'indemnisation, vous êtes persuadé qu'il s'agit du remboursement de votre auto-radio tout neuf !
Ne vous laissez pas intimider : l'indemnité ne doit pas, normalement, être inférieure au prix de l'argus, et rien n'empêche qu'elle soit supérieure. Si le remboursement vous semble trop modique par rapport à vos prévisions, n'hésitez pas à contester : vous avez de bonnes chances pour que la somme soit revue à la hausse. Éventuellement, portez l'affaire à une association de consommateurs et portez plainte devant le tribunal d'instance ou de grande instance. Là plus que jamais, être procédurier ça paie !

L'ADRESSE DU JOUR

Environ 150 000 voitures sont abandonnées chaque année par leurs propriétaires, dans la nature, au fond d'un garage, à l'étranger, etc.

La combine de l'escroc

Parce que même les voleurs ne veulent pas de leur voiture avec ses ailes cabossées et son avant défoncé, certains petits malins partent au volant de leur boîte de conserve et l'abandonnent à 50 ou 100 km de chez eux. Ils laissent les clefs, repartent chez eux et portent plainte en affirmant qu'on leur a volé leur véhicule devant leur domicile.

8 NOVEMBRE

SAINT GEOFFROY

COMBINE STORY

1866 : naissance du constructeur automobile britannique Herbert Austin, qui aura du flair en inventant l'un des plus beaux succès automobiles du siècle, la Mini.

AUTO : ACHETEZ VOTRE VOITURE AUX ENCHÈRES !

Beaucoup d'acheteurs succombent un peu trop vite aux tentations des formules de crédit et se retrouvent vite débordés par les mensualités. Saisie, la voiture se retrouve alors aux enchères. C'est à vous de jouer en étant là le jour de la vente. Mais attention, seul un connaisseur peut faire de bonnes affaires à coup sûr. N'hésitez donc pas à vous faire accompagner si vous désirez acheter votre voiture de cette manière et réaliser une vraie bonne affaire. Dans une vente aux enchères, on achète en aveugle, sans essayer et pratiquement sans renseignements sur le véhicule. Il faut de plus suivre les règles élémentaires suivantes : se fixer le prix à donner et ne pas le dépasser, ne pas être pressé, ne pas jeter son dévolu sur le modèle pour lequel toute l'assemblée semble s'être déplacée, enfin se souvenir qu'en plus de l'adjudication, il reste les frais de la vente.

L'ADRESSE DU JOUR

Pour repérer les enchères, consultez *Le Moniteur des ventes*. Introuvable en kiosque, vous pouvez obtenir ce bi-hebdomadaire au 10, rue du Faubourg-Montmartre, 75009 Paris. Chaque numéro contient au minimum une bonne dizaine de rendez-vous.

Ils sont fous, ces combinards !

Un employé de chez Peugeot, qui habite Sochaux, a réalisé l'un de ses rêves les plus fous en rachetant en 1990 la limousine rose du chanteur Prince. L'auto, qui est équipée de la télé et d'un bar, lui sert à promener sa petite famille tous les week-end, cool… en écoutant Purple rain *!*

SAINT THÉODORE

9 NOVEMBRE

COMBINE STORY

1799 : trois malins (le troisième le sera encore plus que les autres...) réussissent le coup d'État du 18 brumaire, qui instaure le Consulat. Leurs noms : Sieyès, Ducos, et un certain général Bonaparte...

MAISON : FAITES DES ÉCONOMIES SUR LE CHAUFFAGE !

Il fait de plus en plus frisquet et le chauffage est désormais allumé en permanence... Mais savez-vous que selon l'Agence française pour la maîtrise de l'énergie, il est possible de réduire de près de 40 % ses dépenses de chauffage dans une habitation de cinq ou six pièces, simplement en contrôlant l'isolation ? Bien isoler son toit est la première mesure à prendre pour faire des économies d'énergie, de 10 à 30 % de la somme totale ; deuxième poste à améliorer, les murs intérieurs, ce qui permet de faire descendre la note de 5 à 25 %. Les études montrent qu'il suffit de deux hivers pour rembourser l'isolation d'une toiture, grâce aux économies d'énergie réalisées, et de trois en moyenne pour rentabiliser celle des murs. D'où l'intérêt de prendre au plus vite les mesures nécessaires, d'autant que cela vous donne droit à des déductions fiscales intéressantes (voir au 11 octobre).

LE CHIFFRE DU JOUR

Sachant que l'air chaud monte, on a calculé que 30 % de la chaleur s'échappait par la toiture et 25 % par les murs et le sol.

La combine du radin

Tous les grands économes le savent. Pour faire quelques petites économies sur le budget chauffage, ils laissent le four ouvert après l'avoir utilisé pour la cuisson d'un plat !

10 NOVEMBRE

SAINT LÉON

COMBINE STORY

1989 : chute du mur de Berlin, qui avait été érigé en 1961. Cet événement marque l'effondrement du bloc communiste... et le début des difficultés économiques pour l'Allemagne !

LOGEMENT : DÉMÉNAGEZ EN HIVER, C'EST MOINS CHER !

Certes, le mois de novembre n'est pas forcément la période à laquelle on a le plus envie de changer de logement : on préfère rester au chaud dans ses pénates et attendre le printemps... Tout le monde fait ça et c'est pourquoi vous devez agir autrement ! En effet, les entreprises de déménagement sont beaucoup moins sollicitées entre novembre et janvier que durant le reste de l'année ; elles seront donc plus facilement d'accord pour consentir une réduction sur le coût de leurs prestations, pour peu que vous fassiez jouer la concurrence et que vous négociiez habilement. Cela dit, si le plus cher n'est pas forcément le meilleur, loin s'en faut, ne privilégiez pas systématiquement la proposition la moins onéreuse : en effet, en matière de déménagement, la qualité du service est très importante et vous risqueriez de regretter de n'avoir pas pris suffisamment de précautions en faisant votre choix. Un conseil : fiez-vous au label jaune accordé par le syndicat des entreprises de déménagement à quelque 1 000 d'entre elles, qui se sont engagées à respecter un code de déontologie. C'est une garantie de sérieux.

L'ADRESSE DU JOUR

Le Centre national d'information du déménagement : numéro vert 05 01 00 20, au 73, avenue Jean-Lolive, 93100 Montreuil.

La combine du radin

Pour certains, il est impensable de payer une entreprise de déménagement. Quelques bons copains costauds (à qui l'on paiera une bonne bière à la fin de la journée) et une grosse camionette (prêtée !) feront largement l'affaire !

ARMISTICE DE 1918

COMBINE STORY

1851 : le président Louis-Napoléon Bonaparte se fait verser 25 millions de francs par la Banque de France. Le 2 décembre, il déclenchera un coup d'État pour devenir empereur... Quel ingrat !

11 NOVEMBRE

CONSOMMATION : APPRENEZ À NÉGOCIER NON SEULEMENT LES PRIX, MAIS AUSSI LES DÉLAIS DE PAIEMENT !

Nous vous donnons souvent le conseil de marchander le prix d'un article, d'un service ou d'un produit. Mais ce n'est pas le seul moyen de réaliser des économies quand on achète. En effet, il peut être tout aussi avantageux de négocier des délais de paiement sans frais, en d'autres termes un crédit gratuit, avec le commerçant. Évidemment, cela nécessite une confiance réciproque, surtout si vous optez pour la méthode la plus simple : diviser la somme en plusieurs chèques que le vendeur déposera au fil des semaines ou des mois sur son compte. Rien ne l'empêche en effet de donner la totalité des chèques en une seule fois à sa banque, la pratique des chèques postdatés étant illégale. Mais, pour peu qu'il tienne à conserver votre clientèle, cette astuce peut s'avérer rentable pour vous. En employant les mêmes méthodes qui vous auraient servi à négocier le prix, demandez-donc à pouvoir payer en plusieurs fois sans frais. C'est autant d'agios ou d'intérêts économisés par rapport à ce qui se serait produit si vous aviez payé comptant et que vous vous étiez trouvé à découvert, ou si vous aviez du prendre un crédit pour financer votre acquisition.

LE CHIFFRE DU JOUR

2 % des femmes refuseraient de renflouer le compte de leur conjoint, s'il était à découvert. Ou est passée la solidarité féminine ?

12
NOVEMBRE

SAINT CHRISTIAN

COMBINE STORY

1789 : désormais, tous les villes et villages de France doivent être organisés en municipalités et dirigés par un maire et son conseil. Les promoteurs et les industriels doivent se faire de nouvelles relations !

SOCIAL : ENCEINTE, FAITES-VOUS AIDER PAR LA MAIRIE !

On vous le dit, on vous le répète, il faut faire des enfants ! En France, l'enfant est roi, et toutes sortes d'aides sont prévues pour aider les familles à élever correctement ceux qu'elles font naître. La plupart de ces allocations sont versées par les caisses d'Allocations familiales. Mais votre mairie peut également vous être d'un grand secours si vous vous retrouvez en situation difficile. Par exemple, une femme enceinte ayant déjà un enfant à charge ou vivant une grossesse à risque bénéficie pendant une période déterminée de l'aide d'une travailleuse familiale. Le tarif est nettement inférieur à la normale puisqu'il s'agit seulement d'une participation proportionnelle aux revenus et au quotient familial. Si donc, vous êtes dans une telle situation, renseignez-vous sans plus tarder auprès des services compétents de votre mairie.

LE CHIFFRE DU JOUR

Sur plus de 2 millions d'enfants de moins de 3 ans, un sur deux a une maman qui travaille. Sur deux parents de Jordy, deux sur deux ont un enfant qui travaille !

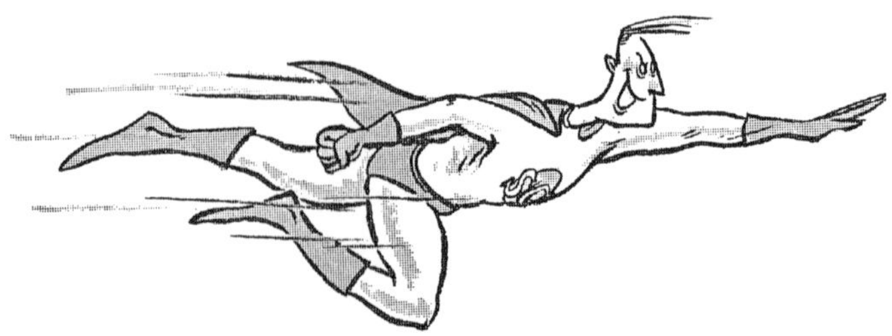

SAINT BRICE

13 NOVEMBRE

COMBINE STORY

1792 : la Convention décide que le roi de France n'est pas « inviolable » et qu'il peut être jugé. Ça chauffe pour Louis XVI qui ne va pas tarder à perdre la tête !

LOGEMENT : RÉSILIEZ VOTRE CONTRAT QUAND VOUS LE SOUHAITEZ !

Imaginons que vous trouviez un assureur proposant une prime 40 % moins chère que celle que vous aviez contracté il y a deux ans auprès d'une autre compagnie (si, si, c'est possible !). Vous souhaitez résilier cette première prime. Mais quelle ne sera pas votre surprise de vous entendre dire que c'est impossible, qu'il faut attendre la date de renouvellement de votre contrat et envoyer une lettre recommandée de résiliation deux mois avant cette échéance... Heureusement, il existe cinq cas où vous avez tout à fait le droit de résilier quand bon vous semble votre contrat d'assurance : le changement de situation ou de régime matrimonial, de profession, la mise à la retraite et le changement de domicile. Le dernier cas peut être utilisé à n'importe quel moment. Il suffit de faire un changement d'adresse « bidon » pour résilier votre contrat d'assurance. C'est la chose la moins contrôlable qui soit... Faites-vous, par exemple, domicilier pendant un mois chez l'un de vos amis.

LE CHIFFRE DU JOUR

24 % des Français n'ont aucune idée de ce que peut bien leur coûter leur voiture à l'année. Cela dit, peu de vaches savent ce que rapporte leur lait au fermier !

14 NOVEMBRE

SAINT SIDOINE

COMBINE STORY

1904 : les États-Unis signent le plus grand contrat de tous les temps. Ils achètent, pour 40 millions de dollars, la Compagnie du canal de Panama, société mise en liquidation à la suite du fameux « scandale ». Le canal sera terminé dix ans plus tard...

LOGEMENT : ÉCHANGEZ VOTRE APPARTEMENT CONTRE CELUI QUI CONVIENT MIEUX À VOS BESOINS !

Les lois des ministres du Logement se suivent et se ressemblent... mais il est parfois important de bien connaître certaines dispositions afin d'en profiter : ainsi, l'un des aspects positifs de la loi Mermaz (entrée en vigueur à l'été 1989) est d'avoir rétabli le système de l'échange. Imaginez par exemple deux familles occupant deux logements appartenant au même propriétaire et situés dans le même ensemble immobilier. L'une des deux familles concernées a trois enfants et son appartement est plus petit que celui de l'autre famille, qui, elle, ne verrait aucun inconvénient à occuper moins de place, mais aussi à payer un plus petit loyer. Si ces locataires le désirent, ils peuvent le plus légalement du monde procéder à l'échange de leurs appartements respectifs. Dans les contrats en cours, chaque locataire se substitue donc de plein droit à celui auquel il succède et ne peut en aucun cas être considéré comme un nouveau venu, ce qui signifie pas de nouveau bail, et donc pas d'augmentation ! Élémentaire, mon cher Mermaz...

L'ADRESSE DU JOUR

52 ans, c'est la limite des âges cumulés de deux jeunes époux pour obtenir des prêts en vue de l'équipement mobilier ou ménager. Si vous êtes dans cette tranche, adressez-vous à votre caisse d'Allocations familiales.

SAINT ALBERT

COMBINE STORY

1944 : pas fou, l'État français nationalise les usines Renault. Quand ça roule, autant que ça rentre dans les bonnes caisses !

15 NOVEMBRE

AUTO : FAITES FAIRE PLUSIEURS DEVIS AVANT D'ACCEPTER UNE RÉPARATION IMPORTANTE !

Un reportage effectué en caméra cachée pour l'ex-rendez-vous de Dechavanne, l'émission Ciel mon mardi, avait montré que la même panne faisait l'objet de diagnostics et de devis très différents selon le garagiste auquel on s'adresse... Alors, n'hésitez jamais à faire le tour des garages avant d'engager votre accord sur une réparation importante. Enfin, sachez qu'il peut être judicieux de demander son diagnostic à un expert : il vous en coûtera environ 500 F, mais au moins vous connaîtrez avec certitude les causes de la panne ainsi que les remèdes à employer et vous ne risquerez pas d'être escroqué.

LE CHIFFRE DU JOUR

Avec une progression de 4 % par an, l'entretien et la réparation sont, dans le budget consacré à l'automobile, le poste qui a le plus augmenté ces dernières années.

La combine de l'escroc

Les garagistes ne sont pas toujours honnêtes, loin s'en faut ! Lors d'une vérification du niveau d'huile, certains n'hésitent pas à retenir leur main, et à ne pas enfoncer la jauge à fond. Ils vous affirment ensuite le plus naturellement du monde (preuve à l'appui) que vous avez besoin d'un complément payant. La mise à niveau peut d'ailleurs être doublement fictive si un bidon vide est utilisé pour compléter !

16 NOVEMBRE

SAINTE MARGUERITE

COMBINE STORY

1917 : en Russie, les bolchéviks s'emparent du pouvoir et se débarrassent de la famille impériale. Le communisme est en marche...

VIE QUOTIDIENNE : FAITES DÉBARRASSER VOTRE CAVE GRATUITEMENT !

Lorsque vous aviez emménagé, vous étiez bien décidé à n'utiliser votre cave que pour y mettre vos meilleures bouteilles. Seulement voilà, au fil des ans, toute la famille s'est délestée progressivement des meubles ou objets embarrassants. Impossible de mettre à la poubelle le petit bureau de tonton Louis, il ne sert à personne mais c'est sentimental. Résultat : votre cave est devenue un véritable capharnaüm, et vous devez fermer la porte à coups de pied ! C'est décidé, vous devez faire un nettoyage par le vide et vous débarrasser des meubles et des objets devenus inutiles et sans grande valeur. Alors, plutôt que de payer une société spécialisée pour faire le grand ménage, utilisez les services gratuits que de nombreuses municipalités ont créés pour leurs administrés. Il suffit de leur téléphoner pour leur demander de passer enlever tout ce dont vous voulez vous séparer. Une excellente façon de combiner économies d'argent et gain de place !

L'ADRESSE DU JOUR

Renseignez-vous auprès de votre municipalité pour savoir s'il existe un service de ce type. A Paris, contactez Allo Propreté, (1) 43 43 36 29 : ils enlèvent gratuitement jusqu'à quatre objets encombrants.

La combine du radin

Certaines personnes conjuguent économie et aventure en escaladant, la nuit venue, les célèbres bennes vertes qui sillonnent les artères de nos grandes villes. Parfois, les trouvailles peuvent être très rentables, comme ce fut le cas pour cet amateur de vieilleries qui trouva une commode Louis XV en mauvais état, mais dont la valeur était encore estimée à 40 000 F !

SAINTE ÉLISABETH

17 NOVEMBRE

COMBINE STORY

1869 : un grand progrès dans les échanges commerciaux par voie maritime est attendu du fait de l'inauguration du canal de Suez, qui relie désormais les mers Rouge et Méditerranée.

CONSOMMATION : FAITES VOS COURSES CHEZ LES COMMERÇANTS LES PLUS COMPÉTITIFS !

Acheter au meilleur prix, c'est une nécessité. Mais on ne va pour autant, à chaque achat, se lancer dans une longue et fastidieuse enquête afin de déterminer qui est le commerçant le plus compétitif dans son domaine. Heureusement, des associations existent qui ont fait le boulot pour vous. Il s'agit des centres locaux d'information sur les prix (CLIP). Ces organismes ont pour mission de relever les prix par catégorie d'articles ou de service (alimentation, équipement de la maison, artisans, garagistes, etc.) et d'informer par minitel les consommateurs sur les meilleurs tarifs pratiqués dans leur région. Il existe actuellement une douzaine de CLIP, consultez-les régulièrement ! C'est un excellent moyen pour consommer mieux et moins cher...

L'ADRESSE DU JOUR

Les serveurs minitel des CLIP : 31 23 38 50 code CLIP (Calvados) ; 3614 code INFOCLIP (Cher) ; 3615 code ACE (Côtes-d'Armor, Finistère, Mayenne, Ille-et-Vilaine, Morbihan) ; 3614 code PRES-28 (Eure-et-Loir) ; 3615 code BFROI (Nord) ; 3615 code CTIC (Bas-Rhin et Haut-Rhin).

18 NOVEMBRE

SAINTE AUDE

COMBINE STORY

1852 : création du Crédit mobilier, spécialisé dans les prêts à long terme, qui interviendra notamment dans la contruction du réseau français de chemins de fer.

BANQUE : NE PRÊTEZ JAMAIS D'ARGENT À VOTRE BANQUIER !

A chaque fois que votre compte est au « vert », il faut savoir que vous prêtez de l'argent à votre banque : elle joue avec, le fait travailler et fructifier, il lui rapporte des intérêts dont vous ne voyez, évidemment, jamais la couleur. Alors plutôt que de rester dans le « vert », ouvrez un « compte-épargne », où votre argent sera rémunéré, et prenez l'habitude d'y transférer le solde positif de votre compte courant ainsi que vos économies. Imaginons que vous fassiez des économies et que vous ayez, pendant six mois, un solde positif de 10 000 F sur votre compte-chèque. Si vous transférez cet argent sur le compte-épargne, il vous rapportera 300 F pour cette période. Reconnaissez qu'il n'y a aucune raison de laisser cette somme à votre banque !

L'ADRESSE DU JOUR

1 % des Français gardent encore leur argent en liquide et chez eux. Ce sont peut-être les plus raisonnables...

SAINT TANGUY

19 NOVEMBRE

COMBINE STORY

1703 : le « Masque de fer » meurt à la Bastille, où il était emprisonné depuis 1698. Son identité demeure aujourd'hui encore mystérieuse et représente une excellente combine pour les historiens en mal d'idée de best-seller !

ENFANTS : ACHETEZ LEURS BOUQUINS MOINS CHERS !

Vos enfants ont besoin de livres pour suivre des études convenables. Si certains manuels sont fournis, d'autres sont à la charge des parents, ainsi que tous les livres qui sont demandés par les profs (environ cinq à sept livres par an en moyenne au lycée, soit entre 200 et 300 F supplémentaires !). Alors passez à l'économie ! Vous trouverez un grand nombre de livres neufs ou d'occasion à des tarifs avantageux dans les librairies que nous vous recommandons.

L'ADRESSE DU JOUR

– **À Marseille** : *La librairie-papeterie de l'Enseignement* : 3, rue du Docteur-Combalat.
Livres neufs à prix réduits : 30, rue du Paradis.
Maxi livres : 4, rue du Paradis.
– **À Bordeaux** : *Bordeaux papiers* : 48, bis rue Ferrère.
Fourni bureau : 107, rue du Jardin Public.
Maxi livres : 101, rue Porte-Dijeaux.
– **À Lyon** : *Gamugli* : 6, rue de la Charité.
Joseph Gibert : 3, quai Gailleton.
La soldothèque : 2, rue Joseph-Serlin.
– **À Nancy** : *Plein Ciel* : Centre Commercial Saint-Sébastien.
– **À Nantes** : *Librairie L.Durance* : 4, allée d'Orléans.
– **À Lille** : *ABC Livre* : 32, rue de l'Hopital-Militaire.
Le Furet du Nord : 15, Place du Général-de-Gaulle.
– **À Paris** : *Gibert Jeunes* : 27, quai Saint-Michel.
Maxi Livres : 38, rue Rambuteau – 38, rue des Écoles.
Bloody Mary : 212, rue Saint-Jacques.
Les Meilleurs Livres : 18, boulevard Saint-Michel.

20 NOVEMBRE

SAINT EDMOND

COMBINE STORY

1831 : en lutte pour obtenir un salaire minimum, les canuts lyonnais sont mis au pas par l'armée. 10 000 ouvriers seront licenciés... Radical !

TRAVAIL : EN CAS DE LICENCIEMENT, SOYEZ INTRAITABLE SUR LES INDEMNITÉS QUE L'ON VOUS DOIT !

Le licenciement n'est pas, en général, une partie de plaisir. Ce n'est pas sans douleur et sans déchirement que vous quittez votre emploi. Raison de plus pour ne pas partir le cœur gros... et les mains vides ! Contrairement à ce que l'on croit souvent, le licenciement pour cause économique n'est pas le seul à donner droit à des indemnités : si vous êtes mis à la porte pour un tout autre motif (sauf pour faute grave ou lourde, si vous avez piqué dans la caisse par exemple...), la législation est la même et les dispositions légales prévoient des indemnités minimales. Si vous avez plus de 2 ans d'ancienneté dans l'entreprise, on vous doit 1/10e de mois de salaire par année d'ancienneté. Si vous avez plus de 10 ans, vous devez réclamer 1/10e de mois de salaire par année pour les dix premières, plus 1/15e de mois par année au-delà. Si vous gagnez 8000 F et que vous avez 5 ans d'ancienneté, vous devez toucher 4000 F. Si vous avez 12 ans d'ancienneté, vous touchez 9066 F. A cette somme viennent bien sûr s'ajouter votre préavis, le solde de vos congés payés et une partie ou la totalité du 13e mois. Cela dit, il n'y pas de quoi se réjouir. C'est pourquoi il faut toujours contester le licenciement et tenter d'obtenir plus.

LE CHIFFRE DU JOUR

Zéro franc, c'est ce que vous devrez déclarer au fisc au titre des indemnités légales de licenciement. Celles-ci sont en effet exemptes d'impôts...

Ils sont fous, ces combinards !

Kim Basinger était si inquiète de l'image qu'aurait pu lui donner le rôle principal dans Boxing Helena *(dont la réalisatrice n'est autre que la fille de David Lynch) qu'elle a préféré déclarer forfait avant le tournage. Un revirement qui lui a coûté la modique somme de 3,5 millions de dollars !*

COMBINE STORY

1935 : Stakhanov est fêté par l'URSS comme le modèle d'ouvrier exemplaire. Il a réussi à extraire 227 tonnes de charbon en six heures ! On parle désormais de « stakhanovisme »... En fait, le petit futé aurait été aidé par deux compagnons pour réaliser son exploit !

TRAVAIL : FAITES-VOUS AIDER POUR GÉRER VOTRE ENTREPRISE !

On peut être au chômage et vouloir créer son entreprise. On vous a déjà parlé des aides auxquelles vous pouviez prétendre dans ce cas. Si, nanti de ces précieux conseils, vous êtes devenu votre propre patron, vous pouvez avoir encore besoin d'assistance pour ce qui concerne la gestion. La première année, vous bénéficiez des stages de gestion gratuits organisés par les Chambres de commerce et d'industrie. Ces stages durent entre 25 et 50 heures et vous permettront d'acquérir une formation de base. Vous bénéficiez également durant cette première année de l'aide d'un conseil, conventionné par le directeur départemental du travail, et ce pour la très modique somme de 400 F. Il s'agit du « chèque conseil », réservé aux demandeurs d'emploi créateurs d'entreprise. Les interventions de ces conseils portent sur l'élaboration ou le suivi de la gestion. Ils peuvent également vous fournir des réponses à tous problèmes juridiques ou fiscaux. Quand on sait ce que coûte ce type de conseil privé, on est heureux de connaître l'existence d'un tel service !

L'ADRESSE DU JOUR

64 % des créateurs d'entreprise n'ont aucune formation supérieure !

La combine de l'escroc

Serge R., l'un de nos amis entrepreneur dans les Travaux publics, a raconté dans l'un de nos reportages dans Combien ça coûte ? *(sur TF1) comment sur un chantier en province, il y a quelques années, le contremaître avait fictivement embauché plusieurs ouvriers... Pendant quelques mois, avec des faux numéros de Sécu, l'escroc a empoché les salaires !*

22 NOVEMBRE

SAINTE CÉCILE

COMBINE STORY

1977 : premier atterrissage du Concorde à New York. En insistant sur les nuisances sonores provoquées par l'avion, les lobbies américains réussiront à empêcher que le supersonique ne cause trop de tort à Boeing.

VOYAGES : PENSEZ AU FRET POUR VOS BAGAGES !

Lorsque vous partez en avion, vous savez que votre billet ne vous donne droit qu'à 20 kg gratuits de bagages accompagnés en seconde classe, et 30 kg en première. Au-delà, chaque petit kilo en trop vous coûtera 1 % du tarif de première classe, même si vous voyagez en économique ! Si vous partez pour plusieurs mois, faites donc transiter votre excédent de bagages par le fret. En voyageant sur la même compagnie que vos bagages, vous bénéficierez de 50 % de réduction par rapport au tarif normal du fret, déjà moins onéreux en lui-même que celui du bagage accompagné.

LE CHIFFRE DU JOUR

Moins de 5 kg, c'est ce que doit peser votre animal de compagnie si vous voulez qu'il soit admis dans la cabine. Sinon, il ira dans la soute, au tarif des excédents de bagages.

La combine du radin

Ce n'est pourtant pas difficile de faire une valise qui ne dépasse pas les 20 kg gratuits. Pesez-la avant de partir de chez vous et enlevez les kilos superflus… ou remplissez les bagages de quelqu'un qui part avec vous !

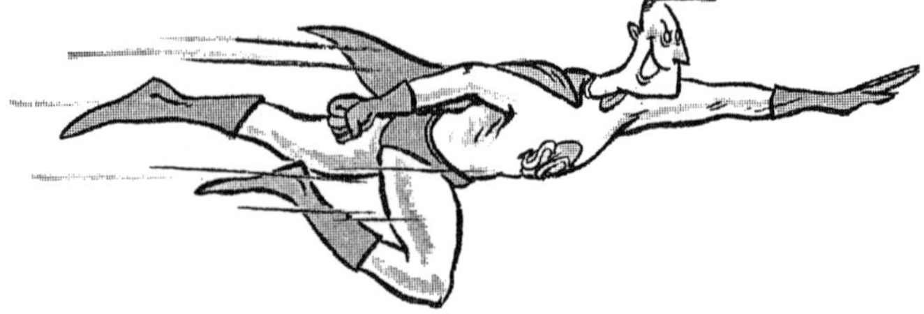

SAINT CLÉMENT

COMBINE STORY

1723 : Monsieur de Clieu, officier français, sauve le seul pied de caféier restant aux Antilles en partageant sa ration d'eau avec lui ! Un joli geste qui donnera naissance aux plantations « européennes » de café.

23 NOVEMBRE

CONSOMMATION : ATTAQUEZ VOTRE TEINTURIER SI VOUS N'ÊTES PAS SATISFAIT DE SON TRAVAIL !

Il vous est sûrement déjà arrivé une mésaventure de ce genre : vous venez récupérer votre jolie veste rose toute neuve dans un pressing et vous vous retrouvez face à la mine contrite du teinturier, vous annonçant avec tristesse qu'il ne retrouve pas votre vêtement, ou, plus cruel encore, vous expliquant qu'il y a eu un petit problème et que votre chère veste rose a viré au violet par endroits... Si cela se reproduit, n'acceptez plus que votre interlocuteur accuse un de ses sous-traitants (c'est souvent le cas pour les cuirs, les fourrures ou les tapis) en vous faisant comprendre qu'il ne peut rien pour vous. Un teinturier est en effet tenu de rendre les effets confiés dans leur intégralité et non détériorés. Si un accident se produit, il devra vous indemniser sur la base d'une preuve de la valeur d'achat du vêtement en question. Si vous ne pouvez pas justifier son prix réel (sachant qu'au bout d'un an, il a perdu 50% de sa valeur), la somme sera calculée d'après le barème en vigueur, peu avantageux pour vous. C'est pourquoi vous devez systématiquement exiger que le ticket mentionne la raison sociale du magasin, le nombre et la nature des articles que vous avez déposés ainsi que la date et le type de service demandé.

L'ADRESSE DU JOUR

En cas de contestation sur une somme importante, faites établir un constat à l'amiable et demandez une expertise au Centre technique de la teinturerie et du lavage, tél. : (16) 78 33 08 61, qui se prononcera dans les trois semaines. Attention : l'analyse du CTTL est payante et, si vous n'obtenez pas gain de cause, ces frais ne vous seront pas remboursés.

24 NOVEMBRE

SAINTE FLORA

COMBINE STORY

1741 : le tsar Ivan VI aurait dû être plus méfiant avec les femmes… La sienne, Élisabeth, le renverse et le contraint à l'exil !

ASSURANCE : MODIFIEZ VOTRE CONTRAT SANS BOURSE DÉLIER !

Vous avez envoyé à votre assureur une lettre avec accusé de réception pour demander une modification de votre contrat d'assurance auto, par exemple pour lui signaler que votre femme va dorénavant conduire le véhicule alors que vous étiez jusqu'à présent seul conducteur. Dix jours plus tard, la compagnie n'a toujours pas répondu à votre demande. Sachez que son silence vaut alors acceptation tacite de la modification, sans changement de tarif ! L'assureur ne dispose en effet que de dix jours pour refuser le changement ou vous informer des modifications de tarif qui en découlent. Passé ce délai, votre proposition est entérinée : s'il n'est pas d'accord, il peut aller en justice, mais il perdra. Cependant, un abondant contentieux entoure cette rare disposition favorable aux assurés. Attendez-vous donc à une certaine résistance de la part de l'assureur et faites-vous assister par l'union locale de l'Union française des consommateurs (UFC).

LE CHIFFRE DU JOUR

7 % des Français font plutôt confiance à leur assureur quand ils veulent placer une somme d'argent. Pourquoi sont-ils si peu nombreux ?

SAINTE CATHERINE

25 NOVEMBRE

COMBINE STORY

1790 : belle idée de l'Assemblée, qui vient d'abroger les impôts directs... Elle crée l'impôt foncier, prélevé sur les revenus de la terre. Il paraît que trop d'impôt tue l'impôt !

IMPÔTS : LOUEZ UN BOX POUR VOTRE VOITURE SANS AVOIR À PAYER LA TAXE !

Entre les PV, les dégradations diverses et les tentatives de vol, vous craquez complètement ! Et vous vous mettez à imaginer Titine bien au chaud dans un joli petit box fait à ses mesures. Cela dit, un box coûte cher, surtout dans les grandes villes, et il est hors de question de payer en plus une taxe (les impôts locaux en l'occurrence) sur cette location supplémentaire. C'est le moment de vous rappeler qu'une dépendance située à plus de 1 000 m du logement est considérée comme trop éloignée pour être imposable. Profitez-en ! Louez votre box de parking au nom d'un ami qui habite à plus d'un kilomètre de chez vous : vous éviterez ainsi d'être imposé sur cette location.

LE CHIFFRE DU JOUR

Ras-le-bol de payer pour la voiture ! Plus de 70 % des automobilistes souhaitent donc la disparition progressive des péages.

La combine de l'escroc

Il y a des voleurs artistes, des voleurs sentimentaux, des voleurs acrobates... mais connaissez-vous les voleurs collectionneurs ? Certains d'entre eux « collectent » en effet les sigles des marques de voiture... celui de Roll's et de Jaguar (surtout les anciens) sont les plus recherchés et peuvent atteindre quelques milliers de francs !

26 NOVEMBRE

SAINTE DELPHINE

COMBINE STORY

1504 : mort d'Isabelle la catholique, reine d'Espagne et promotrice de l'Inquisition. Certains respirent mieux...

SANTÉ : ACHETEZ VOS PRÉSERVATIFS MOINS CHER !

Aujourd'hui, parler de préservatifs fait partie du quotidien. Les campagnes de pub s'affichent dans la rue, sur nos écrans de télé. Pourtant, certains d'entre nous continuent d'exprimer quelques réticences lorsqu'il faut passer à l'acte et enfiler ce petit bout de caoutchouc. D'autres, et notamment les adolescents, trouvent qu'il est bien dificile de se protéger lorsqu'on n'a pas pas un sou en poche ! Les « capotes » achetées en pharmacie sont plutôt onéreuses. Alors que tous ceux que le prix des préservatifs freine sachent qu'ils peuvent les acheter nettement moins cher dans les centres de Planning familial.

L'ADRESSE DU JOUR

Celle du centre de Planning familial de votre département. Renseignez-vous auprès de votre mairie.

Ils sont fous, ces combinards !

Même les préservatifs sont l'occasion pour certains businessmen de faire du fric ! Récemment, un petit malin doté d'un solide sens de l'humour a mis sur le marché une collection de capotes taillées : small, medium, large, extra-large, etc. Pour ceux que le produit intéresse, la plus petite mesure 1,5 cm de diamètre et la plus grande 12 cm !

SAINT SÉVERIN

27 NOVEMBRE

COMBINE STORY

1909 : grand jour pour les femmes qui travaillent. Celles qui viennent d'avoir un bébé peuvent désormais prendre huit semaines de congé, sans risquer le licenciement !

CONSOMMATION : DEMANDEZ LE REMBOURSEMENT LORSQUE LES PRODUITS DE BEAUTÉ NE VOUS CONVIENNENT PAS !

Toutes les grands fabricants de cosmétiques sont soucieux de leur réputation et de la qualité de leurs produits. Lorsque vous avez acheté une crème ou une lotion et que celles-ci vous donnent des boutons ou une allergie quelconque, n'hésitez pas à leur écrire pour leur conter votre mésaventure. Soyez particulièrement gratifiant en leur précisant bien que vous êtes très fidèle à la marque et que c'est la première fois que ce genre d'incident vous arrive. Bien entendu vous ne pouvez pas leur joindre le produit en question puisque vous l'avez ouvert et utilisé en partie, avant de vous rendre compte du problème. Demandez gentiment qu'on vous remplace votre crème de beauté, qui vous est évidemment indispensable, et terminez votre jolie lettre en réassurant son destinataire sur votre entière confiance en lui. Inutile de vous suggérer que cette combine fonctionne tout aussi bien même et surtout si le produit vous convient.

LE CHIFFRE DU JOUR

10 %, c'est la part que prennent sur le marché des cosmétiques français les produits pour hommes. Messieurs les industriels, il y a encore des débouchés !

La combine du radin

Ceux qui refusent d'investir dans le commerce pour des produits de beauté ont leurs petites recettes maison pour se fabriquer des crèmes ou des masques naturels. Un tiers de jaune d'œuf mélangé au blanc battu en neige et additionné de 20 gouttes de citron fait un masque astringent remarquable pour les peaux grasses.

28 NOVEMBRE

SAINT JACQUES DE LA MARCHE

COMBINE STORY

1721 : mauvaise journée pour Cartouche, le prince des voleurs. Il est roué vif en place de Grève...

ASSURANCE : SUSPENDEZ VOTRE CONTRAT AUTO PENDANT LES VACANCES !

Imaginons que vous partiez en congés à Noël en famille, sans vos deux voitures bien-aimées et que vous abandonniez celles-ci chez vous, au fin fond de votre garage bien fermé ; ou supposons que votre boulot vous oblige à partir plusieurs semaines à l'étranger : sachez que vous êtes tout à fait en droit de suspendre provisoirement votre contrat afin de ne pas payer votre assurance inutilement (la suspension provisoire est possible pour une durée maximale de 6 mois). Il vous suffit de prendre votre plus belle plume et d'écrire à votre assureur en recommandé avec accusé de réception pour l'informer de votre désir de suspendre votre contrat provisoirement. Et voilà comment faire quelques économies tout en évitant d'enrichir inutilement votre assureur !

L'ADRESSE DU JOUR

Près de 20 % des Français préféreraient au système de péage actuel payer une vignette annuelle donnant accès à toutes les autoroutes d'Europe.

SAINT SATURNIN

29 NOVEMBRE

COMBINE STORY

1932 : Crac ! Crac ! Jacques Chirac pousse ses premiers cris. Peu gâté par le suffrage universel, il saura, 60 ans plus tard, utiliser habilement les « Guignols » de Canal Plus pour continuer à faire de la télé...

ASSURANCE : RETARDEZ LE PAIEMENT DE VOTRE PRIME !

Si vous n'avez pas payé votre prime dix jours après l'échéance, votre assureur doit normalement vous adresser une lettre recommandée vous demandant de vous acquitter de votre dette. Votre contrat sera suspendu trente jours après l'envoi de cette lettre, si vous n'avez toujours pas payé. Mais il faut savoir que jusqu'au trentième jour après l'envoi de la lettre, vous êtes toujours garanti. Or, comme les compagnies d'assurances sont souvent débordées, ce n'est bien souvent qu'après quinze jours ou trois semaines, voire un mois après l'échéance, qu'elles mettent leur petit avis à la poste. Au total, vous pouvez gagner un délai de paiement de 40 jours, qui peut même aller jusqu'à 80 jours, et cela de manière tout à fait légale. Alors, vous auriez tort de ne pas en profiter !

LE CHIFFRE DU JOUR

Un accident de la circulation toutes les douze secondes environ... Les compagnies d'assurances ont des arguments béton !

30 NOVEMBRE

SAINT ANDRÉ

COMBINE STORY

1789 : le député corse Antoine Salicetti demande et obtient le rattachement complet de la Corse à la France. Plus tard,il sera nommé ministre du roi de Naples, Joseph Bonaparte...

VIE QUOTIDIENNE : SOYEZ LIBRE AVEC LE TAXI !

Ce livre aura largement contribué à vous montrer à quel point la voiture coûte cher, même au combinard expert que vous êtes devenu au fil des mois ! Certains citadins préfèrent donc, dans la mesure du possible, se déplacer en taxi. Encore faut-il les utiliser de la façon la plus agréable possible, c'est-à-dire sans tomber sous le terrorisme qu'exerce parfois une partie de cette profession. Voici donc les règles de base de l'utilisateur de taxi un tantinet rebelle :
– Un taxi ne peut refuser de vous prendre s'il est libre (lumineux éclairé) et si ce n'est pas sa dernière demi-heure de service (voir l'horodateur situé sur la plage arrière).
– Il ne peut refuser les personnes handicapées, même s'il doit les aider à monter dans la voiture.
– Vous pouvez choisir votre itinéraire et fumer s'il n'y a pas d'affichette l'interdisant. En revanche, votre chauffeur ne doit pas fumer sans votre autorisation, à moins d'être séparé de vous par une glace fermée.
– Vous pouvez baisser ou lever les vitres, faire monter ou descendre une personne au cours du trajet (sans supplément).
– Le chauffeur doit vous remettre une fiche si vous le demandez.
– Enfin, le pourboire n'est pas obligatoire.
Et voilà, muni de ces quelques précieux conseils, vous verrez que c'est quand même très agréable de rouler en taxi !

L'ADRESSE DU JOUR

En cas de litige avec un chauffeur de taxi, contactez le service compétent de votre préfecture de police.

DÉCEMBRE

C'est l'heure de vous saluer une dernière fois : décembre est en effet, je viens de l'apprendre de la bouche même de ma chère tante Adélaïde (qui a parfois une conception audacieuse du calendrier), le douzième mois de l'année ! C'est dommage, car j'avais encore plein de choses à vous raconter, mais mon éditeur me glisse dans le creux de l'oreille que je n'ai qu'à les garder pour une prochaine édition.
Je voulais notamment vous parler de bonnes astuces pour acheter des cadeaux et pour organiser de somptueux repas de fête au prix d'un déjeuner chez MacDo, ou presque.
Cela dit, peut-être qu'en décembre, cela n'est pas une excellente idée de recenser les bons plans bouffe et cadeaux. Peut-être préféreriez-vous que je vous cause *sea, sex and sun*. Alors, laissons planer le suspense quelques jours, jusqu'à ce que vous ayez tourné quatre ou cinq pages. D'ailleurs, il faut que je vous quitte, parce que j'ai des tonnes d'achats à faire pour Noël et que rien ne sert de courir, il faut partir à point !
Et, si vous n'êtes pas plus riche le 31 décembre qu'aujourd'hui, je vous le jure sur la tête de tante Adélaïde, je ne bois plus une goutte de bourbon-fraise... au moins jusqu'au 1er janvier.
Mais, sincèrement, ça m'étonnerait !

PS : en attendant l'an prochain et une nouvelle édition de « 365 super-combines pour s'enrichir », votre Super-combinard vous fait plein de bisous et décline par avance toute proposition de pourcentage, fût-il énorme, sur les économies que vous avez réalisées tout au long de l'année et que vous pouvez encore espérer en décembre.

Supercombinard

SAINT ELOI

COMBINE STORY

1802 : les ouvriers parisiens sont obligés de présenter leur « livret », remis par la police, lors d'une embauche. Sinon, ils sont considérés comme des vagabonds et risquent la prison. Dur, dur...

1er DÉCEMBRE

TRAVAIL : ALLÉGEZ VOTRE EMPLOI DU TEMPS GRÂCE À LA TECHNIQUE DE LA « VESTE À L'ITALIENNE » !

Très utilisée par nos amis italiens (qui, par ailleurs, portent de très belles vestes !), cette technique requiert de l'organisation et d'être en bons termes avec vos copains de bureau. Si vous travaillez dans une « boîte » où il est difficile de s'absenter, toute l'astuce consiste à faire croire que vous êtes là quand vous n'y êtes pas ! Dès votre arrivée le matin, vous mettez votre veste sur le dossier de votre chaise, vous allumez la lampe du bureau et vous organisez le décor type du salarié débordé. Vous vous esquivez ensuite discrètement sans oublier d'avertir votre collègue, de façon à ce que ce dernier soit informé et puisse répondre que vous êtes parti faire des photocopies, à la poste, chez le directeur, aux archives, etc. Pendant ce temps, vous pourrez tout à loisir faire vos petites courses ou vous relaxer devant un bon chocolat chaud. Dernier détail : n'oubliez pas de laisser une autre veste dans votre voiture, ou de porter un bon pull, car un 1er décembre, vous risquez fort d'attraper un rhume !

LE CHIFFRE DU JOUR

4% des salariés sont absents au moins un mois par an pour des raisons de santé...

Ils sont fous, ces combinards !

Il existe une variante plus sophistiquée de la technique de « la veste à l'italienne » qui permet d'arriver très tard le matin. Un complice est là aussi nécessaire et il faut disposer d'une veste rangée en permanence dans un placard du bureau. Dès son arrivée, le collègue complaisant sort la veste et la dispose sur le fauteuil de l'absent, organise le décor type, etc. Questionné, il répondra innocemment « il est arrivé très tôt ce matin mais je ne l'ai pas encore vu. Sa veste était déjà sur sa chaise quand je suis arrivé ».

2 DÉCEMBRE

SAINTE VIVIANE

COMBINE STORY

1972 : des micros sont trouvés au siège du Canard Enchaîné*... Ils ont été posés par des mystérieux « plombiers » qui, pour une fois, avaient été ponctuels !*

SANTÉ : FAITES PROFITER VOTRE CONCUBIN(E) DE VOTRE SÉCURITÉ SOCIALE !

S'il est un domaine dans lequel mariés et concubins ont quasiment les mêmes droits, c'est bien celui de la Sécurité sociale. Si donc vous vivez en concubinage avec quelqu'un qui ne travaille pas et n'a pas de sécu, sachez que votre compagne ou compagnon peut profiter de votre couverture sociale : assurance maladie et maternité lui accorderont le remboursement de ses frais, à condition que vous fournissiez chaque année une déclaration sur l'honneur certifiant que cette personne vit effectivement maritalement avec vous et qu'elle est bien à votre charge. Même si vous vous séparez ensuite, votre concubin(e) pourra conserver ces prestations sociales durant un an.

LE CHIFFRE DU JOUR

70 % des couples mariés ont cohabité avant de convoler... un bon moyen pour savoir qui tiendra les cordons de la bourse !

La combine du radin

Une technique très en vogue chez nos amis agriculteurs consiste à régler le médecin en troquant un service contre un autre. Exemple pris en Normandie : « Docteur, je ne peux pas vous payer, mais si vous soignez ma grippe, je vous donne des pommes, le cidre fait par la mère et une bonne chopine de calva ! ». Le même système fonctionne avec les commerçants et les artisans. Tout le monde s'y retrouve, ceux qui ne déboursent pas d'argent pour la consultation, et les toubibs qui n'auront rien à déclarer sur leur feuille d'impôts !

SAINT FRANÇOIS XAVIER

3 DÉCEMBRE

COMBINE STORY

1901 : l'américain Gilette a l'esprit affûté. Il invente le premier rasoir rechargeable après chaque utilisation. L'air du jetable-rentable pointe son nez !

BEAUTÉ : CONFIEZ VOTRE PEAU À DES ÉLÈVES EN ESTHÉTIQUE !

S'entretenir, être belle ou beau et, surtout, le rester... Voilà une mission qui demande quelques efforts : que vous détestiez le maquillage et vous fassiez faire un nettoyage de peau une fois tous les six mois, que vous soyez adepte de la régénération des cellules, de l'ADN végétal, du solarium haute pression et de la balnéothérapie, voici un « bon plan » qui vous permettra de ne pas faire « grise mine » (ce serait le comble !) devant la facture à la sortie d'un institut ! Comme pour la coiffure, les écoles d'esthétique constituent, en effet, une excellente combine pour tous ceux qui savent qu'il n'est pas indispensable, pour une épilation ou des soins faciles, de confier son corps à une professionnelle justifiant de 25 ans d'expérience ! Faites confiance aux jeunes filles qui apprennent dans les écoles à devenir des « pros » et qui ont besoin de vous pour leurs travaux pratiques.

L'ADRESSE DU JOUR

Si vous habitez la région parisienne, vous pouvez appeler le Centre de soins Éducatel au (1) 42 08 08 08 ou l'École Simone Mahler au (1) 45 33 24 74. Si vous habitez la province, ouvrez les pages jaunes et appelez les écoles spécialisées ou les lycées professionnels de votre région.

La combine du radin

Certains combinards qui font des économies de bouts de chandelle n'hésitent pas à aller prendre leur douche dans les clubs de sport et les gymnases de leur quartier... en survêtement ! Mine de rien, ce sont des centaines de litres d'eau qu'ils économisent ainsi chaque année !

4 DÉCEMBRE

SAINTE BARBARA

COMBINE STORY

771 : Charlemagne prend la tête du royaume franc et invente l'école. On s'étonnera qu'il n'ait pas la cote auprès des jeunes…

ENFANTS : RÉDUISEZ VOS FRAIS DE NOURRICE ET TOUCHEZ QUAND MÊME L'ALLOCATION DE GARDE À DOMICILE !

Vous le savez certainement : le fait d'employer une personne à domicile pour garder vos enfants de moins de trois ans vous donne droit à une « allocation garde d'enfant ». Or, si vous vous groupez à deux couples pour faire garder vos enfants respectifs par une même personne, vous vous partagerez le coût de son salaire et des charges. Mais, dans le même temps, si chacun des deux couples déclare la jeune femme, chacun peut parfaitement obtenir cette allocation dont le montant peut atteindre 2 000 F par mois.

LE CHIFFRE DU JOUR

35 % des enfants de moins de 3 ans bénéficient de moyens de garde officiels (école, crèche, asssitante maternelle, famille, etc.). Que deviennent les autres ?

SAINT GÉRALD

5 DÉCEMBRE

COMBINE STORY

1933 : fin de la prohibition aux États-Unis. Après 13 ans de lutte contre la mafia, l'État américain bénéficie sans scrupule des millions de dollars dégagés par l'industrie de l'alcool.

CONSOMMATION : ACHETEZ VOS VINS ET VOS CHAMPAGNES DIRECTEMENT CHEZ LES PRODUCTEURS !

Dans vingt jours, la trêve des confiseurs commence et, avec elle, une longue semaine d'agapes aussi nourrissantes que ruineuses ! Si vous n'avez pas encore acheté vos vins et vos alcools, pensez à contacter directement les producteurs des produits dont vous avez besoin. La région de Reims et d'Épernay est, par exemple, une mine en bonnes petites adresses qui vous livrent, ou vous expédient, d'excellents champagnes à des prix qui défient la concurrence. Appelez-les et demandez-leur de vous envoyer leurs catalogues et leurs tarifs. La plupart du temps, ces producteurs vous font parfois cadeau d'une petite bouteille, soit pour goûter, soit au moment de la livraison. Alors, profitez-en...

L'ADRESSE DU JOUR

Une adresse indispensable pour les 4,5 millions de « buveurs excessifs » (c'est ainsi qu'on les appelle !) recensés en France et qui se ruinent en liquide : celle des Alcooliques anonymes, 21, rue Trousseau, 75011 Paris.

6 DÉCEMBRE

SAINT NICOLAS

COMBINE STORY

1491 : bien joué, Charles VIII ! Il épouse Anne de Bretagne qui apporte en dot au royaume de France… la Bretagne.

SUCCESSION : MARIEZ-VOUS SOUS LE RÉGIME DE LA « COMMUNAUTÉ UNIVERSELLE » AFIN D'ÉVITER LES FRAIS !

Si vous n'avez pas la chance de rencontrer, comme Charles VIII, une jeune femme qui vous apporte une région entière en guise de dot, vous pouvez tout de même optimiser votre fiscalité en jouant avec le régime du mariage. Ainsi, si vous êtes un peu âgés, sans enfants et mariés sous le régime de la séparation de biens ou sous celui de la communauté réduite aux acquêts, plutôt que de risquer de payer de lourds frais de succession après le décès de votre conjoint, optez pour le régime de la communauté universelle, avec une clause d'attribution intégrale de la communauté au dernier vivant. Ainsi, le conjoint survivant pourra-t-il jouir des possessions du couple sans avoir à acquitter des droits de succession qui risqueraient de le laisser sur la paille.

LE CHIFFRE DU JOUR

Un homme sur dix préfère épouser une femme qu'il aime « un peu moins », mais qui peut lui apporter « une belle dot » !

SAINT AMBROISE

COMBINE STORY

1800 : Napoléon Bonaparte interdit le port du pantalon aux femmes ! C'est bête, car quand la femme porte le pantalon, il y a des économies à la maison (proverbe coréen) !

7 DÉCEMBRE

CONSOMMATION : ACHETEZ VOS VÊTEMENTS AU MEILLEUR MOMENT POUR PAYER MOINS CHER !

Vous êtes coquet mais votre bourse ne vous permet pas toujours d'être aussi élégant que vous le souhaiteriez. Il vous suffit de suivre les quelques conseils qui suivent pour réaliser de belles économies sur votre budget habillement, et ce toute l'année. En tout premier lieu, établissez à l'avance la liste des vêtements de base, relativement classiques, dont vous aurez besoin dans les six mois ou dans l'année à venir. Achetez toujours hors saison et profitez des liquidations massives des stocks à Pâques, début juillet et à Noël (économies de 30 à 50% !), tout en faisant en sorte que votre budget coïncide avec les dates les plus favorables pour les différents types d'achats. Achetez certains articles en plusieurs exemplaires ; les bas ou les chaussettes, par exemple, peuvent se réassortir en cas de perte ou de détérioration.

LE CHIFFRE DU JOUR

En 20 ans, dans le monde entier, les clientes régulières de la haute couture sont tombées de 20000 à 3000. Eh, oui, c'est la crise !

8 DÉCEMBRE

IMMACULÉE CONCEPTION

COMBINE STORY

1944 : la France crée les premières compagnies républicaines de sécurité, plus connues des étudiants sous le nom de « CRS-SS ».

REVENUS : FAITES FRUCTIFIER VOS LIVRETS D'ÉPARGNE !

Véritable refuge pour les épargnants un peu frileux (c'est normal on est en décembre !), les livrets, les bons d'épargne (du Trésor ou de La Poste) et les comptes d'épargne bancaires sont d'un usage très simple. Environ 20 % des ménages les utilisent ; Avec eux, jamais de bonne ou de mauvaise surprise : leur rémunération est faible mais a le mérite d'être fixe. Il y a cependant une petite astuce à connaître concernant le calcul des intérêts. Ceux-ci sont reposent en effet sur la méthode un peu absurde des quinzaines ; en clair, tout dépôt effectué entre le premier et le quinze du mois ne commence à porter intérêt que le quinze. En revanche, tout retrait effectué dans la même période cesse de porter intérêt dès le premier. En conséquence, si l'on fait dans la même quinzaine un dépôt puis un retrait du même montant, le livret se trouve officiellement à découvert. Prenons l'exemple d'un livret comportant 5 000 F au 1er janvier. Le 2 avril, son titulaire vend son véhicule et dépose 30 000 F ; le 14 avril il achète une autre voiture et retire 35 000 F pendant treize jours ; dans ce cas, l'épargnant ne touchera pas un centime d'intérêts au titre de la première quinzaine du mois d'avril. Moralité : évitez ce type de mouvement sur votre livret !

LE CHIFFRE DU JOUR

25, c'est le nombre de fois en moyenne où une pièce de monnaie passe d'une main à une autre en 12 mois.

Ils sont fous ces combinards !

Après l'expédition d'Égypte, menée par le général Bonaparte en 1798, les commerçants du Caire se faisaient payer par leurs clients… en boutons d'uniformes des soldats français ! On a la monnaie qu'on peut…

SAINT PIERRE FOURIER

COMBINE STORY

1900 : nouvelle victoire pour les femmes : elles peuvent désormais accéder à la profession d'avocat. Leur premier souci sera sans doute de faire valoir leurs droits !

9 DÉCEMBRE

REVENUS : FAITES-VOUS AIDER POUR RÉCUPÉRER VOTRE PENSION ALIMENTAIRE EN RETARD !

Si la pension alimentaire ou la prestation compensatoire qui vous est due ne vous est pas réglée en temps et en heure, plusieurs procédures s'offrent à vous : la saisie-arrêt sur salaire, le paiement direct ou le recouvrement public par le Trésor. Malheureusement, ces mesures sont inefficaces si vous ne connaissez pas l'adresse de votre débiteur ou s'il est insolvable. Même si des sanctions pénales sont prévues en cas d'abandon de famille, de défaut de notification du changement d'adresse ou d'insolvabilité frauduleuse, vous pouvez vous retrouver en situation difficile en attendant que votre débiteur soit mis face à ses obligations. En l'occurrence, vous devez vous adresser à votre caisse d'Allocations familiales. Cette dernière doit en effet vous consentir des avances sur pension tout en se chargeant du recouvrement des sommes dues par tous les moyens légaux.

LE CHIFFRE DU JOUR

En France, seulement 35 % des pensions alimentaires sont versées intégralement et régulièrement.

10 DÉCEMBRE

SAINT ROMARIC

COMBINE STORY

1481 : La France obtient le monopole du trafic avec l'Orient... Ah ! la belle époque !

CONSOMMATION : ATTAQUEZ UN COMMERCANT QUI VEND DES MARCHANDISES QUI NE SONT PLUS CONSOMMABLES !

L' expression « à consommer avant le... » s'applique aux produits périssables, comme les yaourts, par exemple. La date limite de consommation doit figurer sur l'emballage et indiquer le jour au-delà duquel le produit est considéré comme impropre à la consommation. En consommateur averti, vous devez savoir que tout commerçant qui met en vente des denrées dont la date a été dépassée ou atteinte est donc en infraction devant la loi, et encourt une amende comprise entre 600 et 1 300 F. Vous pouvez en profiter, si vous êtes un tantinet procédurier, pour traîner en justice un tel scélérat qui a cherché à vous empoisonner! Attention, l'autre mention, « à consommer de préférence avant le... », s'applique aux marchandises comme le café, dont les qualités peuvent s'altérer après un certain temps. La date inscrite correspond alors à une date limite d'utilisation optimale. Dans ce cas, aucune sanction n'est prévue si un commerçant vend le produit au-delà de la date indiquée.

LE CHIFFRE DU JOUR

25,8 % des achats ont lieu dans les hyper- ou supermarchés.

La combine de l'escroc

Certains petits malins ne se contentent pas de sélectionner les articles selon leur rapport qualité/prix. Ils ont tendance à fixer eux-mêmes le coût des marchandises qu'ils achètent. Pour ce faire ils s'amusent tout simplement à changer les étiquettes... Le problème, c'est que cela devient de plus en plus difficile car bien souvent, elles sont en trois parties, et il est compliqué de les détacher sans les déchirer. Dur, dur d'être un escroc !

SAINT DANIEL

11 DÉCEMBRE

COMBINE STORY

1888 : lancement du premier emprunt russe à Paris : il connaît un énorme succès, grâce à son taux d'intérêt de 4 %, confortable pour l'époque. Plus dure sera la chute !

BANQUE : REFUSEZ LA FACTURATION DES SERVICES !

Il arrive de plus en plus souvent que des banques facturent soudainement à leurs clients des prestations autrefois gratuites, ou augmentent les frais de gestion débités sur les comptes sans l'accord des titulaires. Or, votre banque n'a pas le droit de modifier unilatéralement le prix ou la qualité de ses services. Vous pouvez donc vous opposer à cette pratique en invoquant le décret du 24 mars 1978 et économiser ainsi des sommes modiques au premier abord mais non négligeables quand elles s'additionnent tout au long d'une année.

LE CHIFFRE DU JOUR

La carte bancaire est aujourd'hui utilisée dans près de 20 % des règlements ; voici 10 ans, elle n'en représentait que 2 % !

La combine de l'escroc

Un petit malin avait fabriqué une boîte qu'il collait sur les distributeurs de billets... Lorsqu'un passant introduisait sa carte bancaire pour retirer du liquide, les billets tombaient dans la fameuse boîte et le client, ne voyant rien sortir, récupérait sa carte bleue en pensant que l'appareil était en panne. L'astucieux personnage n'avait plus qu'à ramasser son butin chaque soir !

12 DÉCEMBRE

SAINTE JEANNE FRANÇOISE DE CHANTAL

COMBINE STORY

1801 : les premiers articles du Code civil voulu par Bonaparte sont refusés par le Tribunat. Une fois empereur, il se vengera en supprimant le Tribunat… il était comme ça, Napo !

LOGEMENT : DEMANDEZ LES AIDES AU DÉMÉNAGEMENT !

Si vous avez trois enfants et que vous envisagez de déménager, sachez que vous pouvez demander une prime de déménagement, à condition que votre nouvelle habitation vous permette de bénéficier de l'allocation logement. Cette prime doit être sollicitée avant le troisième mois qui suit votre déménagement : elle sera égale au montant des dépenses que vous aurez engagées, dans la limite d'un plafond correspondant à la base mensuelle des allocations familiales, multipliée par 2,4. Cette prime peut faire l'objet d'une avance représentant 75 % du coût du déménagement. N'hésitez donc pas, si vous remplissez les conditions requises, à demander ce remboursement total ou partiel de vos frais.

LE CHIFFRE DU JOUR

10 % des Français déménagent chaque année, soit en moyenne 5 millions de personnes.

La combine de l'escroc

Les voleurs inventent des techniques de plus en plus incroyables pour faire leur boulot ! Il y a quelques années, un gang avait mis au point un moyen infaillible pour cambrioler tranquillement un appartement ou une maison. Ils utilisaient tout bêtement un camion de déménagement, enfilaient des blouses portant le nom d'une société bidon, et prenaient tout leur temps pour « déménager » entièrement une famille partie en vacances !

SAINTE LUCIE

13 DÉCEMBRE

COMBINE STORY

1822 : les premières fiches signalétiques sont utilisées par la police, facilitant l'identification des suspects et l'organisation des fichiers de recherche. Aïe, aïe, aïe...

PV : ENVOYEZ LES VÔTRES À L'AUTRE BOUT DU MONDE !

Alors là, c'est vraiment pas de chance, le seul jour où vous laissez le volant à votre charmante petite amie, la voilà qui s'emballe un peu et se fait flasher sur l'autouroute à 149 km à l'heure ! Résultat des courses (c'est le moment de le dire !) : vous recevez quelques mois plus tard le procès-verbal relatif à cette infraction. Il est évidemment hors de question de payer ce PV, et encore moins de réclamer des sous à l'adorable créature qui vous acompagnait... Pas de panique, il existe une méthode simple et efficace pour vous sortir de ce cruel dilemme : il suffit que vous preniez votre plus belle plume pour expliquer au service (de police ou de gendarmerie) qui a relevé cette infraction que, ce jour-là, à cette heure-là, vous étiez à l'autre bout de la France, que vous aviez effectivement prêté votre auto à une amie étrangère mais qu'il serait bien étonnant que cette personne ait commis une telle infraction. Vous demandez alors la photographie qui a été faite de l'infraction. Quelques jours plus tard, vous recevrez ce cliché où apparaîtra la jolie tête de votre copine. Il vous suffit alors de récrire au service en question en donnant la prétendue adresse de la conductrice... en Nouvelle-Zélande ou au Danemark ! Croyez-nous, le PV ira directement à la poubelle.

LE CHIFFRE DU JOUR

Chaque année, 450 000 automobilistes sont sanctionnés pour défaut du port de la ceinture.

14 DÉCEMBRE

SAINTE ODILE

COMBINE STORY

1673 : les barbiers peuvent désormais lutter contre la concurrence déloyale. La profession est organisée en corporation et ceux qui n'acquittent pas la taxe n'ont plus le droit d'exercer.

CONSOMMATION : ACHETEZ VOS BIJOUX CHEZ « MA TANTE » !

Si vous n'avez pas le bonheur d'avoir un oncle d'Amérique, un tonton Cristobal aux poches cousues d'or, mais que vous ayiez tout de même l'envie irrépressible d'offrir un beau bijou à quelqu'un de cher, inutile de mettre votre compte à plat ! Il existe une adresse, bien connue par ailleurs des combinards qui vivent au-dessus de leurs moyens, c'est celle du « Crédit municipal », qu'on appelle également « ma tante ». Comme vous le savez, cet organisme prête de l'argent en échange du dépôt d'objets de valeur. Or, tous les objets gagés qui n'ont pas été réclamés par leurs propriétaires sont ponctuellement vendus aux enchères. Le malheur des uns faisant le bonheur des autres, vous pourrez trouver de véritables merveilles dans ces ventes !

L'ADRESSE DU JOUR

Le Crédit municipal, 55, rue des Francs-Bourgeois, 75004 Paris, tél. : (1) 42 71 25 43. Vous pouvez également demander le catalogue par courrier ou directement à la salle des ventes.

La combine de l'escroc

En 1980, le prince Abdel Aziz Ben Ahmed Althani du Qatar séjournait dans un splendide hôtel de la Côte d'Azur. Pendant qu'il rêvassait sur la plage, des voleurs se sont introduits dans sa chambre et lui ont dérobé 80 millions de francs de bijoux ! Espérons que le prince était bien assuré !

SAINTE NINON

15 DÉCEMBRE

COMBINE STORY

1983 : Le Canard Enchaîné *révèle qu'entre 1976 et 1979 plus de 800 millions auraient été versés par Elf à des escrocs pour un procédé de détection pétrolifère à l'aide d'avions renifleurs. Quel manque de flair !*

VIE QUOTIDIENNE : PROFITEZ DU RHUME DE VOTRE GOSSE POUR FAIRE DU SHOPPING !

Les fêtes de fin d'année approchent à grands pas, mais vous bossez tellement que vous n'avez pas encore trouvé une minute pour aller faire votre shopping. Et pourtant, vous auriez grand besoin de quelques heures de liberté pour aller tranquillement choisir vos cadeaux et la tenue que vous allez porter à l'occasion de ces réjouissances. Et voilà qu'en plus, comble de malchance, votre petit loup vient d'attraper un rhume carabiné ! Pour vous consoler, pensez que cette rhino sans gravité peut vous procurer quelques avantages. Demandez donc au médecin qui le soigne de vous établir un certificat attestant que votre présence auprès de lui est indispensable. Cette attestation justifiera votre absence auprès de votre employeur, et vous pourrez tranquillement aller faire vos courses en ayant confié votre chérubin à votre meilleure copine ou à sa grand-mère, selon la disponibilité de l'une ou de l'autre. La cerise sur le gâteau, c'est que certaines conventions collectives indemnisent même un certain nombre de jours d'absence « enfant malade » ! Renseignez-vous...

LE CHIFFRE DU JOUR

12 % des parents pensent qu'il faut interdire à leurs enfants de «jouer au docteur» ou « au papa et à la maman ». S'ils sont encore enrhumés à Noël, que vont bien pouvoir faire ces pauvres gosses ?

Ils sont fous, ces combinards !

En 1990, un Napolitain a porté plainte contre un automobiliste qui a percuté sa voiture alors qu'il flirtait de manière poussée avec sa fiancée... sous le choc, celle-ci était tombée enceinte !

16 DÉCEMBRE

SAINTE ALICE

COMBINE STORY

1811 : les routes françaises sont numérotées et classées en fonction de leur taille. C'est depuis cette date que l'on peut vous accuser d'avoir brûlé un stop au croisement de la D111 et de la N13 !

VOYAGES : OFFREZ-VOUS L'AFRIQUE EN PLEIN HIVER !

Vous avez peut-être déjà commencé à tirer des plans sur la comète pour vos vacances de fin d'année... Si vous n'êtes pas franchement attiré par les sports d'hiver, qui d'ailleurs coûtent fort cher, vous devriez vous intéresser de très près à ce que propose Air France sur l'Afrique durant la saison creuse et froide. La compagnie nationale propose des tarifs particulièrement intéressants aux jeunes de moins de 27 ans, aux familles, aux personnes âgées et aux travailleurs ou étudiants africains en France. Ces tarifs réduits appelés « challenge » peuvent représenter une économie de 45 % sur le prix du vol ! Cela vaut la peine de passer un coup de fil... et puis l'Afrique en hiver, c'est génial !

L'ADRESSE DU JOUR

Air France, 74, boulevard Blanqui, 75013 Paris, tél. : (1) 40 17 46 46. Vous pouvez évidemment obtenir ces renseignements dans n'importe quelle agence proche de chez vous.

La combine de l'escroc

En ce moment, les pannes de batterie sont fréquentes. Sur les routes qui mènent au ski, certains garagistes malhonnêtes n'hésitent pas pas à vider un des éléments et à le remplir d'eau pour vous déclarer ensuite que la vôtre doit être remplacée !

SAINT GAËL

17 DÉCEMBRE

COMBINE STORY

1789 : l'Assemblée décide de vendre les biens du clergé, considérant que l'État est le vrai propriétaire des terres et immeubles gérés par l'Église. Les révolutionnaires n'avaient pas peur d'aller en enfer !

IMPÔTS : CONTESTEZ VOS TAXES LOCALES !

Vous le savez, les impôts locaux sont établis en fonction d'appréciations divergentes sur le classement de votre habitation effectué par le cadastre. Or, ce classement peut être contesté, avant le 31 décembre de l'année (c'est à dire dans moins de deux semaines) par le locataire, afin d'obtenir une révision à la baisse de la taxe. Pour ce faire, vous devez demander au cadastre la fiche d'évaluation de l'immeuble : une fois que vous êtes en sa possession, vous connaissez les différents critères qui ont servi à établir le tarif, et vous pouvez remettre en cause tel ou tel de ces critères en écrivant au fisc ou en saisissant le tribunal administratif si les services du Trésor public ne vous ont pas répondu dans les six mois. Une part importante des contestations déposées obtient ainsi gain de cause.

LE CHIFFRE DU JOUR

Plus de 2 500 000 réclamations concernant les impôts locaux sont introduites chaque année, dont une large part atteint son but.

La combine du radin

Quelques radins qui détestent dépenser des fortunes en présents gardent précieusement les jolies boîtes reçues en cadeau l'année précédente, ils les remplissent avec des chocolats ou des bonbons achetés au kilo chez les grossistes en confiserie. Un joli papier kraft, un bolduc, et le tour est joué !

18 DÉCEMBRE

SAINT GATIEN

COMBINE STORY

600 av. J.-C : Pythagore créee l'arithmétique avec la numérotation décimale. Les chiffres sont représentés par des cailloux sur les cases d'un échiquier, d'où le mot de « calcul » (du latin calculus, petit caillou). Calculer... la règle d'or du combinard !

CONSOMMATION : FAITES-VOUS ENVOYER GRATUITEMENT DES PRODUITS PAR LES MARQUES !

Le produit que vous avez acheté vous a particulièrement emballé ? Alors n'hésitez pas à vous plaindre auprès du fabricant... Cela vous permettra de vous faire offir le même ! La tactique est simple, tout à fait légale, et très encouragée par les fournisseurs eux-mêmes qui en font publicité. Comme vous l'avez déjà souvent observé dans votre supermarché, les emballages mentionnent la plupart du temps les coordonnées du fabricant ou du diffuseur. Après avoir acheté le produit et l'avoir consommé avec grand plaisir, il vous suffit de prendre la plume et d'adresser une gentille lettre à la société référencée, en lui disant que vous êtes un fidèle client de la marque et que vous n'aviez, jusqu'à ce jour, jamais été déçu de la qualité de leurs produits. Mais voilà qu'aujourd'hui la consistance, la couleur, ou encore la saveur du produit en question n'était pas habituelle ! Vous n'omettez pas de préciser que vous êtes convaincu qu'il s'agit d'un défaut isolé, que vous ne pouvez malheureusement pas retourner l'article en question l'ayant évidemment ouvert, et que vous seriez très heureux de recevoir le même en remplacement (cette fois consommable !). Il vous en aura coûté 2,80 F et vous aurez la satisfaction de déguster votre produit favori gratuitement !

L'ADRESSE DU JOUR

Seuls 8 % des Français qui ont eu des litiges de consommation ont fait appel à une association de consommateurs. il est vrai que, parfois, un simple coup de fil ou une petite lettre suffit pour obtenir gain de cause.

SAINT URBAIN

19 DÉCEMBRE

COMBINE STORY

1878 : Thomas Edison dépose le brevet du phonographe. Il avoue qu'il s'est inspiré d'une expérience dont il n'était pas l'auteur et qu'on lui a racontée. Cette technique s'est aujourd'hui largement répandue...

IMPÔTS : ACHETEZ UN MONITEUR POUR ÉVITER LA REDEVANCE TÉLÉ !

Vous avez déjà pu méditer en lisant ce livre sur l'opportunité et la justification de certaines taxes dont nous accablent les pouvoirs publics. S'il en est une qui soulève polémique, c'est bien celle de la redevance télé. Quelques heures passées devant votre poste suffiront à vous convaincre qu'il n'y a rien de scandaleux à vouloir s'y soustraire ! Comme nous sommes le 19 décembre (déjà) et que la semaine prochaine c'est Noël, voici une petite astuce pour faire un cadeau qui comblera toute la famille. Si vous possédez un magnétoscope qui, lui, échappe à la redevance, et que votre petit dernier vous réclame un moniteur pour l'ordinateur que lui a offert son tonton pour ses 10 ans, faites d'une pierre deux coups ! Achetez-lui ce fameux moniteur écran télé (on en trouve dans le commerce à partir de 1 400 F) et branchez-le sur votre scope... il ne vous reste plus qu'à revendre votre télé si vous en possédiez une, sans oublier de le signaler au service des redevances. Vous ne paierez plus rien !

LE CHIFFRE DU JOUR

Un film diffusé à la télé un dimanche soir devrait passer en salle pendant 10 ans en moyenne pour atteindre le même nombre de spectateurs !

Ils sont fous, ces combinards !

Un Gallois a mis en scène le plus court opéra jamais donné. Durée totale de l'œuvre dont le titre est La Dispute nationale d'un couple de banlieusards des années 90 : *4 minutes ! Son interprète féminine avoue n'avoir pas eu le temps de s'échauffer dans le rôle !*

20 DÉCEMBRE

SAINT ABRAHAM

COMBINE STORY

1852 : Napoléon III instaure le Sénat qui ne compte que 50 membres, tous nommés par l'empereur lui-même et grassement payés... Comme quoi, le train de sénateur ne date pas d'hier !

VOYAGES : PROFITEZ DES BILLETS SÉJOUR DE LA SNCF POUR AVOIR PLUS D'ARGENT EN VACANCES !

Partir pendant les congés de Noël tout en faisant quelques économies, c'est encore possible grâce à la SNCF, qui, décidément ne recule devant aucun sacrifice pour rentabiliser ses parcours ! Le billet « séjour » vous permet de gagner 25 % sur le prix de votre billet, si vous effectuez un voyage aller et retour d'au moins 1 000 km commencé en période bleue et si vous rentrez après un séjour comprenant un dimanche ou un jour férié. Avec les sous économisés, vous pourrez équilibrer votre budget « cadeaux ».

LE CHIFFRE DU JOUR

1 % des Français prétendent que « aucun cadeau ne leur fait jamais vraiment plaisir »... 1 % seulement ?

SAINT PIERRE CANISIUS

21 DÉCEMBRE

COMBINE STORY

1808 : Beethoven présente sa symphonie Pastorale, *un hymne à la nature et à ses sonorités. C'est tellement réussi que personne ne se rend compte que le compositeur est sourd !*

CONSOMMATION : PAYEZ VOS FLEURS AU PRIX DE « GROS » !

Brel avait raison : les fleurs c'est peut-être périssable, mais c'est toujours l'un des plus joli cadeaux que l'on puisse faire... Or, si vous voulez offrir des fleurs ou des plantes sans vous ruiner, vous pouvez rendre visite aux marchés de « gros » qui vendent aux fleuristes professionnels. Ils vendent à moitié prix et, contrairement à ce que l'on pense, ces marchés ne sont pas des lieux fermés aux communs des mortels que nous sommes ; vous pouvez, par exemple, accéder tous les jours de la semaine, de 9 h 30 à 15 h 30, à celui de Rungis (moyennant un péage de 45 F).

L'ADRESSE DU JOUR

Le MIN, 94150 Rungis : pour vous y retrouver, sachez que vous trouverez d'un côté, « Le Nice » qui rassemble toutes les productions florales du Midi ; de l'autre, « L'Ile-de-France » qui regroupe les fleurs cueillies dans la région parisienne.

22 DÉCEMBRE

SAINTE FRANÇOISE XAVIÈRE

COMBINE STORY

1888 : la première motocyclette est inventée par l'ingénieur Félix Millet. Les Japonais sont déjà à l'affût…

VOYAGES : TRAIN, AUTO, AVION… LE PLUS ÉCONOMIQUE N'EST PAS TOUJOURS CELUI QUE VOUS CROYEZ !

Ne vous fiez pas aux idées reçues quand vous devez choisir entre le train, l'avion et la voiture pour accomplir un long trajet en France en dépensant le moins possible. Certes, si vous êtes seul, le train sera généralement plus économique que l'avion, et l'un comme l'autre reviendront moins cher que l'auto, même sans calculer les frais d'amortissement de celle-ci. Mais, pour peu que vous soyiez deux ou trois, que vous puissiez bénéficier de réductions (étudiants, couples, retraités, famille, abonnements divers et variés, etc.), et en fonction de votre destination, les choses se compliquent. Une seule solution pour faire des économies : étudier les tarifs au coup par coup. Par exemple : pour un étudiant voyageant seul un lundi après-midi entre Paris et Bordeaux, l'avion sera non seulement plus rapide mais aussi beaucoup plus rentable que le TGV et, forcément, que la voiture ; pour un couple voyageant sur la même distance avec un enfant de moins de 4 ans bénéficiant d'une carte Kiwi, c'est le TGV qui sera, de loin, le plus économique ; enfin, pour trois adultes ne bénéficiant d'aucune réduction, la voiture sera la formule la plus intéressante, bien que la moins rapide.

L'ADRESSE DU JOUR

Le serveur minitel de l'INC, 3615 code INC, qui vous permet de calculer précisément le prix de revient de votre voiture.

SAINT ARMAND

23 DÉCEMBRE

COMBINE STORY

1918 : débarquement français en Crimée. Cette presqu'île de l'Ukraine deviendra célèbre 27 ans plus tard grâce aux accords signés dans l'une de ses jolie stations balnéaires : Yalta !

CONSOMMATION : FAITES-VOUS REMBOURSER PAR LES COMMERÇANTS QUI NE RESPECTENT PAS LES DÉLAIS !

Le superbe bar de salon que vous avez commandé pour le Noël de Moumoune n'est toujours pas arrivé, alors qu'on vous en avait garanti la livraison pour le 20 décembre dernier délai. Le commerçant à qui vous avez passé cette commande au début du mois est manifestement débordé, et se moque éperdument des promesses que vous avez faites à votre dulcinée... Inutile de criser et de perdre du temps en appels téléphoniques qui coûtent cher et sont mauvais pour vos nerfs ! Annulez purement et simplement la commande et faites-vous rembourser les arrhes que vous avez versées au moment de la commande. Il est encore temps de trouver une superbe idée de cadeau (de consolation) pour Moumoune, ou encore de l'inviter dans un magnifique restaurant et de lui glisser un « bon pour un superbe salon qui sera livré courant janvier » au moment de la coupe de champagne...

LE CHIFFRE DU JOUR

47 % des femmes déclarent éprouver du plaisir à dépenser de l'argent. Si, par bonheur, Moumoune fait partie de celles-ci, offrez-lui le montant du cadeau prévu (et pas arrivé à temps) en bon argent !

24 DÉCEMBRE

SAINTE ADÈLE

COMBINE STORY

1642 : naissance d'Isaac Newton, l'homme à qui il suffit de recevoir une pomme sur la tête pour devenir célèbre…

CONSOMMATION : FAITES VOS COURSES À LA DERNIÈRE MINUTE POUR PROFITER DES « PROMOS » !

Si, en ce jour de réveillon, vous n'avez toujours pas fait l'ombre d'un achat, ne paniquez surtout pas ! Vous êtes justement dans la meilleure configuration pour dépenser beaucoup moins que tous vos compatriotes qui se sont rués dans tous les supermarchés depuis le début du mois de décembre. Selon le principe très simple de l'offre et de la demande, les commerçants voient en effet leur chance d'écouler leurs produits devenir quasi inexistantes à quelques heures du fatidique repas de Noël ! Ils sont alors tout disposés à brader leurs articles, surtout lorsqu'il s'agit de denrées périssables comme les huitres, le foie gras ou le saumon... Râtissez donc les rayons de produits frais et négociez énergiquement avec le vendeur afin qu'ils vous accorde des ristournes sur les aliments qui risquent de faire triste figure le lendemain ! La combine est également valable chez le pâtissier, qui commence à se faire du souci pour ses bûches...

LE CHIFFRE DU JOUR

Les Français consomment pratiquement autant de caviar que les Américains, soit 50 tonnes en moyenne par an contre 55 tonnes aux USA. C'est ça le *French way of life* !

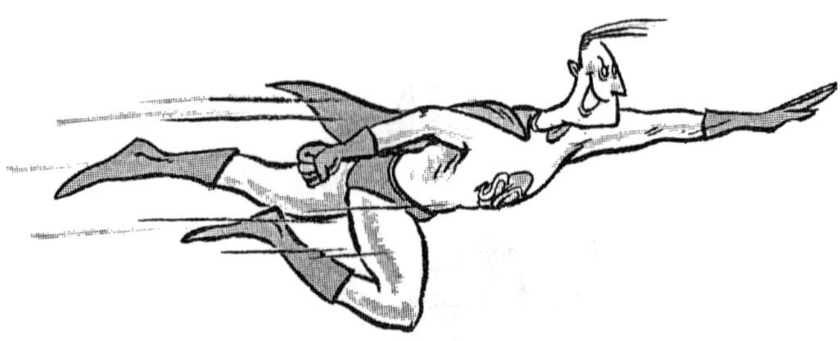

NOËL

COMBINE STORY

4 avant J.-C. : naissance de Jésus-Christ qui a inventé la multiplication du pain, qui a dit « Croissez et multipliez » et qu'au Royaume des Cieux, les « derniers seront les premiers » !

25
DÉCEMBRE

CONSOMMATION : OFFREZ CE GUIDE À VOS MEILLEURS AMIS !

Nous sommes le 25 décembre, autrement dit le jour de Noël, et si vous n'avez pas d'idée de cadeau pour les amis chez lesquels vous allez déjeuner, en voici une excellente : arrêtez-vous au premier kiosque ou dans la première librairie ouverte et achetez-leur un exemplaire du superbe guide que vous tenez entre vos mains ! Ce n'est pas plus cher qu'un bouquet mais moins éphémère, moins coûteux qu'une bonne bouteille mais beaucoup plus rentable. Vous donnerez du plaisir et rendrez du même coup un grand service à vos amis. Vous pouvez également en acheter plusieurs, en prévision des futurs cadeaux du Nouvel An. A ce propos, n'hésitez pas à négocier le prix si vous achetez le guide en douze exemplaires !

L'ADRESSE DU JOUR

Celle de votre libraire.

26 DÉCEMBRE

SAINT ÉTIENNE

COMBINE STORY

1705 : l'économiste John Law publie en France ses « considérations sur le numéraire et le commerce »... une excellente idée de cadeaux de fin d'année !

REVENUS : ATTENDEZ QUATRE JOURS POUR ENCAISSER VOS CHÈQUES !

S'il vous arrive de toucher quelques revenus supplémentaires en fin d'année, surtout ne vous précipitez pas pour aller déposer vos chèques sur votre compte en banque. Prenez au contraire votre temps et réfléchissez un peu en lisant ce qui suit : si vous encaissez des sommes supplémentaires avant le 1er janvier, vous devrez les mentionner (si vous faites les choses dans la plus stricte légalité) dans votre déclaration de revenu de l'année en cours. En revanche, si vous attendez le 2 janvier, c'est votre inspecteur des impôts qui devra patienter pour vous réclamer le pourcentage qu'il s'accorde sur ces sommes. Et, croyez-nous, il vaut mieux que ce soit lui !

LE CHIFFRE DU JOUR

1 million de dollars, c'est le montant de la prime que le PDG américain de la « United Airlines » a touché en 1990 pour « bons et loyaux services ». L'histoire ne dit pas si, en plus, il a droit au 13e mois...

Ils sont fous, ces combinards !

Peut-être vous souvenez-vous d'un jeune homme de 24 ans qui gagna fin décembre 1985 au loto la somme de 17 millions de francs ? Pendant plusieurs jours, tout le monde s'est demandé pourquoi il ne se manifestait pas pour venir prendre possession de son chèque. Il avait tout simplement calculé qu'en l'encaissant avant le 1er janvier il aurait dû s'acquitter au 15 juin de la modique somme de 159 300 F au titre de l'impôt sur les grandes fortunes. En ne l'encaissant que le 2 janvier, il a donc économisé cette somme pendant toute l'année 86 !

SAINT JEAN

27 DÉCEMBRE

COMBINE STORY

1754 : mauvaise journée pour la France. Le gouverneur en Inde, Charles Godeheu, signe un traité avec les Anglais, engageant la France à se retirer des territoires qu'elle a conquis. A côté de Godeheu, Mère Teresa est une femme d'affaires !

ASSURANCE : EN CAS D'ACCROCHAGE, ARRANGEZ-VOUS À L'AMIABLE !

Pendant la trêve des confiseurs, il arrive qu'à la sortie de quelques fêtes particulièrement bien arrosées, vous soyez victime ou vous provoquiez de petits accrochages avec des dommages matériels ou corporels sans gravité. Dans ces cas-là, autant s'arranger à l'amiable pour tirer le meilleur profit de la situation. La franchise et la perspective d'un malus supplémentaire (voire la perte du bonus, si vous l'avez encore), font qu'il peut être rentable de ne pas faire intervenir l'assurance pour des dégâts peu importants. A vous de faire votre propre estimation et de convaincre le propriétaire de l'autre voiture que c'est aussi son intérêt de régler ce litige à l'amiable. Si vous êtes en tort, vous vous engagez à payer le prix de la réparation; si vous êtes dans votre droit, c'est l'autre qui devra acquitter vos dépenses.

L'ADRESSE DU JOUR

86 % des automobilistes bénéficient d'un bonus, dont certainement une grande partie doit souvent avoir recours à l'arrangement à l'amiable !

28 DÉCEMBRE

SAINT GASPARD

COMBINE STORY

1896 : les frères Lumière présentent au Grand Café à Paris L'Arroseur arrosé. *La place est déjà payante !*

HÔTEL : EXIGEZ UN LIT SUPPLÉMENTAIRE SANS PAYER LE PRIX FORT !

Entre Noël et le jour de l'An, on a souvent l'occasion de recevoir ses amis pour quelques jours ou encore de se rendre dans leur ville pour festoyer en leur compagnie. Dans un cas comme dans l'autre, on se déplace en famille car on est en pleines vacances scolaires. Pendant cette période bénie, où l'on dépense son argent à la vitesse de la lumière, si vous devez prendre une chambre d'hôtel, sachez au moins que vous êtes totalement en droit de demander à l'hôtelier qu'il installe un lit supplémentaire dans la chambre que vous avez réservée. En revanche, il est fondé à vous réclamer un supplément, mais en aucun cas celui-ci ne devra atteindre (et encore moins dépasser) le prix d'une chambre simple dans son établissement. Tout compte fait, cela vous reviendra de toutes façons moins cher que de prendre une chambre pour vous et une autre pour pupuce !

LE CHIFFRE DU JOUR

A peine 5 % des Français séjournent à l'hôtel pendant leurs vacances. Ce sont surtout les touristes étrangers qui versent leur obole à notre commerce hôtelier.

SAINT DAVID

29 DÉCEMBRE

COMBINE STORY

1721 : naissance de Antoinette Poisson, future marquise de Pompadour. Maîtresse de Louis XV de 1745 à 1751, elle sut profiter à merveille de son emprise sur le roi et exerça une influence politique importante.

CONSOMMATION : ACHETEZ DES OBJETS TRÈS BEAUX ET PAS CHERS DANS LES MUSÉES !

Ouf, Noël est passé ! Mais vous n'êtes pas encore sortis de l'auberge car dans quelques jours c'est le premier de l'An, et tout va recommencer : repas copieux et bien arrosés, veillées nocturnes et évidemment la traditionnelle cérémonie des cadeaux, entre adultes cette fois-ci ! Si donc vous êtes en quête d'un cadeau original et esthétique, vous pouvez en même temps épater la galerie en offrant un cadeau « cultivé ». C'est simple, en France, tous les musées proposent une « boutique » où sont mis en vente une belle sélection d'objets et de créations d'artistes à des prix qui épateraient Édouard Leclerc lui-même. En revanche, si vous pensez offrir un livre d'art, ce n'est pas dans ces boutiques qu'il faut l'acheter pour l'avoir à bon prix.

LE CHIFFRE DU JOUR

En 40 ans, 12 000 œuvres d'art ont été dérobées dans les musées français.

La combine de l'escroc,

Sur 966 toiles de Rembrandt recensées dans le monde, à peine un tiers seraient authentiques ! Cela fait un certain nombre d'escrocs en liberté, mais aussi pas mal de collectionneurs qui se sont fourrés le doigt dans l'œil !

30 DÉCEMBRE

SAINT ROGER

COMBINE STORY

1961 : naissance de Ben Johnson, l'homme qui trouvera une bien mauvaise combine pour courir plus vite que Carl Lewis...

ASSURANCE : SI VOUS ÊTES CAMBRIOLÉ, AYEZ LE MAXIMUM DE FACTURES !

Si votre contrat d'assurances couvre le vol des objets jusqu'à 50, 100 ou 200 000 F, profitez-en. Que l'on vous ait effectivement tout volé, et qu'il vous manque des factures, ou bien que l'on ne vous ait pas pris grand-chose (mais il n'y a que vous pour le savoir !), la solution est la même : renforcez les justificatifs pour obtenir un remboursement optimal ! Vous pouvez emprunter ceux de votre famille ou de vos amis, en leur faisant, si le nom est différent du vôtre, certifier par lettre que l'objet vous a été offert. Vous devez aussi utiliser pleinement les bonnes relations que vous êtes susceptible d'avoir avec quelques commerçants afin de leur soutirer des factures antidatées. Si tout cela ne marche pas, rachetez tout bonnement les objets et demandez quand même une facture antidatée. Le commerçant préférera vous la faire plutôt que de perdre la vente !

LE CHIFFRE DU JOUR

80 % des cambrioleurs passent par la porte. Pourquoi faire compliqué quand on peut faire simple !

SAINT SYLVESTRE

31 DÉCEMBRE

COMBINE STORY

192 : l'empereur romain Commode est étranglé dans son bain. C'est l'astuce qu'a trouvée sa femme pour éviter la mise à mort de tous les nouveaux consuls fixée au 1er janvier 193. Bonne année messieurs !

REVENUS : ENVOYEZ-NOUS VOS COMBINES... CELLES QUE SUPERCOMBINARD UTILISERA SERONT PRIMÉES !

Dernier jour de l'année, dernière page de ce livre, dernière combine... mais ne nous attendrissons pas ! Une nouvelle année commence, et c'est avec confiance et enthousiasme que Supercombinard va repartir vers de nouvelles aventures. Chasser la combine, traquer le bon plan jusque dans les coins les plus reculés des lois et des décrets, telle est sa mission ! Si vous êtes de son côté et que vous avez, vous aussi, quelques bonnes combines dans vos placards, n'hésitez pas à lui écrire pour les lui communiquer. Si votre combine est réellement inédite et qu'elle est retenue dans une prochaine édition de ce livre, nous nous ferons un plaisir de vous offrir le prochain ouvrage de Supercombinard. A bon combinard, salut !

L'ADRESSE DU JOUR

Si le cœur vous en dit, écrivez à Supercombinard, éditions Hors-Collection, 12, avenue d'Italie, 75013 Paris.

La combine de l'escroc

Quelques escrocs malins et courageux n'hésitent pas à faire du porte-à-porte chaque année au moment des étrennes, déguisés en facteur, en pompier ou en éboueur... Ils collectent ainsi quelques milliers de francs en laissant aux particuliers des petits calendriers imprimés à la va-vite !

BIBLIOGRAPHIE ET DOCUMENTATION

Merci à nos excellents confrères *Que choisir*, *50 millions de consommateurs* dont les journalistes travaillent avec rigueur et intelligence à l'amélioration de la condition de consommateur.

Merci aux journaux suivants : *Le Revenu français*, *Mieux Vivre* et *Capital*, ainsi qu'au *Guide SVP des particuliers* (SVP éditions).

Merci aux auteurs de :
Le Guide pratique de vos droits de P.M. Faure et L. Roger-Duveau (First).
Le Guide du demandeur d'emploi de P. Albert (Marabout).
Le Guide de vos démarches de F. Le Bras (Marabout).
Le Petit Guide pratique de l'argent de B. Paillet et B. Sadoum (Le Cherche-Midi éditeur).
Placez mieux, gagnez plus de J. Seraqui (J.-C. Lattès).
Le Guide de la Bourse de R. de la Baume (M.A. éditions).
Le Guide du futur propriétaire d'I. Rey (First).
Les Grandes Dates de l'histoire (Référence Larousse).
Le Journal des anniversaires (Critérion).
Le Guide Paris Combines... C'est facile, c'est nous !

Index des combines

ASSURANCE

- Soyez exigeant sur l'indemnisation ! *21 février*
- Sauvez votre bonus grâce à un ami paysan ! *3 mars*
- Au kilomètre, c'est plus rentable ! *9 avril*
- Exonérez-vous de la taxe ! *21 avril*
- Soyez indemnisé même si vous n'avez pas respecté les délais ! *4 mai*
- Faites toujours jouer la concurrence ! *26 mai*
- Évitez les pièges ruineux ! *8 août*
- Assurez-vous raisonnablement même si vous avez un gros malus ! *1er septembre*
- Faites faire un devis gratuit ! *2 novembre*
- En cas de vol de votre voiture, contestez le montant du remboursement ! *7 novembre*
- Résiliez votre contrat quand vous le souhaitez ! *13 novembre*
- Modifiez votre contrat sans bourse délier ! *24 novembre*
- Suspendez votre contrat auto pendant les vacances ! *28 novembre*
- Retardez le paiement de votre prime ! *29 novembre*
- En cas d'accrochage, arrangez-vous à l'amiable ! *27 décembre*
- Si vous êtes cambriolé, ayez le maximum de factures ! *30 décembre*

AUTO

- Achetez-la entre 10 et 15 % moins cher ! *7 janvier*
- Utilisez du fuel domestique plutôt que du gasoil ! *14 janvier*
- Partagez votre place de parking ! *18 mars*
- Louez-la pour dépenser moins qu'en achetant ! *24 mars*
- Faites des économies d'essence ! *27 mars*
- Consultez les barèmes avant de la faire réparer ! *30 avril*
- Profitez du service militaire pour passer votre permis de conduire aux frais de l'État ! *22 mai*
- Évitez les arnaques lorsque vous l'achetez d'occasion ! *27 mai*
- Louez au meilleur prix ! *30 mai*
- Refusez les abus des garagistes ! *3 juin*

– Lorsque vous achetez du neuf, choisissez le bon millésime ! *29 juin*
– Faites le plein moins cher en refusant le monopole des stations d'autoroutes ! *1er juillet*
– Si vous louez, attention aux inégalités régionales ! *16 juillet*
– Ne payez pas les plaques et la mise à disposition de votre voiture neuve ! *18 juillet*
– Achetez un véhicule d'occasion bien en dessous de sa cote Argus ! *6 août*
– Payez une journée de parking même si vous restez une semaine ! *27 juillet*
– Lorsque vous louez, ne payez que ce que vous devez ! *12 août*
– Achetez chez les loueurs ! *3 septembre*
– Achetez-la moins cher grâce à un ami salarié de l'industrie automobile ! *12 septembre*
– Faites une bonne affaire si vous achetez une occasion ! *17 septembre*
– Payez votre vignette moins cher en vous faisant domicilier dans un autre département ! *25 septembre*
– Achetez votre voiture neuve en fin d'année ! *1er octobre*
– Résistez contre l'enlèvement et la mise en fourrière ! *6 octobre*
– Évitez les auto-écoles nulles et chères ! *28 octobre*
– Achetez votre voiture aux enchères ! *8 novembre*
– Faites faire plusieurs devis avant d'accepter une réparation importante ! *15 novembre*

BANQUE

– Refusez les services inutiles ! *4 février*
– Évitez l'interdiction bancaire en faisant des chèques de moins de 100 F ! *13 février*
– Négociez vos agios ! *23 février*
– Ouvrez deux comptes pour avoir deux fois plus de découvert ! *15 mars*
– Prospérez sur le dos de votre banquier ! *2 mai*
– Crédit : renégociez toujours son taux en faisant jouer la concurrence ! *16 mai*
– Changez de crémerie avant l'interdiction bancaire ! *14 juin*
– Profitez des comptes rémunérés en Europe ou en France ! *14 juillet*
– Culpabilisez le gestionnaire de votre compte ! *23 juillet*
– Faites des chèques sans provision sans risques ! *22 août*
– Bénéficiez d'un compte courant rémunéré grâce à votre livret d'épargne ! *16 octobre*
– Ne prêtez pas d'argent à votre banquier ! *18 novembre*
– Refusez la facturation des services ! *11 décembre*

BEAUTÉ

– Profitez des trainings de coiffure ! *29 avril*

- Suivez les étrangers dans les grandes parfumeries ! *22 juillet*
- Comparez les prix avant d'acheter vos produits ! *7 août*
- Faites-vous coiffer presque gratuitement dans les écoles de coiffure ! *25 août*
- Confiez votre peau à des élèves en esthétique ! *3 décembre*

CAFÉ/HÔTEL/RESTO

- Faites baisser les prix ! *12 février*
- Contrôlez les additions ! *18 février*
- Faites-vous indemniser pour votre cambriolage ! *10 mars*
- Consommez comme vous voulez ! *11 avril*
- Payez vos consommations au prix normal après 22 heures s'il n'y a rien d'affiché ! *21 juin*
- Soyez intraitable et faites-vous rembourser si ce n'est pas bon ! *20 juillet*
- Faites-vous indemniser si la chambre ne correspond pas à votre réservation ! *4 août*
- Partez quand ça vous chante ! *9 août*
- Consommez un seul café pour cinq si bon vous semble ! *16 août*
- Exigez un lit supplémentaire sans payer le prix fort ! *28 décembre*

CHÔMAGE/TRAVAIL/JOB

- Assurez-vous pour ne plus payer vos crédits ! *11 février*
- Devenez une star ! *19 février*
- Profitez des prêts gratuits ! *20 février*
- Travaillez même si vous pointez ! *28 février*
- Voyagez gratuitement grâce à l'ANPE ! *1er mars*
- Créez votre entreprise avec l'aide de l'État ! *14 mars*
- Sachez transformer votre démission en licenciement ! *28 avril*
- En cas de licenciement, jouez la conciliation pour obtenir plus ! *24 septembre*
- Profitez de l'Allocation de solidarité ! *22 octobre*
- En cas de licenciement, soyez intraitable sur les indemnités que l'on vous doit ! *20 novembre*
- Faites-vous aider pour gérer votre entreprise ! *21 novembre*
- Allégez votre emploi du temps grâce à la technique de la « veste à l'italienne » ! *1er décembre*

CONSOMMATION

- Achetez moins cher votre linge de maison ! *6 janvier*
- Soyez satisfait et remboursé avec la VPC ! *8 janvier*
- Achetez des jouets moins cher toute l'année ! *9 janvier*
- Marchandez les soldes… Ça marche ! *18 janvier*
- Réglez en très petite monnaie ! *24 janvier*
- Avant d'acheter, goûtez à tout ! *30 janvier*

- Achetez tout avec 13 % de réduction ! *31 janvier*
- Marchandez et obtenez entre 10 et 30 % de réduction ! *7 février*
- Faites le tour d'Europe des économies ! *10 février*
- Achetez votre vin moins cher ! *16 février*
- Achetez à l'unité ! *25 février*
- Négociez vos lunettes ! *5 mars*
- Groupez vos livraisons ! *12 mars*
- Méfiez-vous des produits allégés dont l'addition est plutôt lourde ! *19 mars*
- Allez dans tous les « soldes privés » ! *23 mars*
- Achetez votre hi-fi en Angleterre, Allemagne et au Luxembourg ! *25 mars*
- Achetez vos vêtements dans les centrales d'achats ! *2 avril*
- Achetez moins cher le dimanche ! *5 avril*
- Soyez dédommagé si vos photos sont perdues ! *6 avril*
- Payez le prix indiqué sur l'étiquette la moins chère ! *12 avril*
- Marchandez lorsque vous payez en espèces ! *14 avril*
- Achetez juste ce qui est en promo et rien d'autre ! *18 avril*
- Achetez vos vêtements moins cher si vous êtes petite ! *19 avril*
- Payez en ECU, c'est possible ! *26 avril*
- Remettez la cueillette au goût du jour ! *8 mai*
- Achetez-les 20 à 70 % moins cher dans les magasins d'usine ! *23 mai*
- Achetez vos bijoux... d'occasion ! *25 mai*
- N'achetez jamais ce qui est à portée de main ! *28 mai*
- Faites de bonnes affaires grâce aux douaniers ! *1er juin*
- Remettez le troc à la mode ! *7 juin*
- Faites vos courses dans les magasins les moins chers ! *15 juin*
- Achetez votre matériel informatique dans les meilleures conditions ! *26 juillet*
- Les commerçants ne peuvent pas refuser vos chèques ! *29 juillet*
- Prenez des précautions avant d'acheter un appareil électroménager ! *5 août*
- Attaquez en justice une société de VPC qui vous a fait croire que vous étiez millionnaire ! *14 août*
- Achetez les biens de l'État au service des Domaines ! *18 août*
- Prenez le métro et achetez comme des pros ! *27 août*
- Ne vous laissez pas gruger par les remises trop fortes ! *5 septembre*
- Faites-vous rembourser les achats effectués par vos enfants ! *6 septembre*
- Prenez vos repas dans les lycées professionnels hôteliers ! *13 septembre*
- Achetez votre électroménager dans les dépôts des marques ! *28 septembre*
- Utilisez astucieusement les cartes de crédits commerciales ! *7 octobre*
- Évaluez vos besoins en énergie pour dépenser moins ! *29 octobre*
- Refusez les hausses de prix en cours de livraison ! *6 novembre*

– Apprenez à négocier non seulement les prix mais aussi les délais de paiement ! *11 novembre*
– Faites vos courses chez les commerçants les plus compétitifs ! *17 novembre*
– Attaquez votre teinturier si vous n'êtes pas satisfait de son travail ! *23 novembre*
– Demandez le remboursement lorsque les produits de beauté ne vous conviennent pas ! *27 novembre*
– Achetez vos vins et vos champagnes directement chez les producteurs ! *5 décembre*
– Achetez vos vêtements au meilleur moment pour payer moins cher ! *7 décembre*
– Attaquez un commerçant qui vend des marchandises qui ne sont plus consommables ! *10 décembre*
– Achetez vos bijoux chez « ma tante » ! *14 décembre*
– Faites-vous envoyer gratuitement des produits par les marques ! *18 décembre*
– Payez vos fleurs au prix de « gros » ! *21 décembre*
– Faites-vous rembourser par les commerçants qui ne respectent pas les délais ! *23 décembre*
– Faites vos courses à la dernière minute pour profiter des « promos » ! *24 décembre*
– Offrez ce guide à vos meilleurs amis ! *25 décembre*
– Achetez des objets très beaux et pas chers dans les musées ! *29 décembre*

CRÉDIT

– Désintoxiquez-vous si vous êtes accro ! *2 mars*
– Négociez durement avec votre banquier ! *28 mars*
– Exigez une ristourne quand il est gratuit et que vous n'en profitez pas ! *7 avril*
– Renégociez toujours son taux en faisant jouer la concurrence ! *16 mai*
– Offrez-vous un crédit gratuitement ! *26 août*
– Pour acheter de l'immobilier, utilisez le « 1 % patronal » ! *18 octobre*

EDF/PTT

– Contestez la facture ! *4 janvier*
– Relevez vous-même les compteurs EDF pour éviter la ruine ! *17 janvier*
– Utilisez le ministre des PTT comme facteur personnel ! *17 avril*
– Refusez de payer les surtaxes téléphoniques sur vos factures en retard ! *27 avril*
– Économisez sur l'envoi de vos recommandés ! *6 mai*
– Économisez la recherche d'un abonné au téléphone ! *9 juin*

– Profitez des services des PTT pendant votre absence ! *28 juin*
– Faites jouer la concurrence et téléphonez aux meilleurs tarifs ! *28 juillet*
– Économisez vos timbres ! *10 août*
– Faites des économies de timbres lorsque vous envoyez certaines lettres ! *9 septembre*

ENFANTS

– Rentabilisez vos frais de garde ! *28 janvier*
– Fêtez leur anniversaire dans un MacDo ! *6 mars*
– Faites-les garder par une jeune fille au pair ! *10 avril*
– Envoyez-les au vert sans vous mettre dans le rouge ! *25 juin*
– Pour faire des économies, apprenez à vos enfants à conduire dès 16 ans ! *21 août*
– Profitez de l'allocation rentrée scolaire ! *23 août*
– Faites des économies sur les fournitures ! *29 août*
– Louez les jouets plutôt que de les acheter ! *31 août*
– Choisissez bien l'assurance scolaire ! *2 septembre*
– Achetez les livres scolaires moins cher ! *4 septembre*
– Soyez correctement et gratuitement informé sur l'école ! *7 septembre*
– Habillez-les dans les stocks et économisez de 30 à 70 % ! *15 septembre*
– Équipez-les dans les centrales d'achats ! *22 septembre*
– Pour les cours particuliers, pensez aux étudiants ! *23 septembre*
– Réduisez vos frais de cantine scolaire ! *2 octobre*
– Achetez les bouquins moins cher ! *19 novembre*
– Réduisez vos frais de nourrice et touchez quand même l'allocation de garde à domicile ! *4 décembre*

HUISSIERS

– Devenez insaisissable en n'habitant pas chez vous ! *11 janvier*
– Invoquez la prescription de vos dettes ! *4 mars*
– Ne paniquez pas devant les menaces de saisie ! *24 avril*
– Scellez vos meubles pour empêcher la saisie ! *17 mai*
– En cas de saisie, ne le laissez pas vous dépouiller ! *9 juillet*
– Vivez en concubinage pour éviter les saisies ! *20 août*

IMPÔTS/TAXES/SUCCESSION

– N'habitez nulle part le 1er janvier ! *1er janvier*
– Étalez vos revenus exceptionnels ! *5 janvier*
– A cinq jours du tiers provisionnel, utilisez le cachet de la poste pour payer plus tard ! *10 janvier*
– Récupérez la TVA sur le péage ! *13 janvier*
– Négociez votre tiers provisionnel ! *15 janvier*
– Soyez généreux, le fisc vous le rendra ! *26 janvier*

– C'est ce soir qu'il faut faire un bébé ! *3 février*
– Investissez dans les paradis fiscaux français ! *5 février*
– Déduisez vos frais professionnels ! *8 février*
– Déduisez vos frais de garde d'enfants ! *22 février*
– Déduisez les travaux dans votre logement ! *24 février*
– Refusez un héritage ruineux ! *26 février*
– Fraudez légalement de 5 % ! *27 février*
– Oubliez la redevance télé ! *22 mars*
– Si vous héritez en Corse, ne dites rien au fisc ! *4 avril*
– Taxe d'habitation, jouez la prescription ! *13 avril*
– Demandez des délais ! *15 mai*
– Faites-vous exonérer de taxe foncière sur quinze ans ! *19 mai*
– Mariez-vous avec les beaux jours ! *30 juin*
– Ne payez plus la vignette à partir de l'été ! *15 août*
– Payez-en moins grâce au service militaire ! *20 septembre*
– N'oubliez pas de demander votre mensualisation pour l'an prochain ! *8 octobre*
– Améliorez votre chauffage tout en réduisant vos impôts ! *11 octobre*
– Limitez au maximum les droits à payer ! *14 octobre*
– N'habitez pas gratuitement chez vos parents pour éviter les frais ! *23 octobre*
– Faites payer ses fautes à l'Administration ! *24 octobre*
– Économisez grâce à votre avis de non-imposition ! *30 octobre*
– Louez un box pour votre voiture sans avoir à payer la taxe ! *25 novembre*
– Mariez-vous sous le régime de la « communauté universelle » afin d'éviter les frais ! *6 décembre*
– Contestez vos taxes locales ! *17 décembre*
– Achetez un moniteur pour éviter la redevance télé ! *19 décembre*

JEUX

– Gagnez plus souvent ! *22 janvier*
– Ne jouez jamais au tiercé au hasard ! *16 avril*
– Jouez les 6 chiffres qui vont vous faire gagner « gros » au Loto ! *19 juin*

JUSTICE

– Offrez-vous un avocat gratuit ! *20 janvier*
– Gagnez du temps et de l'argent en sachant où et comment engager une procédure ! *30 mars*
– Négociez les honoraires d'avocat ! *3 avril*
– Soyez conseillé par un notaire sans rien débourser ! *25 avril*
– Sachez comparer les tarifs et trouver le bon avocat ! *18 septembre*
– Faites-vous rembourser ce que l'on vous doit grâce à « l'injonction de payer » ! *15 octobre*

– Demandez à l'État de vous aider à faire un procès ! *20 octobre*

LOGEMENT

– Faites-vous aider pour payer votre loyer ! *1er février*
– Négociez votre loyer ! *9 février*
– Refusez une augmentation de loyer si votre conjoint n'a pas été prévenu ! *16 mars*
– Réduisez votre loyer en sous-louant ! *7 mai*
– Soyez parfaitement renseigné sur les prix des loyers ! *12 mai*
– Location ou achat, soyez très vigilant ! *27 juin*
– Trouvez un studio grâce aux bureaux des élèves des grandes écoles ! *15 juillet*
– Refusez de payer pour une « promesse de location » ! *19 août*
– Faites-vous aider pour régler vos loyers en retard ! *16 septembre*
– Ne payez pas trop de charges locatives ! *26 octobre*
– Quittez votre location quand bon vous semble ! *3 novembre*
– Déménagez en hiver, c'est moins cher ! *10 novembre*
– Échangez votre appartement contre celui qui convient le mieux à vos besoins ! *14 novembre*
– Faites débarrasser votre cave gratuitement ! *16 novembre*
– Demandez les aides au déménagement ! *12 décembre*

LOISIRS/CULTURE

– Faites passer votre fiancée à la télé ! *14 février*
– Allez au théâtre moins cher ! *11 mars*
– Profitez des réductions de la carte « Jeunes » ! *29 mars*
– Faites-vous inviter dans tous les cocktails ! *1er avril*
– Devenez un ami des musées pour payer moins cher ! *19 juillet*
– Troquez vos connaissances ! *17 août*
– Complétez votre discothèque à moindre coût ! *13 octobre*

MAISON

– Payez vos meubles moins cher chez Emmaüs ! *23 janvier*
– Offrez-vous l'avis gratuit d'un architecte ! *29 janvier*
– Faites payer les travaux par votre proprio ! *7 mars*
– Équipez moins cher votre cuisine grâce à vos voyages ! *8 mars*
– Faites restaurer vos meubles anciens à moitié prix ! *20 mars*
– Ne perdez pas d'argent lorsque vous vendez vos meubles dans un dépôt-vente ! *9 mai*
– Achetez vos meubles moins cher en allant dans les foires avant la fermeture ! *20 mai*
– Pour vos travaux, employez des gens au noir légalement ! *13 juillet*
– Profitez de la générosité de l'EDF pour faire des travaux d'isolation ! *30 septembre*

– N'achetez pas n'importe quelle marque d'électroménager ! *1er octobre*
– Achetez télé et vidéo à des sociétés de location ! *17 octobre*
– Achetez votre moquette moins cher ! *27 octobre*
– Équipez votre maison moins cher grâce à l'Europe ! *5 novembre*
– Faites des économies sur le chauffage ! *9 novembre*

PV

– Achetez votre voiture en multipropriété pour partager les amendes ! *3 janvier*
– Contestez les radars pour cause d'intempéries ! *16 janvier*
– Contestez-les s'ils ne sont pas lisibles ! *27 janvier*
– Faites des appels de phares, c'est légal ! *15 février*
– Contestez-les grâce au calendrier ! *17 février*
– Renvoyez celui d'un autre ! *9 mars*
– Contestez-les pour non-conformité ! *17 mars*
– Contestez sa régularité pour le faire sauter ! *31 mars*
– Évitez-les en ayant une voiture toute propre ! *15 avril*
– Ne soyez pas verbalisé pour délit d'intention ! *10 mai*
– Résistez en appelant SOS-Élysée ! *18 juin*
– Évitez les radars en connaissant leur emplacement ! *6 juillet*
– Contestez-les si le panneau n'est pas conforme ! *24 juillet*
– Contestez-les pour non-usage de l'automobile ! *21 septembre*
– Contestez les amendes pour non-respect des zones de livraison ! *25 octobre*
– Envoyez-les à l'autre bout du monde ! *13 décembre*

REVENUS

– Louez le corps de l'élue de votre cœur ! *12 janvier*
– Exigez les mêmes que votre ex-conjoint après le divorce ! *6 février*
– Réclamez des dommages et intérêts à votre chirurgien esthétique ! *20 avril*
– Adhérez à un club d'investissements ! *5 juin*
– Aidez votre cher… ubin à trouver un job ! *16 juin*
– Collectionnez les actions ! *8 juillet*
– Demandez une pension alimentaire avant le divorce ! *11 juillet*
– Mettez de la pub sur votre maison ! *10 septembre*
– Louez votre appartement ou votre maison au cinéma ! *12 octobre*
– Apprenez à acheter des obligations ! *4 novembre*
– Faites fructifier vos livrets d'épargne ! *8 décembre*
– Faites-vous aider pour récupérer votre pension alimentaire en retard ! *9 décembre*
– Attendez quatre jours pour encaisser vos chèques ! *26 décembre*
– Envoyez-nous vos combines… Celles que Supercombinard utilisera seront primées ! *31 décembre*

SANTÉ/SOCIAL

– Profitez au maximum des allocations ! *21 janvier*
– Sécu : contestez un refus de prise en charge ! *25 janvier*
– Faites-vous vacciner gratuitement ! *31 mai*
– Partez à l'étranger grâce au formulaire E 112 ! *12 juin*
– Offrez-vous un check-up gratuit avant l'été ! *17 juin*
– Si vous êtes malade en vacances, profitez-en et gagnez des jours de congé ! *17 juillet*
– Économisez votre temps en ne faisant plus la queue à la sécu ! *8 septembre*
– Pensez à votre retraite avant votre service militaire ! *26 septembre*
– Faites soigner vos dents à moindres frais ! *5 octobre*
– Faites contrôler votre vue à l'œil ! *19 octobre*
– Soyez couvert par la sécu sans payer une assurance personnelle ! *1er novembre*
– Achetez vos préservatifs moins cher ! *26 novembre*
– Faites profiter votre concubin(e) de votre Sécurité sociale ! *2 décembre*

VACANCES/VOYAGES

– Partez au soleil moins cher en vous moquant des contraintes de date ! *19 janvier*
– Exigez une indemnité si votre train est en retard ! *2 février*
– Faites-vous indemniser en cas de vol annulé ! *13 mars*
– Offrez-vous une escapade gratuite à Genève ou Milan ! *21 mars*
– Gagnez de l'argent en gardiennant de belles maisons ! *26 mars*
– Échangez votre appartement contre villa avec piscine ! *22 avril*
– Convoyez des voitures ! *23 avril*
– Versez des arrhes et pas d'acompte pour votre location d'été ! *3 mai*
– Faites jouer la concurrence entre les tours operators ! *11 mai*
– Négociez une réduction ou des avantages ! *13 mai*
– L'hôtel moins cher, ça existe ! *18 mai*
– Obtenez 8 % de remise sur le prix de votre forfait vol et séjour ! *21 mai*
– Privilégiez les vols charters ! *24 mai*
– Payez-les à crédit ! *2 juin*
– Faites des économies grâce à votre moitié ! *6 juin*
– Soyez bien assuré… mais pas trop assuré ! *8 juin*
– Profitez des soldes des grandes compagnies ! *10 juin*
– Ne perdez pas de temps et d'argent si votre location ne vous plaît pas ! *11 juin*
– Payez moins cher à la dernière minute ! *20 juin*
– Profitez des 25 % de réduction gentiment offerts par la SNCF ! *22 juin*
– Exigez de partir au prix pour lequel vous avez signé ! *23 juin*
– Changez votre argent au meilleur taux ! *26 juin*

– Faites du stop organisé, c'est facile et pas cher ! *2 juillet*
– Refusez de vous faire plumer avec le 3615 code SNCF ! *3 juillet*
– Avant de prendre possession d'une location, faites toujours établir un état des lieux ! *4 juillet*
– Emportez les factures de vos objets de valeur ! *5 juillet*
– Assurez vos bagages ! *10 juillet*
– Attention, vos congés payés ne sont pas « payables » ! *12 juillet*
– Procurez-vous rapidement de l'argent à l'étranger ! *21 juillet*
– Faites des économies en réduisant le poids de vos bagages ! *25 juillet*
– Ne perdez pas tout si vous avez perdu vos billets ! *30 juillet*
– Prenez la route en toute tranquillité ! *31 juillet*
– Faites-vous indemniser en cas de surbooking ! *1er août*
– Choisissez les formules de train les moins chères ! *2 août*
– Si vous louez un appartement ou une maison, vérifiez l'assurance ! *3 août*
– A l'hôtel, partez quand ça vous chante ! *9 août*
– Partez en vacances, surtout si vous êtes sportif, jeune et... fauché ! *13 août*
– Dans le train, offrez-vous une place en première classe avec un billet de seconde ! *28 août*
– Ne vous ruinez pas dans les parkings d'aéroport ! *30 août*
– Visitez l'Europe grâce au bon plan « spécial jeunes » de la SNCF ! *11 septembre*
– Annulez au dernier moment sans y laisser trop de plumes ! *19 septembre*
– Faites des économies de train grâce aux enfants des autres ! *27 septembre*
– Faites acheter vos billets d'avion par des amis étudiants ou mariés ! *9 octobre*
– Jouez votre joker auprès de la SNCF et économisez la moitié du prix de votre billet ! *21 octobre*
– Pensez au fret pour vos bagages ! *22 novembre*
– Offrez-vous l'Afrique en plein hiver ! *16 décembre*
– Profitez des billets séjour de la SNCF pour avoir plus d'argent en vacances ! *20 décembre*
– Train, auto, avion... Le plus économique n'est pas toujours celui que vous croyez ! *22 décembre*

VIE QUOTIDIENNE

– Soyez toujours à l'heure... gratuitement ! *2 janvier*
– Allégez votre facture d'électricité ! *8 avril*
– Éliminez définitivement les démarcheurs par téléphone ! *1er mai*
– « Oubliez » vos dettes grâce à la prescription ! *5 mai*
– Gagnez du temps (et donc de l'argent...) en court-circuitant les files d'attente ! *14 mai*
– Louez une salle originale et pas chère pour votre fête ! *29 mai*

– Abonnez-vous moins cher dans les clubs de sport ! *4 juin*
– Assurez vos appareils photo pour être remboursé en cas de vol ou de perte ! *13 juin*
– Faites expertiser vos œuvres d'art gratuitement ! *24 juin*
– Assurez votre toutou pour éviter la ruine et les ennuis ! *11 août*
– Pour faire des économies, apprenez à vos enfants à conduire dès 16 ans ! *21 août*
– Ne vous déplacez pas pour déclarer la perte de vos papiers ! *24 août*
– Prenez vos repas dans les lycées professionnels hôteliers ! *13 septembre*
– Abonnez-vous à la presse 25 à 40 % moins cher ! *14 septembre*
– Mangez bien et pas cher dans les restos universitaires ! *29 septembre*
– Téléphonez non agréé... c'est moins cher ! *3 octobre*
– Faites garder vos animaux sans vous ruiner ! *4 octobre*
– Utilisez astucieusement les cartes de crédit commerciales ! *7 octobre*
– Utilisez le Minitel sans vous ruiner ! *31 octobre*
– Soyez libre avec le taxi ! *30 novembre*
– Profitez du rhume de votre gosse pour faire du shopping ! *15 décembre*

Impression : SEPC à Saint-Amand (Cher)
N° d'imp. : 3029
Dépôt légal : décembre 1993

Imprimé en France